La politique

de Stendhal

LA POLITIQUE ÉCLATÉE

Collection dirigée par
Lucien Sfez

MICHEL GUÉRIN

La politique

de Stendhal

« Les brigands et le bottier »

PRÉFACE DE RÉGIS DEBRAY

Presses Universitaires
de France

ISBN 2 13 037378 X

Dépôt légal — 1re édition : 1982, mars

© Presses Universitaires de France, 1982
108, boulevard Saint-Germain, 75006 Paris

Préface

Valéry brocardait l'avenir doctoral de l'écrivain le plus impropre à voir «ses formules devenir thèses, ses manies se faire préceptes, ses boutades se développer en théories, des doctrines sortir de lui, des commentaires infinis déduits de ses brèves maximes». Ce qui n'a pas empêché Valéry de s'exécuter comme tout le monde et d'écrire son «Stendhal». Le romancier, il est vrai, écrivait en lignes de fuite. Tout en saillies et en échappées, moderne par cela même, le laconisme stendhalien répugne à la glose. «Pas de phrases!» : l'injonction de Julien dans le box à son avocat, lequel d'entre-nous n'a-t-il envie de la retourner sur la critique universitaire? Guérin fait-il des phrases? Je ne le crois pas. Pour deux raisons. Philosophe, il condense, sans commenter. Ecrivain, il délecte, sans délayer. J'en ajoute une troisième : son angle d'attaque. Il n'a pas, à ma connaissance, de précédent.

Le retour de Stendhal sur le devant de la scène — ou plutôt son entrée, puisque ses contemporains, à Balzac et Mérimée près, ne s'étaient pas avisés de sa présence — s'est opéré au siècle dernier sous l'enseigne de la psychologie. Malgré Maine de Biran et Royer-Collard, le mot

5

n'était guère en vogue ni même en usage du temps de Beyle. Il le devint après sa mort, et un peu grâce à lui. «Stendhal, le plus grand psychologue des temps modernes et peut-être de tous les temps»... : le coup de clairon de Taine a brisé le tympan. Et Nietzsche prit le relais, qui découvrait au même moment «le dernier grand psychologue de la France». Obsédante antienne où se rejoignent le sondeur de l'âme européenne et l'amateur du «polypier d'images», — qui n'étaient pas impunément contemporains. Sur la psychologie de Stendhal, rien depuis ne nous a été épargné. Du plus savoureux au plus pédagogique, ou, si l'on préfère, du «Stendhal et le beylisme» de Léon Blum à «La psychologie de Stendhal» du professeur Delacroix. Remarquons bien qu'il n'est pas un seul instant question de politique dans l'approche stendhalienne du jeune Blum (qui eut la malchance de voir son meilleur livre sortir... en Juillet 14!). Ce que le critique socialiste baptise «beylisme», c'est une méthode privée de réussite individuelle, supposant «l'application rigoureuse de procédés logiques pouvant mener à tout, même au bonheur, suppléer à tout, même au génie». Michel Guérin rompt avec cette lignée devenue anémique, aujourd'hui enlisée dans les charmes discrets de «l'âme sensible». Il nous propose la politique de Stendhal — le premier politologue d'Europe? C'est une révolution.

On connaissait bien des études sur le rapport de Stendhal, «critique social», avec les événements et les personnages de son temps; sur les opinions du jacobin aristocrate de 1830; sur les bons et moins bons usages possibles des héros du «professeur d'énergie». Guérin, lui, vise plus haut, sans doute à défaut d'intentions apologétiques. Il détecte chez Stendhal le Montesquieu des passions modernes. Lorsqu'il s'essaie par exemple à une classification des régimes politiques d'après les diverses qualités d'émotion, il réconcilie deux registres classiquement séparés, la morale du sentiment et la logique des institutions. Ce qui donne à l'innovation une évidence de retrouvailles, c'est l'exactitude radioscopique du «rendu». La politique de l'an trois mille n'est pas un système déductif mais une culture ironique de la différence. «Le scepticisme résolu» d'un Mosca illustrerait assez bien cette Realpolitik du sens intime, si tant est que la vérité du politique est qu'il n'y a pas de vérités politiques, comme le pronostique Guérin, non sans gaieté. Chercher ses critères d'analyse concrète de situation concrète du côté des «races d'âmes» n'a rien d'un esthétisme de grand seigneur. Nos plus humbles conduites politiques codent une gamme limitée de réactions émotives. Quoi d'étonnant si le moins sophistiqué des metteurs en mot de l'émotion humaine a construit, à son insu et au nôtre, un micro-savoir du politique?

Science malheureuse que celle de la chasse au bonheur. Un émotif de la politique aura toutes les chances de rater sa «carrière». Il manquera le coche à tous les coups, et Stendhal en la matière ressemblait à ses personnages : toujours en porte-à-faux avec les circonstances, ballotté entre l'introversion et l'outrecuidance, «le trou» et le mot de trop. Ce ratage fait des écrivains. La preuve par neuf : l'auteur de «Lucien Leuwen», ambitieux mis au chômage technique par la Restauration et replié, faute de mieux, sur les «laborieuses bagatelles» de la création romanesque. «De nos jours hélas, écrit-il en 1825, la politique vole la littérature qui n'est qu'un pis-aller». On a souvent déploré que la Révolution française ait mis notre littérature en panne sèche. La patrie en danger, qui arrachait Saint-Just à ses églogues et Robespierre à ses dissertations, monopolisait le talent national. Sans le lock-out de 1815, aurait-on connu l'explosion romantique et la naissance du roman français? Stendhal fut l'un des rares écrivains de son temps à comprendre la logique de ce transfert, et à se comprendre en lui, comme cas particulier de cette loi des vases communicants. Mieux : il a tiré de ce mécanisme la matière même de ses romans. La logique était triste, ses romans sont gais. Machine à faire des histoires avec de la non-histoire, Stendhal transmue l'ennui en bonheur, et l'échec amoureux en folie amoureuse. Faire musique de toute détresse : à cet art aussi Michel Guérin excelle.

«C'était une âme trop ardente pour se contenter du réel de la vie». Sous la dernière phrase de «Mina de Wanghel», c'est de Beyle qu'il s'agit. Un obscur consul de France perdu dans l'Italie papale transmue son pas-assez-de vie en trop-plein vital. Michel Guérin, professeur de lycée à Marseille, transforme une lassante quotidienneté de pensée en un formidable condensé théorique. Cette alchimie de l'intelligence prend date, comme l'autre. On n'avance jamais que par pis-aller. Stendhal, qui se voulait un homme de réflexion, n'écrivait de romans qu'à ses heures perdues. Guérin rêve d'être romancier et réfléchit par défaut les romans de Stendhal. Le narrateur pensait par les oreilles et les yeux; le philosophe pense le regard et l'écoute de Stendhal, et, ce faisant, accouche de formules à dix carats qui nous donnent à croire que l'auteur a trois mille ans d'expérience politique derrière lui. Faut-il que le premier rayon ne se gagne, à chaque fois, qu'en décalant d'un degré l'ambition ?

«La politique de Stendhal» est une œuvre piégée. Elle a les allures d'un ouvrage sur (d'autres ouvrages). Elle a, au dedans, la densité autonome du chef-d'œuvre, où Stendhal n'est qu'un prétexte. Ce livre brille, c'est vrai. Il peut surtout servir. A monnayer au jour le jour «l'espérance impossible qu'il est impossible de ne pas nourrir». Soit la meilleure définition jamais donnée de ce qui s'appelle, provisoirement, «la politique».

Régis Debray

Avertissement

« L'auteur serait au désespoir de vivre sous
le gouvernement de New-York. Il aime
mieux faire la cour à M. Guizot que faire la
cour à son bottier ».

(Troisième Préface de « Lucien Leuwen »)

« On peut dire en général que ces brigands
furent l'opposition contre les gouvernements atroces qui, en Italie, succédèrent
aux républiques du Moyen Age ».

(« L'Abbesse de Castro »)

Les trois Essais réunis dans ce livre forment les degrés
d'un même propos, la création romanesque de Stendhal.
J'ai abordé la lecture, il est vrai, sous l'angle de la politique. Mais, considérant l'artiste à l'œuvre, j'ai moins
cherché à définir des «idées» politiques, plus ou moins
extérieures à la création, qu'à comprendre de l'intérieur
comment Stendhal, chez qui le politique commence dans
l'émotion et frémit dans l'épiderme, réfléchit dans la
forme esthétique, convertit en roman des difficultés et
des impasses, métamorphose en humeur et en ton les
antinomies de la raison politique. La création stendhalienne est pénétrée de politique, mais elle n'en est pas
parasitée. Je veux dire que la politique n'interrompt
pas le roman, comme un coup de pistolet au milieu d'un
concert, pour écornifler tel tableau ou telle scène. En ce
sens, les efforts de Lucien Leuwen pour tenir ouverte la
porte de Mme de Chasteller ne sont pas moins politiques
que l'anatomie et la physiologie de l'élection. La politique de Stendhal ne se rassemble pas dans un lieu bien à
elle, à l'écart; on ne peut la déterminer, l'enfermer dans
un discours direct et spécial, parce que sa vérité ultime,

précisément, est la dissémination. Elle tient dans une série de déplacements. En quoi elle montre une affinité étonnante avec l'écriture romanesque. La politique de Stendhal, elle n'est pas dans ses «idées»; elle habite son travail.

Un artiste à l'œuvre, c'est toujours de la politique.

Surtout lorsqu'il s'agit d'un homme qui, né six ans avant la Révolution, aura vu passer, en un peu plus d'un demi-siècle d'existence, tant de crises et tant de compromis, l'héroïsme bref et des coquins prospères. 1783-1842: combien de régimes? Qu'on suppose le plus intègre ou le plus décidé : il aura au moins servi deux maîtres, le premier d'enthousiasme ou d'habitude, le second de fatigue ou de hasard. En somme : son propre cœur, puis la dure raison des choses. Voilà par où le réel s'insinue; vient toujours le moment où la vie arrête l'idée, partie trop vite, et tarit la jeune persuasion. Avant d'être ce qui plaît, la politique est ce qui dure.

Et Stendhal a fondu dans le même creuset de son art les idées de sa jeunesse et les phobies de son âge mûr. Si Stendhal fut jacobin? Cela ne signifie qu'au conditionnel, dans l'irréel de l'enfance; car il y a une grammaire des âges. Jacobin il resta, dans ses pensées, au plus profond de sa mémoire. L'eût-il été en 93? Qui peut répondre? Il fut donc jacobin de cœur et de commémoration. C'est tout ce qu'on peut dire. Et voilà pour l'élan de son être. Disons que son tempérament le portait dans le sens d'une république paroxystique, cruelle et généreuse. Passionnée. Celle de l'An II, mais aussi celle, tôt brisée, qu'il savait vive et gardée dans le cœur des brigands italiens que la tyrannie renvoya à la vie sauvage. Des idées tout cela? Pas même. Plutôt des images flamboyantes, la version politique de la passion, dieu suprême. Utopie? Non. Plutôt un mythe éternel.

Et puis, il y a le réel, avec ce bottier de New-York qui a le vent en poupe et qui désole l'artiste. Le réel se compose du présent, la monarchie bourgeoise, et de l'avenir probable : la démocratie grise avec son culte du «dieu dollar». Juillet ne fait pas problème à Stendhal : cuisine et canaille, dit-il. Il n'y a pas à y penser deux fois. Mais la démocratie? C'est le débat de «Lucien Leuwen»; il est singulièrement hypothéqué par les déclarations phobiques répétées de l'auteur-préfacier. La démocratie, pourtant, c'est la liberté? Peut-être, et encore... C'est surtout l'argent-roi et la platitude qu'il installe. Avenir, oui. Trop clair. Sans espoir.

Entre les brigands qui ne sont plus et le bottier qui n'est pas encore, entre la république de la passion et la démocratie de l'argent, le temps suspend son vol, et dans cette bonace provisoire, épaissie par le fumet des affaires, dans ce juste-milieu calmant une révolution et emporté par une autre, Stendhal comprend que la bourgeoisie va au plus court pour assurer ses conquêtes. Mais demain, inévitablement, le cens s'abaissera, la représentation s'élargira. Comme Tocqueville, Stendhal aperçoit le mouvement séculaire de l'«égalisation des conditions», le rétrécissement de la liberté furieuse, tombée, dans le monde des petits-bourgeois, au rang d'opinions saines et de vertus organisées. Quand le bottier chaussera la Liberté, il n'aura plus qu'une chiffe pour semelle. L'Histoire l'aura comme perdue en route, au long des combats qu'elle a menés, superbe, contre toutes les tyrannies... N'était-ce qu'un fantôme de l'imagination? Alors la force est sanctifiée et le bon prince n'est que celui qui règne. Si, à l'inverse, elle vaut qu'on meurt pour elle, il faut pourtant reconnaître que les régimes qui en vivent n'adorent que son fantôme. Ici garrottée, là-bas poupée brandissant un flambeau de pierre. Stendhal éprouve la politique comme aporie, puisqu'il n'est homme à renoncer ni à ce qu'il aime ni à ce qu'il déteste. On ne le verra pas conclure.

Mais quoi? La politique n'est ni le métier des uns ni un morceau d'existence des autres. Même si la raison ne sait plus par où la prendre, elle frappe à d'autres portes en nous. Elle nous surprend au détour, où on ne l'attend pas : dans le bonheur et dans l'amour, dans la rue et dans les bureaux, dans la mort. Le discours impossible de la politique éclate en tous sens, coule dans les veines, fouette les nerfs, affleure la peau. En deçà de la politique événementielle, la seule qu'on ait longtemps connue, le roman charrie une politique multiple, vive, parfois imprévisible. C'est elle, cette poudre plus vérace que les idées grossières, que ce livre entreprend d'analyser. La pièce à conviction, ce n'est pas l'aiguille subtile ; c'est toute la botte de foin. En politique, il n'y a pas d'ivraie. Tout est déchet : fibres. Et rien dedans.

Et Stendhal a la fibre politique. Cherche-t-il à peindre, en Julien Sorel, une haute ambition, que les prestiges sociaux ne pourront rassasier, voilà que, tout naturellement, il évoque Danton. Ambition veut dire Révolution — et non revanche à prendre, comme l'ont cru quelques censeurs solennels. « Le Rouge et le Noir », à n'en pas douter, représente, au sens théâtral du mot, la Passion révolutionnaire, c'est-à-dire, pour Stendhal, la passion tout court, lorsqu'elle va au bout de sa logique, sans composer avec la réalité, par définition relative. Julien tient la place du sacrifié et Mathilde accomplit le rôle de la prêtresse. Tout ce qui se joue entre eux décalque une symbolique de la Révolution. Mais, en retour, celle-ci déborde le champ du politique et s'annonce en des valeurs existentielles, esthétiques, amoureuses, religieuses. Dans « Le Rouge », Stendhal aborde le roman et la politique depuis le désir de sa jeunesse. C'est un fidèle qui, par la représentation, met sa foi à l'épreuve.

« Lucien Leuwen » est l'œuvre d'un attentif, c'est-à-dire d'un scrupuleux, d'un homme qui traque toutes les formes du mensonge, dont est sans doute un enthousiasme qui vieillit. La morale oblige d'abord à prendre acte de ce qui est. Ce chef-d'œuvre inachevé, aussi bien, marque, dans la vie et dans le travail de Stendhal, l'entrée en scène d'un bourreau qui ne le quittera plus : la lucidité. Immanquablement, la critique politique, née d'une observation sans défauts, devient de la critique littéraire. On n'écrit pas ce qu'on vote, mais on écrit comme on vote. Blanc, parfois.

En 1838, la poudre politique n'a plus de secret pour Stendhal. Le tas est là, réuni, un et multiple, avec des cristaux de bonheur, brillants, et aussi des grains noirs, et des gris. Il y a tout : ce qu'on aime et ce qui est; moment du gai savoir. Enchantement de comprendre, d'aimer sans se gâter, de savoir sans désespérer. La mort est proche. L'homme a fait sa vie comme il a pu. Et voilà que la poudre solide de petits empêchements, de joies détaillées, de misères multiples, tout cet indicible innombrable qui pèse parce qu'on n'arrive pas à cette franche catharsis d'un énoncé tranchant − «c'est la faute à...» −, et c'est ça la politique la plus réelle, cette attente d'une solution, voilà que la poudre vibre. Et ce sont les sonorités merveilleusement accordées de «La Chartreuse de Parme». La politique? Ecoutez la musique!

A Catherine

LA RÉVOLUTION

Pour Mathilde

« S'il y a révolution, je suis sûre pour Julien d'un premier rôle.

(Mathilde)

« On plaisantait une fille d'honneur de la reine épouse de François Ier sur la légèreté de son amant qui, disait-on, ne l'aimait guère. Peu de temps après, cet amant eut une maladie et reparut muet à la cour. Un jour, au bout de deux ans, comme on s'étonnait qu'elle l'aimât toujours, elle lui dit : « Parlez ». Et il parla. »

« De l'Amour », chap. XXVIII,
« De l'orgueil féminin ».

L'œuvre la plus populaire de Stendhal ne pouvait manquer d'accréditer quelques images simples et tranchées. Je n'en retiens ici que deux. Presque unanime, la tradition voit en Julien Sorel un jeune plébéien envieux qui cherche à faire son chemin dans le monde. S'il n'y parvient pas, faute en est à sa propre démesure ; la société se venge de qui a pensé perturber ses lois. Fallait-il, par surcroît, qu'il vidât son pistolet sur la seule femme aimable et qui l'eût aimé !

Les deux images, on le voit, sont liées : l'accès de dépravation suit de l'excès dans l'ambition. Du coup, le lecteur attendri prend fait et cause pour l'émouvante roture de Sorel contre son orgueil ; il prend parti pour

15

Mme de Rênal contre Mathilde de La Mole. On ne peut aimer deux femmes... C'est le propre des très grandes œuvres, de prêter le flanc au manichéisme — et d'en déjouer, à terme, les arrêts. Ainsi du « Rouge ».

Je lus, adolescent, et relus l'histoire de Julien. Chaque lecture nouvelle prenait naissance dans un malaise ancien. Je jouais à savoir combien de temps je pourrais tenir sans revenir à l'énigme, inscrivant des dates sur la page de garde de l'exemplaire. J'en voulais obscurément à Stendhal de sa fin : « Il n'avait plus d'ambition. Il pensait rarement à mademoiselle de la Mole. Ses remords l'occupaient beaucoup et lui présentaient souvent l'image de madame de Rênal... » Le roman, dans mon esprit, se niait. Allait-il faire une fin édifiante, Julien ? Il me semblait qu'on sacrifiait Mathilde. Tout se passait comme si, indésirable, elle encombrait Julien prisonnier et importunait l'auteur. La justice du roman la laissait pour compte ; elle aurait été l'instrument du mal, puis le personnage émissaire qui permet l'ultime réconciliation des deux héros positifs.

Si j'ai souvent relu « Le Rouge et le Noir », c'est justement parce que je refusais de tout mon être cette fin-là. Un jour, tout me devint clair : j'avais toujours été l'avocat de Mathilde. L'aimant, je la voulais comprendre. Ce qui va suivre est un peu une plaidoirie.

I / LA VERITE, L'APRE VERITE

Je remarque d'abord qu'en ces années trente, qui devaient conduire aux Glorieuses, la vie et la création de Beyle ne lui parlent que de Mathilde, ou plutôt de cette Figure de femme à plusieurs visages, réels et fictifs, dont Melle de La Mole porterait le dessin à la perfection.

Dans la vie, la page est tournée de « Menti » (Clémentine Curial) après deux ans d'une passion tumultueuse ; c'est l'heure de « Mme Azur », autrement dit d'Alberte de

Rubempré. Amante sensuelle et fantasque, Alberte répand dans les salons à la mode les exploits amoureux de Stendhal, contribuant ainsi à le laver, confie-t-il dans les «Souvenirs d'Egotisme», d'une tenace réputation de babilanisme.

Et puis il y a Giulia — à la frontière de la réalité et du roman. Le jeu de cache-cache avec la jeune fille qui, séduite sans doute par un de ses doubles fictifs (Vanina) et portée à l'imitation, se retire puis se donne, se fait demander en mariage par un «Dominique» presque quinquagénaire, pour, finalement, épouser ailleurs, ne ressemble-t-il pas, en beaucoup moins excessif, à la joute amoureuse de l'hôtel de La Mole?

Enfin, le fait divers s'en mêle, qui corrobore plus qu'il n'inspire le portrait idéal de l'héroïne : voilà qu'un jeune bourgeois, nommé Grasset, enlève Mary, la fille du ministre de Charles X, Hyde de Neuville! Bref, tout conspire à Mathilde. L'air du temps est à Mathilde, mais aussi les amours, la chronique et les deux jumelles de l'œuvre, «Vanina Vanini» et «Mina de Vanghel».

Danton

On la sent frémir, Mathilde, dès l'épigraphe célèbre : «La vérité, l'âpre vérité». La phrase est de Danton, le titan qui obsède et fascine la jeune patricienne et qu'elle donne à son amant comme modèle à imiter, car elle ne sait aimer que dans l'atmosphère du terrible. Elle veut que la «jolie figure» de Julien, si propre à émouvoir à première vue Mme de Rênal, fasse paraître les traits filigranés d'un colosse effrayant. L'«amour de tête» n'admire que les chefs fleurant l'échafaud, tels Boniface, l'ancêtre — et Danton. De la même manière, Vanina aime son carbonaro à proportion du danger qu'il court («On mit sa tête à prix»).

Tout se passe alors comme si le réel, le premier charmé, venait se ployer au phantasme de Mathilde : les hommes condamnent Julien à la mort ; lui-même, dédaignant de se défendre, consent à sa perte. Il a, un très court moment, son sort entre ses mains : un mot — il se sauve. Mais il ne veut pas d'une vie où il se survivrait. Il a mieux à faire : mourir pour être. C'en est fait à l'heure de la prison ; le phantasme inconsciemment meurtrier de Mathilde enveloppe son existence entière, la rachète en la ruinant.

Désormais, le petit Sorel a vécu. Julien est Danton, est Boniface. La tête qui s'en va choir témoigne de toute sa hauteur, la naissance ignoble s'écoule avec le sang. Sur les genoux de Mathilde en grand deuil, une face exsangue et vide : le buste épique d'un jeune noble en sa pure liberté. Il perd la vie parce qu'elle l'a condamné ; parce que, l'adorant, elle n'a cessé d'imaginer sa mort.

En Mathilde, au fond, j'admire la nécessité. Son caractère excède infiniment l'ordre psychologique, où on a eu trop tôt fait de l'enfermer. Qui s'y frotte s'y pique. Qui l'aime s'attire des histoires, se prépare au combat, se ménage un destin. Regardez : elle est transparente. C'est Julien qu'on voit, à la fin, à force de fixer ce cristal de femme. Provocante comme le miroir, le vide ou la pureté, elle vous captive d'autant qu'elle vous repousse au premier heurt. Et alors on ne peut plus penser qu'à elle. Comme Mephistophélès est l'autre visage de Faust, elle représente l'envers démiurgique d'un certain nihilisme. Mathilde indique à celui qu'elle aime que la voie de l'Etre passe par le Néant.

Elle dit à Julien : Péris pour devenir ce que tu es.

Il n'est pas de langage qu'il puisse mieux entendre. Aussi l'amour guerrier de Mathilde et de Julien, qui oscille entre l'escarmouche et l'enivrante fraternisation, sonne-t-il quelque part comme un accord parfait. Ils ne peuvent se convenir qu'adversaires déclarés. Julien, quant à lui, aime la jeune Parque comme le héros appelle la tragédie. Et ce que répond toujours le destin à celui qui le cherche, c'est : «Tu ne croyais pas si bien dire, si bien faire ! Tu me veux, me voici. Que ce que tu ne savais pas désirer si fort − que tout − s'accomplisse ! »

Dans l'esprit de Mathilde, révolution et tragédie demeurent indiscernables ; dans son échelle de valeurs, construite à renfort de morgue et de solitude, et qui annule les mœurs comme la tradition, méprise le faubourg autant que la roture, la véritable aristocratie s'annonce comme détermination à aller jusqu'au bout. Et c'est bien là ce qui apparie, par-delà siècles et classes, Boniface de la Mole et Danton. Bref : ce n'est pas le privilège qui fait la noblesse, c'est le risque. L'« homme supérieur » qu'attend Mathilde, et qu'elle pense trouver dans le secrétaire de son père, porte au front un signe qui ne trompe pas : il vit, pense, agit sous le climat de la terreur. Il est prêt à tuer ou prêt à mourir : prêt à tuer (en lui, en l'autre) l'homme ancien, assujetti, pour que vive une idée neuve de l'homme. La révolution de Mathilde s'exprimerait assez bien dans le mot célèbre de Goethe : Meurs et deviens !

Mais le risque ne serait pas ce qu'il doit être − total − si celui qui tue n'offrait sa vie ; celui qui dresse la guillotine sait qu'il sera de la dernière charrette ; ce savoir et cette attente lavent du crime.

On sent bien que Mathilde regarde la révolution sous le seul rapport de la tragédie ; elle ne voit ni la crise sociale, ni l'affrontement politique, ni l'œuvre institutionnelle. La révolution, pour elle, c'est l'interférence de la vie publique et de la vie privée ; moment intense de l'histoire où l'individu s'accorde à l'univers, où chacun, donc, se déclare disposé à répondre de tous. En langage stendhalien : la révolution signifie que l'émotion atteint son paroxysme et s'exalte aux dimensions du cosmos. Elle concerne l'âme et le monde − non la cité. La politique s'abolit pour laisser place à une cosmogonie. Il ne s'agit pas de changer de régime, mais d'engendrer ce qu'on n'a jamais vu. En un mot, la révolution, scandaleusement apolitique par certains côtés (puisqu'elle ignore règles et compromis, dédaigne la demi-mesure), reconduit l'ordre culturel à la jouvence d'une nature inspiratrice et rapproche pathétiquement le vivre et le mourir. Par ce dernier aspect, elle se charge de significations religieuses. C'est bien, dans le fait, une terreur sacrée qu'elle inspire à ses mystes : mélange de crainte viscérale et de respect sublime.

Tout se passe comme si l'émotion, doucement amoureuse aussi longtemps qu'elle demeure privée, domestique, se mettait à inverser ses stratégies électives : aimant qui lui résiste, c'est l'ennemi — l'égaré — qu'elle choisit. L'amour du genre humain, bon pasteur, n'a d'affinités électives qu'avec les suspects. En Julien Sorel, c'est d'abord le suspect qu'aime Mathilde.

Mais alors, pourquoi Danton ? On attendrait plutôt Robespierre ou Saint-Just... C'est d'abord que, dans l'imagerie, Danton incarne et rassemble toute la révolution ; et c'est, corrélativement, que cette position éminente le fait parler d'or. Image haute en couleur pour Mathilde, Danton est appelé par Stendhal à la barre des témoins. Il est dans le roman et au-dessus. Il obsède Mathilde, il inspire Stendhal. Il fait la révolution et il la juge ; ce sage est un ancien fou. Il ne sait pas seulement ce qu'est la révolution, il sait aussi ce qu'elle devient.

La vérité ? La révolution.

L'âpre vérité ? La révolution devenue, ou, c'est le cas de le dire : révolue. Un beau conte — mais qui finit dans la bouche d'un idiot, qui se met à parler rauque.

La tragédie se loge dans cette redondance : pas de vérité qui ne coûte la vie ; pas d'amour qui ne terrorise. Peut-on démêler alors ce qui est du Danton de Mathilde et ce qui revient au Danton de Stendhal ? Il s'agit bien du même, n'en doutons pas. Le « fou de révolution » que Mathilde imagine et invoque n'est pas différent du sage qui prononce la vérité entière de la révolution. Simplement, la sagesse tend à la vie un miroir : réflexion, au plus propre du terme. Le roman montre les deux à la fois : le jeu et la sapience, le drame et sa moralité, l'inconscient agissant aveugle et la conscience apaisée. Danton hante l'inconscient de Mathilde dans le temps même qu'il construit le savoir politique de l'écrivain.

La sœur

Ce que Danton enseigne, en y laissant la vie, c'est que la fraternité finit par devenir fratricide. Inéluctablement. La révolution qui, dans l'illusion lyrique des commencements, réunit les frères autour du Corps de la mère-patrie, les arme contre les ennemis de l'extérieur et les transporte aux frontières («la patrie en danger»), évolue bientôt vers une logique implacable de la suspicion entre les frères (guerre aux «suspects», aux ennemis de l'intérieur). La fraternité montre deux visages opposés : après l'énorme Danton, le glabre Robespierre; après l'exaltation «indulgente», la vertu qui «ne passe rien». La terreur apparaît ainsi comme l'aboutissement de la fraternité. D'où vient cette mutation sinistre?

En fait, la terreur est inscrite en germe dans la fraternité. La vertu, amour du bien public, passion désintéressée, souffre d'une contradiction insuppressible : entre l'idéal et la réalité. Pure, la vertu se condamne à n'élire que l'impur; semblable au sage que fascine la catin, elle ne se représente l'amour que comme rédemption. C'est pourquoi la logique de la vertu conduit à l'épuration de la réalité par la mort, afin de la rendre adéquate au désir. Quant à l'objet aimé — le suspect —, il n'est jamais ce qu'il doit-être; à la fois il monopolise l'intérêt et déçoit l'idéalisation. C'est cette contrariété qui apparaît dans ce qu'on pourrait appeler les intermittences de Mathilde. Le soupçon excite l'amour, mais interdit l'abandon. Eros est toujours sur le pied de guerre. Telle est, au total, la contrariété de la vertu qu'elle aime à mort. J'y vois l'essence du jacobinisme.

21

La terreur livre la vérité de Mathilde. Mais naturellement, toutes les significations sont déplacées ; l'affectivité de Mathilde répète, analogiquement, le procès terroriste. En aimant Julien, elle le voue nécessairement à la mort, puisqu'elle pose sa vie réelle comme indigne de ce qu'il vaut. Julien ne pourra donc s'égaler à sa propre valeur qu'à l'instant de sa mort. Vivant, Julien n'est que le signe avant-coureur de ce qu'il a à être. Mathilde aime une promesse.

Dès la première rencontre, l'idéalisation recouvre entièrement la réalité, supprime la contingence : dans le monde des symboles, tout est preuve. Nous sommes dans la fatalité, c'est-à-dire dans un monde où le moindre événement, où chaque geste, chaque mot se prêtent à l'interprétation. Il n'y a pas de repos, parce que rien n'est gratuit, insignifiant. Mais pour qu'il en aille ainsi, il faut que celui qui est entré dans la maison du père ne soit pas vraiment un étranger. D'où vient que Mathilde reconnaisse immédiatement celui qu'elle attend de toujours ? Elle ne sait pas combien il lui est proche ; elle ne sait pas que ce jeune homme est son pareil, son double, son frère. Elle le reconnaît sans l'identifier. Si la réalité se montre d'emblée si vulnérable, si elle cède si rapidement la place à l'imaginaire qui bientôt enveloppera Julien de symboles, de modèles, c'est précisément que l'élu est sans mystère. En lui, aucune altérité, nulle opacité. Paradoxalement en effet, le suspect n'est pas celui de qui l'on doute ; c'est celui qu'on connaît bien. Cette « connaissance » immémoriale que Mathilde a de Julien, et qui l'empêche de le considérer réellement comme un autre, s'explique aisément : Mathilde aime d'abord en Julien l'image idéalisée d'elle-même. Le narcissisme, autrement dit, sort étrangement renforcé de cette projection dans un autre être. La disparition de Julien est ainsi impliquée dans la nature singulière d'un tel amour, puisqu'il n'est en somme que la forme objective et passagère d'un désir qui ne sort pas du moi.

Pour le dire d'une boutade opportunément équivoque : il faut être deux pour s'aimer ! On comprend alors que, sous le regard de la sœur, le frère soit toujours suspect ; c'est qu'en le rehaussant de ses propres perfections, elle l'a chargé aussi de ses faiblesses. Ce qui dispose la Figure de la sœur, personnage tragique par excellence, à l'exercice de la terreur, c'est l'instinct conjoint de la misère et de la grandeur. A travers Oreste, par exemple, Electre éprouve sur le mode du conflit l'alternance de l'exhortation et de l'admiration. Tour à tour passive (quand l'image idéale obnubile la réalité) et active (quand la réalité menace de décevoir l'image), la sœur veille en permanence auprès du frère, prête à soutenir d'un zèle terrible le manque à l'idéal. Dans l'espace tragique, la sœur rappelle le héros au devoir de sa race. Elle parle la voix du sang. Les valeurs dont elle témoigne, toutefois, ne sont pas familiales (naturelles), mais généalogiques (imaginaires et d'origine divine). L'amour de la Sœur est peut-être la seule admiration exigeante, la seule qui ne se relâche pas...

Ce rappel de la race, exhortation à devenir ce que fut l'Ancêtre, voilà le véritable leitmotiv du « Rouge ». Mathilde, en effet, « terrorise » Julien pour lui définir un corps qui ne doive rien à la race des Sorel. Or, si « Le Rouge et le Noir » raconte comment le jeune Sorel s'ennoblit par la mort, il nous montre aussi comment Mathilde se réalise corps maternel depuis le corps stérile de la sœur. Le destin est croisé : Julien naît celui qu'il meurt au moment où Mathilde se dispose à mettre son enfant au monde. Tout se passe comme si la dualité (du frère et de la sœur, mais aussi de l'idéal et du réel) s'abîmait finalement dans l'identité.

Dans le fait, Julien, image idéale, s'alourdit de réalité dans le corps de Mathilde, par le truchement de son fils. L'enfant qu'elle porte dans son ventre, c'est la réplique de la tête de Julien. Lorsque Mathilde, grosse de ce fils, tient contre elle (et contre lui, l'enfant) la tête de son amant, elle recolle les deux morceaux de l'androgyne mythique. « Le Rouge et le Noir » culmine symboliquement dans l'hermétisme ; il narre une sociogonie (engendrement d'une race de Fils, immédiatement nés de la mère) qui passe par l'agonie de Julien « Sorel ».

Le destin

Julien se constitue en héros tragique en relevant le gant que lui jette Mathilde, en répondant à la procovation ; c'est-à-dire finalement en endossant jusqu'à la mort le rôle qu'elle lui destine (« Je suis sûre pour lui d'un premier rôle »). Tout le dispose à l'assumer. Et d'abord, bien sûr, la haine du père. Comment ne pas être un Sorel ? Telle est la question. Julien, au plus intime de lui-même, a choisi d'effacer Sorel.

Deux voies s'offrent. Tuer le père ou re-naître fils sans père, fils de ses œuvres. Mais tuer le père, c'est embaumer la paternité. L'Oedipe est conservateur. Un père qui meurt, c'est un fils de moins et un père de plus. La succession est assurée. Le roi est mort, vive le roi : simple question de gouvernement. Julien sait le fils complice, qui se débarrasse du père pour mettre la paternité sur le trône. Sa haine est autrement radicale. Il ne cherche pas à renverser le régime ; il veut en annihiler la religion. Ce n'est pas à la chose paternelle qu'il en a, c'est à sa trace. Le nom seul de « Sorel » réveille à tout moment la haine.

Or voici que Mathilde insinue une version tout autre de sa naissance. Julien se précipite avec ferveur dans l'évidence de sa vérité. Mais voilà : il en faut payer le prix ; il s'agit de mourir pour être ce que l'on est, pour traduire l'imaginaire en termes réels. Fasciné, Julien, d'abord, ne voit pas si loin ; mais il s'élance sans hésitation à la conquête de lui-même. Mathilde pourtant cache la mort sous la vie. N'importe ! Le contrat, tacite, qui les lie, repose sur la surenchère et non sur des clauses. Générosité oblige — cette confiance dans l'adversaire. La fascination entrelace les désirs, les amène à se réfléchir l'un dans l'autre, à se méconnaître dans le temps même qu'ils se reconnaissent. Le désir tragique est un désir séduit. Quelle plus grande leçon de générosité que de soutenir le désir de l'autre, jusqu'à le déclarer le réel?

Telle est donc la fascination des désirs, constitutive du destin. La tragédie se définit essentiellement une perception infirme, c'est-à-dire dévorée par la symbolisation. Ce que va vivre Julien, c'est l'imaginaire de Mathilde décalqué dans le monde réel. Mathilde parvient à faire « entendre » à Julien que la malédiction de sa naissance ne pourra être effacée que par un oracle adverse : le sien. Seule une fatalité en gomme une autre ; en Julien s'opère donc, et à son insu, une substitution et un relais d'oracles. Le réel n'est jamais neutre : d'abord symbolisé dans l'allergie au père, il bascule bientôt dans l'imaginaire de Mathilde, où il s'enferme. Le père Sorel a donné la vie à celui qui le hait ; Mathilde voue à la mort celui qu'elle aime passionnément. Celle qui mobilise les puissants et les notables pour arracher son amant à la mort, ne sait pas que c'est sa propre veine oraculaire qui le condamne. Elle le pourrait sauver, s'il ne s'agissait que de le soustraire à des ennemis visibles ; elle ne le sauvera pas d'elle-même. Le destin de Julien tient dans la parfaite coïncidence du réel et des désirs, dans la clôture imaginaire du réel. Il n'y a plus de contingence. Le destin est scellé dans la prison des amours, bien avant de stationner dans la prison réelle. Julien est coincé entre une mère d'emprunt, qu'il a pensé tuer, et une sœur amoureuse qui l'a de toujours immolé. L'une et l'autre fées, voici qu'elles se mettent ensemble, sur la fin, à lui broder un linceul par les deux bouts.

Lorsque le désir de Julien se réfléchit dans l'imaginaire de Mathilde, il s'inverse. Ou mieux : il s'ironise. La symbolique fraternelle de Mathilde contient le père, dissimule l'emblème viril. Telle est la séduction, proprement vertigineuse, de Mathilde, qu'elle transforme la

25

phobie du père en tentation. En Mathilde, Julien, avide, respire l'atmosphère qui l'étouffe. Exhibant une symbolique de la vie, elle fait aimer la mort. Elle s'imbibe subtilement de la quintessence paternelle, en la dégageant de son support infâme; et voici qu'elle charme le fléau : la ravissante péri guerrière a escamoté le père fouettard en une moue à se damner.

Différée, mais non effacée, la trace honnie s'enlumine en un dessin charmant : celui de l'amazone. La fascination suppose un mélange d'attirance et de répulsion, une identification s'empêtrant dans la mystification; bref une (mé)-connaissance, ou encore : une fausse reconnaissance. Aussi bien la phobie reste-t-elle toujours tapie au fond de la passion amoureuse. Et c'est elle qui l'emporte finalement quant tout est consommé, que le vaste phantasme est tombé et que, réduit à lui-même, entre deux femmes et quatre murs, Julien, espérant l'unique Mme de Rênal, n'a plus pour Mathilde les yeux de la méconnaissance. Ses visites pèsent à Julien presque autant que celle de son charpentier de père — qu'on avait tous fini par oublier. Mathilde est affectivement, sinon symboliquement, identifiée, au moment où la proximité de la mort descelle l'imaginaire et libère la réalité.

II / LE VISIBLE ET L'INVISIBLE

> *O hateful error, melancholy's child,*
> *Why dost thou show to the apt thoughts*
> *of men*
> *The things that are not?*
>
> (Shakespeare, «Julius Caesar», V, 3

Dans le monde des amants fascinés, on ne désigne pas, on décrète. Le sens est son propre caprice : tout est logique, donc rien n'est probant. Il faut toujours recommencer. A la place de l'acte, provisoirement (humainement) définitif, l'épreuve, définitivement provisoire. De la même façon, l'amour s'exprime par la guerre, le naître par le mourir et la simulation atteste une sincérité supérieure. L'interprétation des signes, exclusivement soumise à une subjectivité imprévisible, est à la discrétion de deux «natures» : Julien et Mathilde. Ceux-ci, pour se comprendre, ne disposent même pas de l'expédient qui consisterait à inverser mentalement les signes à chaque fois, à leur substituer leurs antonymes; il leur est impossible de rétablir, pour ainsi dire, le système dans l'antiphrase — «je te hais», par exemple, signifiant toujours «je t'adore». Leur entente ne connaît pas l'unanimité. Elle se maintient, au contraire, si paradoxal que cela soit, à travers la méprise et la méconnaissance. C'est encore là, au demeurant, un aspect de la générosité tragique : admettre la vérité d'un langage qu'on ne comprend pas.

Du même coup, Julien ne sait jamais, comme on dit, «à quoi s'en tenir», puisque telle phrase ou tel comportement de Mathilde peuvent signifier exactement ce qu'ils disent, mais aussi tout le contraire. De là, entre eux, cette joute perpétuellement dissuasive et cette demande de «garanties» (mot de Mathilde). Pareille alliance dans l'équivocité, en même temps, parce qu'elle renforce paradoxalement la connivence, permet de comprendre pourquoi Julien ne parvient pas, au terme du roman, à une démystification complète de Mathilde, qui n'est pas symboliquement démasquée. Il a beau, en prison, souhaiter qu'elle ne vienne pas; il ne peut pas l'ôter de sa vie, la rejeter, parce qu'elle fait partie de lui-même. Dans «Le Rouge et le Noir», la circularité indéfinie de l'imaginaire et du réel, du visible et de l'invisible, de l'altérité et de l'identité interdit précisément la démarcation nette et finale de l'illusion et de la réalité.

Il n'est, pour s'en convaincre, que de comparer la deuxième partie du roman à deux fictions qui, par d'autres traits, lui ressemblent : «Vanina Vanini» et «Mina de Wanghel».

27

Dans les nouvelles, le réel se produit comme raréfaction de l'illusion. Bien nette l'opposition des deux temps dans « Mina » : le réel intervient après coup comme un accroc dans le voile des apparences. Comme ses sœurs de race (Vanina et Mathilde), Mina, jeune héritière allemande, répugne, par crainte de l'ennui, aux partis qui seraient dignes de sa fortune. Romanesque, elle veut la passion. Elle la croit trouver, en France, dans la personne de M. de Larçay. Il faut, naturellement, qu'il soit marié ; où serait autrement le romanesque ? Voilà Mina déguisée en femme de chambre de Mme de Larçay ! Elle cotoie chaque jour l'aimé. Mais il ne lui suffit pas d'être aimée, elle en exige la preuve. Comment briser ce mariage qui s'endort ? Libre, se dit-elle, Alfred de Larçay pourra l'épouser, aller jusqu'au bout : ce sera une preuve... C'est alors que Mina soudoie certain viveur, qui compromet Mme de Larçay. Le mari voit ce qu'il doit voir. Rupture du ménage. Mina et Alfred voyagent, mais le charme ne joue plus. L'amant comprend la supercherie et s'avise qu'on lui a forcé la main.

Mina, de son côté, ne saurait savourer sa victoire sans dévoiler à son amant le stratagème dont elle s'est servie pour l'abuser, car elle a besoin de l'entendre protester qu'elle a bien fait. Elle attend donc d'Alfred qu'il lui dise : tu n'as fait qu'accomplir mon plus secret désir, tu as fait ce que j'aurais dû faire, si j'avais su. Mina n'a pas prévu « l'amour-propre piqué » de son amant : c'est le dard minable qui crève d'un coup le ballon des songes. « Ce trait est infâme, reprit Alfred froidement. L'illusion cesse, je vais rejoindre ma femme. Je vous plains et ne vous aime plus. » Mina gagne seule la chambre d'Alfred et se tue d'un coup de pistolet dans le cœur. La dernière phrase de la nouvelle contient la morale de l'histoire : « C'était une âme trop ardente pour se contenter du réel de la vie. » Mina compense ainsi de sa mort une double désillusion : l'amant, se croyant joué, cesse d'aimer, et elle ne peut plus l'estimer. Elle saisit, en un sursaut d'amertume, qu'il n'a jamais été « à la hauteur ». Le réel, ici, c'est la pointe d'amour-propre : presque rien. Mina meurt de cette surprise.

De la même façon, Vanina avoue (et l'aveu vaut comme défi) à Missirilli que c'est elle qui a, par amour, dénoncé les carbonari. Le motif romanesque est identique : capter l'autre désir, circonvenir un vouloir incertain. Vanina, qui aime Missirilli parce qu'il est un carbonaro traqué, est jalouse de cette liberté dont il a fait la cause et le risque de sa vie. La liberté, Vanina l'éprouve comme une rivale ; elle entend être préférée, c'est-à-dire être aimée exclusivement, fût-ce contre la liberté. La preuve d'amour qu'elle réclame donc de son amant, c'est qu'il la lui sacrifie. Elle apprend à Missirilli qu'elle a livré ses compagnons. La réaction (car Missirilli et de Larçay n'ont pas l'initiative de l'action ; ils ne font que « répondre » ; et puis, tout à coup, ils ne « répondent » plus, comme on le dit d'instruments qu'on croyait bien connaître et parfaitement maîtriser) du jeune carbonaro — pour être, certes, de quelques tons plus élevés que celle, somme toute mondaine, d'Alfred — n'en est pas moins de la même eau : « Ah ! monstre, s'écria Pietro furieux, en se jetant sur elle, et il cherchait à l'assommer avec ses chaînes ». Irruption de la réalité : Vanina en reste « anéantie ». Et la clausule : « Elle revint à Rome ; et le journal annonce qu'elle vient d'épouser le prince don Livio Savelli. »

D'où vient que Mathilde réussit, là où les deux autres amazones échouent ? La réponse est simple : parce que le phantasme de Mathilde rencontre le vouloir de Julien, parce que l'imaginaire, imbriqué dans le réel, n'est jamais séparé et posé à part comme illusion. La démystification du « Rouge » reste une démystification douce, pondérée par une indéfectible solidarité dans le défi.

Au contraire, l'affrontement entre le réel et l'illusion, dans les deux nouvelles, conduit à une démystification violente, dont fait les frais le « génie bizarre » de l'amazone comme dit Stendhal de Vanina. C'est la relation, en moins biblique, en moins épique, entre Samson et Dalila(1). Le mâle, défini socialement dans le réel, a été séduit par un imaginaire empoisonné. Circonvenu par les charmes d'une femelle castratrice, il ouvre, à la fin, les yeux, s'aperçoit qu'il a été enchaîné malgré lui et, reprenant sa liberté, se met à crier à la trahison. Pareille attitude de l'amant ne va pas sans mauvaise foi. A peu près aboulique lorsqu'on le désirait « capter » (et notons, au passage, le dilemme de l'amazone, qui cherche à s'assurer d'une volonté tout en la laissant être comme volonté) voici qu'il s'éveille volontaire à l'instant qu'il perçoit le piège. On dirait qu'il ne rencontre la volonté que pour fuir.

Au fond, l'échec de Vanina et de Mina est erreur à la fois de précipitation et de prévention : il tient dans le malentendu qui leur fait choisir des hommes indignes d'elles. Va pour Larçay ! admettra-t-on. C'est un mondain sans grandeur. Mais Missirilli — l'aventureux, le brave carbonaro traqué ? A y bien regarder, la différence entre eux n'est que de degré et de situation. Missirilli lui-même n'a pas l'étoffe de son entreprise : c'est elle qui, pour ainsi dire incidemment, le grandit. Missirilli est brave en tant que carbonaro. Sa bravoure ne va pas au-delà, parce qu'elle manque de largeur et d'invention. La prison, si souvent, dans l'œuvre de Stendhal, présentée comme le lieu de la révélation et de l'amour, se referme, ici, sur la micro-sociologie des carbonari. Le carbonaro est fait pour la prison, comme le mondain pour le salon. La prison entrave Missirilli, elle ne le bouleverse pas, comme le

---

(1) Le signe de la consécration de Samson était la chevelure longue, et Dalila, en la coupant, lui ravissait sa force. Dans le « Rouge », à l'inverse, c'est Mathilde qui se coupe « tout un côté des cheveux », geste par lequel elle se consacre la « servante » de Julien et lui confère la puissance. Enfin — ai-je besoin de dire que ni de Larçay ni Missirilli ne s'égalent à Samson le consacré ?

fait l'aveu de Vanina. C'est un malheur, non un mal. Les geôliers ne sont que des ennemis ; Vanina est un « monstre ». Métaphysiquement, de Larçay et Missirilli sont des conservateurs : ils répètent, retournent, reviennent. Ce qu'ils nomment « trahison », « infamie », « monstruosité » — c'est, en fin de compte, la subversion.

Une femme qui n'éduque pas un homme, le perd. En allant au-devant de Mathilde, Julien Sorel se rallie, lui, à l'absolu, c'est-à-dire à la parfaite subordination du réel au désir. Missirilli et de Larçay, à l'opposé, fuyant Vanina et Mina, indiquent assez ce qu'ils éprouvent devant l'absolu : la même peur panique que devant le non-être. Immonde paraît, à leurs yeux, celle qui veut changer ce monde, qui, par mépris de ce qu'il est, se déclare prête à inventer, pour en vivre, un autre réel. Le « renversement de toutes les valeurs » a ainsi deux effets contraires, selon qu'il interpelle un vouloir qui a toujours dit « oui » (Julien) ou qu'il bouscule par accident des êtres bardés d'évidences sociales.

Du coup, le phantasme, embellissant chez Mathilde, se perd, pour Mina et Vanina, dans une façon de cristallisation négative, dans ce que Rousseau appelle la supplémentarité. A défaut d'un être de la veine de Julien, qui puisse étayer cet appel d'imaginaire qu'elles lancent éperdument, comme si c'était, pour elles, affaire de vie ou de mort, elles doivent compenser l'inconsistance de l'écho, l'incertitude quant à l'élu, par une surenchère phantasmatique.

L'échec pédagogique du phantasme, dans les versions « Mina » et « Vanina », vient donc de ce qu'il demeure privé de répondant ; il est alors condamné à se gaspiller dans le subjectivisme. Il entre une part de bluff tragique (d'auto-persuasion) dans le comportement de l'amazone désespérée, et ce bluff augmente à proportion de la mauvaise foi de l'allié présomptif, qui ne « soutient » pas. Confiné dans le subjectif, l'imaginaire tombe à la manie.

Mina/Vanina (Car les deux ne font qu'une) représente donc l'essai avorté de Mathilde : on dirait que Stendhal n'ose pas encore Mathilde, qu'il la saisit d'abord dans le négatif et le réactif. Que veut Mina ? N'être pas épousée pour ses millions (c'est vrai de la Mina de 1830, celle de la nouvelle, comme de Mina Vanghen, l'héroïne de l'ébauche romanesque de 1837, « Le Rose et le Vert »). Que cherche Vanina ? Ne pas s'ennuyer en compagnie d'êtres nuls et titrés. L'imaginaire, on le voit, manque de liberté ; il n'est encore qu'un instrument de libération et un moyen d'évasion. Avec Mathilde, l'imaginaire conquiert sa positivité et son autonomie : de refuge, il devient empire.

Les modèles

C'est, en somme, la parfaite visibilité des modèles que Mathilde, dans une sorte d'incantation permanente, propose à Julien, qui rend invisible l'effort phantasmatique d'où ils sortent : le subjectif existe hors de soi, dans l'objectif. Le réel et l'imaginaire se surimpriment : entre eux, il n'y a pas d'interstice. Nulle scène ne le montre mieux que celle qui évoque la rencontre dans la bibliothèque paternelle, le lieu s'affectant lui-même des déterminations croisées de deux ordres, constamment en train de passer l'un dans l'autre.

Hautement symbolique est la bibliothèque, ce lieu hanté de l'amour romanesque, cette capitale de l'« amour de tête », où vont se tisser les fils de deux imaginations fraternelles. Cette bibliothèque ne se situe pas hors du réel ; elle ne communique pas les valeurs de la contemplation. Elle représente, bien plutôt, un passage dérobé dans le réel. La contagion du livre n'élève pas l'esprit à la sérénité théorique ; elle l'entraîne à vouloir et l'exhorte à l'imitation active. Lieu d'investissement et non de détachement, espace d'une imagination dramatique et réalisante, ce carrefour des mondes est une tapisserie de modèles et la scène du théâtre intérieur. Ici, le copiste est orfèvre. Julien, apparamment, fait «des copies de lettres»; en vérité, il forge à grandes flambées de courage ses armes et son armure.

On entre... L'orifice, docile à Mathilde, s'efface derrière elle en un front de livres, en une marée de signes. «Le lendemain, de fort bonne heure, Julien faisait des copies de lettres dans la bibliothèque, lorsque mademoiselle Mathilde y entra par une petite porte de dégagement, fort bien cachée avec des dos de livres. Pendant que Julien admirait cette invention, mademoiselle Mathilde paraissait fort étonnée et assez contrariée de le rencontrer là. Julien lui trouva en papillotes l'air dur, hautain et presque masculin» (II, 3, «Les premiers pas»).

De même, on le voit, que la bibliothèque abolit, dans l'ordre de l'espace, les oppositions, en se constituant, si l'on peut dire, comme lieu ouvert-fermé, ainsi la rencontre resserre, en les pressant les unes contre les autres, toutes les différences virtuelles : réel/imaginaire, objectif/subjectif, amour/haine, identification/méconnaissance, masculin/féminin, etc... Chaque «différence» se rend immédiatement invisible en s'exprimant dans une autre. Tout est caché en pleine lumière.

Est supprimé, surtout, l'intervalle de temps entre l'interpellation de l'amazone et la venue du «répondant», puisque Julien a déjà pris possession du lieu au moment où Mathilde fait irruption. Il est arrivé le premier. Bientôt l'écho précède l'appel.

Désormais, Julien, fasciné et piqué, va nourrir sa substance des modèles que Mathilde, avec adresse et persévérance, lui donne à imiter, c'est-à-dire à incarner. Ceux-ci s'insinuent en lui à son insu et il en intériorise l'inspiration et le défi, sans que la conscience s'en mêle.

Tout se passe donc, d'abord, dans l'inconscient.

Mathilde ne mesure pas plus le risque qu'elle prend, que Julien le poison qu'il absorbe et le danger qu'il court. Le modèle imaginaire, au surplus, rend invisible le ressort phantasmatique qui l'anime, parce que, frotté à plusieurs époques, il ne s'inscrit ni dans la singularité d'un être, ni dans la relativité d'un temps. Là encore, la comparaison avec Mina/Vanina est éloquente. M/V est anachronique, de confondre son temps avec une autre époque. « Tu es un grand homme comme nos anciens Romains », dit Vanina à son amant, qui n'a cure des Caton ni des Brutus. Ce combattant clandestin ne s'accorde qu'à son temps : l'incantation ne déclenche pas l'écho attendu. Missirilli aime la patrie et la liberté, « parce que ces deux choses (lui) sont utiles ». Quant aux Français rêvés par Mina Vanghen, ce ne sont que goujats : « Sont-ce là ces aimables Français ? ». – C'est qu'on n'est plus au XVIIIe !

Mathilde, elle, place ses modèles à cheval sur les époques et les classes. L'amalgame accroît leur force persuasive et ôte toute prise à la démystification relativiste. Julien, de son côté, s'identifiant à Danton et à Boniface, montre, par cette revendication implicite d'un double héritage, qu'il n'est ni un roturier comme le premier, ni un grand seigneur comme le deuxième, mais qu'il participe de qualités que l'un et l'autre ont illustrées. Bien plus : il est seul à pouvoir abolir les limitations de l'un et de l'autre – de l'un par l'autre –, pour faire valoir dans un être unique, lui Julien, une vérité qui transcende les strictes déterminations de classes et de temps. Car, s'il y a de la grandeur en Danton, c'est celle d'un grand roturier. Elle reste contestataire, empreinte du négatif de la vengeance sociale. Et si Boniface est noble, c'est à suivre jusqu'au bout l'idiosyncrasie de sa classe – c'est d'avoir été rebelle, dépensier, étourdi. Julien imposera, lui, une originalité parfaite, réalisant et unifiant ce que les deux modèles montraient depuis des sites sociaux contraires. En somme, Julien, comme de Métis fit Zeus,

34

n'a, des modèles, fait qu'une bouchée! Aussi est-il devenu, sous ses yeux cette fois, son propre objet.

Sorel juge de Julien

On pourrait s'étonner que je n'aie pas rangé Napoléon et Tartuffe — explicitement nommés par Julien — parmi les modèles. C'est qu'ils n'accomplissent pas la même fonction : plus extérieurs, ils jouent le rôle d'excitateurs. Napoléon tient lieu de l'idole, que Julien adore en cachette ; celui-ci considère Tartuffe « comme son maître » dont il sait « le rôle par cœur » (1). En réalité, la signification de cette double référence (consciente) ne se comprend parfaitement que si on la rapproche de deux autres paires : Faust et Méphistophélès d'une part, le Rouge et le Noir d'autre part. Il se trouve en effet que le texte (II,13) rassemble la comédie de Tartuffe, le rire de Méphistophélès et « l'uniforme de mon siècle » (le Noir). Si Faust n'est pas explicitement assimilé à Napoléon, celui-ci commande, à l'évidence, toute la sémiologie du Rouge. Outre que la symétrie des rapports ne permet aucun doute sur l'affinité de Napoléon et de Faust, le rire de Julien, plus tard dans la prison, alors qu'il sent venir la fin, s'appesantir la « nuit », juge et moque l'autre Julien, le napoléonien et le faustien : « Et il se mit à rire comme Méphistophélès » (II,44).

D'un côté la foi, dans ce qu'elle a de pathétique, d'expressif, parfois de crédule, finalement de vain (Faust, l'héroïsme, la passion) ; de l'autre la comédie, avec ce qu'elle suppose de dissimulation, d'application —, mais aussi parfois de vertigineuse lucidité (Méphistophélès,

(1) Pour être complet, il faudrait mentionner les lectures de Julien, qui se divisent en deux lots : celles qui nourrissent sa vraie sensibilité (« Les Confessions » et le « Mémorial de Ste-Hélène », et celles, forcées, qui trempent sa maîtrise de soi et forgent sa virtuosité : « Du Pape » et le « Nouveau Testament ».

le séminaire, la froideur et le calcul). Sont-ce là donc deux «postulations» de Julien?

Pas tout à fait. Au séminaire, école des enfants du siècle, Julien ne surmonte pas, en dépit de ses efforts, le dégoût qui l'assaille : il «réussissait peu dans ses essais d'hypocrisie de gestes» (I, 27). La seule réelle postulation de Julien va dans le sens de l'expression sincère (Rousseau) et de la grandeur héroïque (Napoléon/Faust). Il faut être clair là-dessus : Julien n'a aucune disposition pour l'hypocrisie.

On le voit pourtant plus d'une fois dissimuler, c'est-à-dire étouffer l'émotion pour arborer une figure de circonstance... C'est qu'il ne veut pas rêver sa vie et redoute de manquer son temps. Aussi résiste-t-il à un engouement légendaire anachronique (et qu'y a-t-il de plus dérisoirement anachronique que ce qui vient tout juste d'être dépassé?) qui, pour se satisfaire, devrait négliger la réalité actuelle. Julien pourrait faire en lui l'unité : soit dans un réalisme du Noir que ne troublerait aucune passion, soit dans un idéalisme du Rouge (dans une chimère), que le monde réel ne dérangerait pas. Or, ce sont précisément ces facilités que son vouloir scrupuleux et intègre refuse.

Aussi bien son «hypocrisie» ressortit-elle encore à la générosité — comprise, celle-ci, comme accueil de l'obstacle et de l'«étranger» dans l'immanence du sentir. Dès là que Julien s'applique à la dissimulation, qu'il joue à jouer la comédie, le masque, ainsi produit dans le monde, contient sa propre dénégation. Pareil comportement s'éclaire sous deux rapports : il signifie, en premier lieu, que cette «âme de feu» — le fils du charpentier — n'entend pas laisser son temps pour compte, si peu attrayant soit-il, si «noir», en somme ; il montre, ensuite, mieux que nul autre, comment l'invisible et le visible se chassent et croisent, comment, en une ronde sans fin, s'intervertissent les «valeurs», les qualités et déterminations, puisque, à se faire «comédien», Julien atteste une sincérité supérieure. Ces deux aspects sont, bien entendu, inséparables ; la commodité de l'analyse, toutefois, impose de les considérer successivement.

La soutane est-elle la continuation de l'épée par d'autres moyens ? J'exprime là, sous la forme d'une question, l'expérience complexe que Julien a de son temps. Tentons d'en reconstituer les moments.

D'abord un constat : le prêtre a mis le guerrier en demi-solde. Il n'est plus opportun de chausser les bottes, quand la dentelle garnit le talent. L'Histoire, bref, ne se fait plus sur les champs de bataille ; elle se décide, pour ainsi dire à froid, dans les sacristies et les cabinets clos. «Tout à coup Julien cessa de parler de Napoléon ; il annonça le projet de se faire prêtre...» (I, 5).

Ensuite un pari : rien, en principe, n'interdit de penser que le même homme demeure, capable de vertu ou d'héroïsme, quand l'habit aurait changé sa couleur et sa forme. Un court instant, Julien gage, semble-t-il, que l'habit ne fait pas le moine. Il est donc quant à lui disposé, lorsqu'il entre au séminaire, à «jouer le jeu», comme on dit, c'est-à-dire à s'identifier pleinement à son état. Son zèle dévot procède de la naïveté, non d'une rouerie première.

C'est en effet que Julien, psychologiquement accordé au Rouge, cherche d'abord à en vivre les valeurs dans le Noir.

Or il s'aperçoit bien vite que la différence entre le Rouge et le Noir n'est pas seulement de temps et d'espace, voire de méthodes ou de comportements : elle enveloppe une opposition quasi-métaphysique, celle du simple et du compliqué. Alors que le soldat est d'une seule pièce, l'homme et l'habit coïncidant, le prêtre au contraire entretient avec la soutane des relations multiples et imprévisibles.

Julien apprend à ses dépens que l'Histoire n'a pas seulement modifié les apparences, les rôles, les hiérarchies, mais aussi, plus profondément, le rapport de l'être au paraître. Le Rouge est univoque : il s'exalte en une sémiologie du lustre, de la gloire, du rayonnement ; ce qui ne provoque pas l'admiration est insignifiant. Au contraire, la torve sémiologie du Noir utilise le détour, le piège, la sourdine. Le Noir fuit tout éclat. Ses Figures sont l'âme damnée, l'éminence grise, le confesseur, le conseiller secret. La Restauration repose sur l'infiltration : la force se cache, l'influence se dissémine. Le roi podagre siège sur un trône, sous lequel grouillent revanchards et cagots. Dans ce monde interlope, Julien, trop vif, n'a pas sa place.

Il passe alors brutalement, ça lui ressemble, d'une extrêmité à une autre. Si l'être et le paraître ne coïncident jamais, tout n'est donc, décidément, qu'apparence. De là la fascination de Julien en présence du jeune évêque d'Agde, affairé devant son miroir. Sous les yeux ébahis du petit roturier, le bel évêque de cour se contemple dans sa psyché et cède aux tiraillements de sa coquetterie raffinée, car la coquetterie est une ascèse du minuscule et une phobie du défraîchi. Cent évêques, cent fois le même, s'ébattent dans le miroir comme vierges dans un pré. Vertige de Julien : le monde réel se trouverait-il au point de rencontre de ces apparences infinitésimales ? Le jeune Faust reçoit une amère leçon de nihilisme ; bientôt, il rira « comme Méphistophélès ».

Tout serait encore à peu près simple, s'il suffisait, pour s'attirer la considération, de s'abîmer dans une image. Dans le fait, la force occulte du prêtre, c'est l'appartenance à un genre indéfinissable. Le prêtre disparaît dans la prodigieuse et déroutante diversité de ses espèces. Le Noir est ce qu'il n'est pas.

Pour un abbé Blanès, qui lit, la nuit, dans le ciel et contemple les étoiles (« Chartreuse »), combien de Soubirane (« Armance »), de Raillane (« Brulard »), de Castanède et de Frilair (« Rouge »), combien de « jésuites » et d'«hypocrites»(1)? Qu'est-ce que la vraie religion? La foi? (Chélan) — L'éloquence sacrée? (Chas-Bernard) — L'ultramontanisme? (Castanède) — la Congrégation, soutien du trône ? (Frilair) — L'ascétisme? (Pirard) — Comment s'orienter dans ces contrariétés? Au séminaire, Julien fait effort pour «se conformer» : mais, au fait — à quoi? à qui? pour quoi? Il erre dans un labyrinthe. Et il «avait beau se faire petit et sot, il ne pouvait plaire, il était trop différent» (I, 28). Lui qui cherche à paraître «comme il faut», c'est-à-dire comme tous, bref à dis-paraître — ne parvient qu'à se mettre en vue, à se singulariser; il en fait trop. Ses camarades l'appellent Martin Luther, à cause, disent-ils, «de cette infernale logique qui le rend si fier» (I, 27). Alors qu'il voudrait se confondre dans un supposé unanimisme du Noir, afin d'intérioriser la substance et les valeurs de son temps, si bien qu'il pût en tirer, finalement, une excellence, c'est-à-dire la vertu, il ne sait que ressentir douloureusement sa différence : dans le dégoût insupportable que lui inspirent ses condisciples, dans la haine que ceux-ci lui portent. «J'ai assez vécu, se dit-il, pour voir que différence engendre haine» (souligné par Stendhal). C'est une des grandes leçons du roman.

Julien, dont le vouloir s'efforce éperdument à prendre en charge l'«esprit du temps», qui cherche, individu, à s'approprier l'universel, est reconduit à l'injustifiable

(1) Stendhal a peint trois belles figures de prêtres : Blanès, Chélan et Pirard. Ces trois hommes (de foi) sont simples. Mais, quelque affection soucieuse qu'ils témoignent à Julien (qu'ils ne percent que trop à jour), leur enseignement ne peut germer, parce qu'il part de mobiles et de motifs par trop éloignés de la sensibilité de Julien. L'abbé Chélan (dont Blanès est l'homologue) représente le vieil-enfant, «fou de Dieu». Sa divine stultitia, qui induit la vénération de son élève-fils, exigerait, tout comme, d'ailleurs, le renoncement ascétique du janséniste Pirard, le dépérissement du vouloir mondain. Ils aiment en Julien la vulnérabilité et cette sombre intégrité, dont ils redoutent les effets. Admirable scène que celle où l'abbé Pirard ouvre ses bras à Julien et, luttant contre lui-même, contre l'émotion, se laisse à dire : «Oui, mon enfant, je te suis attaché». Et le «sévère abbé Pirard», directeur du séminaire, exprime sa crainte : «Je vois en toi quelque chose qui offense le vulgaire.»

particularité, autrement dit à la prolifération des contrariétés. Aussi bien, l'enseignement du premier maître (Faust/Napoléon, la première Figure symbolisant la totalisation par le savoir, la seconde par l'action) ayant échoué, Julien se tourne vers le second : Méphisto/Tartuffe. A défaut d'embrasser son temps, il s'appliquera à le mimer.

C'est une position de repli. Mais le vouloir, s'il déserte le mode « héroïque » pour le mode « comique », reste entier. Simplement, au lieu de s'affirmer comme jouissance pathétique, la puissance, désormais, se prouve par l'apathie (« Comment tuer cette sensibilité si humiliante ? »). Le pathos dominateur du Rouge déterminait le monde en le révélant sympathiquement, en le portant au plus vif de sa manifestation ; à l'opposé, l'apathie, plus ou moins délibérée, du Noir dé-finit la puissance de rendre le monde exsangue et lisse, de le neutraliser en le réduisant à une poussière d'apparences. Dominer veut dire : occulter.

Mais Julien perce, en dépit qu'il en ait, sous l'habit où il se prétend cacher. Il manque de médiocrité ; toujours le fard, trop éclatant, le trahit. Croit-il avoir atteint l'absence d'émotion, il s'abandonne avec délices à la jouissance de sa victoire. Comment ne pas voir ce que son « imitation » (terme qu'il faut interpréter au plus près de la passion, au plus loin de la fausseté) de Tartuffe a de naïf et de forcé ? Le véritable roué évite, pour lui-même, de désigner son personnage. La mauvaise foi fuit l'aveu des signes. Julien, lui, se raconte son rôle et cherche à se saisir, à s'unifier dans l'anti-modèle de l'Hypocrite. Tartuffe, du coup, représente moins un masque commode qu'un rôle cohérent : son évidence n'est pas pragmatique, mais paradigmatique. On a, au fond, le sentiment que, pour Stendhal, le mal s'agit mais ne se dit pas : il y a une noblesse congénitale de l'expression. La bassesse est opaque, contournée, indicible. Le rôle manifeste, en réalité, une puissance sans pouvoir, une vertu, vide, qui ne peut se dépenser du côté de l'administration des choses. Il ne reste à Julien, faute de ployer hommes et choses à son vouloir, que d'être son propre matériau. Aussi bien admire-t-il moins, de Tartuffe, la trop banale hypocrisie que la perfection littéraire de la « composition » : c'est la forme qui fait école, non le contenu. L'achèvement du rôle assumé subvertit l'ignominie du sentiment feint. Compte avant tout de contrôler sa vie, d'assujettir avec brio un paraître sur l'être. Et quelle plus grande épreuve, pour un être sensible, que de mimer la froideur ?

On aura compris, je crois, la dimension « comique » de Julien, quand on aura marqué que la dissimulation n'est pas au service de la prise, de la mainmise, de la captation, mais un outil forgé en vue de l'exaltation du moi. Le calcul ne sert pas à saisir ou à posséder — mais à être ; non pas à tromper, mais à entraîner ou à évincer.

La dissimulation intervient dans le roman à travers quatre modalités essentielles : deux peuvent être considérées comme défensives, les deux autres sont nettement offensives. Dans le premier groupe : esquiver et contrefaire ; dans le second : éblouir et séduire. Il s'agit d'abord de préserver son intégrité ; ensuite d'affirmer une singularité contagieuse. Toute la tactique de Julien consiste à éloigner les « antipathiques » et à attirer les « sympathiques » (et d'abord Mathilde, l'alter ego féminin).

Esquiver. Il importe, pour Julien, d'échapper à ceux à qui la nature, la classe sociale ou un milieu fermé pourraient l'apparier ; de déjouer une menace d'assimilation. Par une sorte d'ironie, Stendhal se plaît à ancrer père et fils dans le même champ sémantique : celui de la finesse. (Le chapitre est intitulé « Un père et un fils » ; il est placé sous le signe d'une épigraphe de Machiavel). La finesse du père Sorel, géo-typologique, est « la finesse des habitants de ces montagnes » — lenteur calculée et méfiante, qui fait toute « l'astuce du vieux paysan » ; art de plier l'échine pour l'emporter à l'endurance, d'énerver la patience du fort. La finesse de Julien n'est-elle alors qu'une variation euphémisée des finasseries du père Sorel? Oui et non. Oui, s'il est vrai que l'ethologie est le terreau de l'ethnologie, que les (bonnes) manières s'esquissent dans les comportements (utiles). Non surtout. Car l'astuce du père et la délicatesse du fils s'opposent vectoriellement : en Julien tout va à la forme. L'interposition du monde des signes (ce n'est pas en vain que Stendhal s'attarde à caractériser la bibliothèque élective de son héros) produit tout son effet : elle arrache la finesse au vouloir-vivre et l'associe au vouloir-être. La vérité de la joliesse de Julien, c'est l'art (la forme, les signes, l'ambition de s'«élever»); la vérité de la malice du père, c'est l'âpreté du vivant toujours menacé. On sent que le père serait prompt à tuer, le fils prêt à mourir. Dès lors, les deux «mêmes» vont dériver toujours plus loin l'un de l'autre. Plus exactement : le père étant immobile et immuable, le fils s'emploie à s'en écarter en utilisant le dynamisme des signes. A l'autochtonie du père s'opposent les migrations socioculturelles du fils : précepteur, amant, séminariste, secrétaire, émissaire politique, lieutenant. L'usine ne représente-t-elle pas, en miniature, un univers chthonien fermé? Or Julien appartient à un autre règne : on dirait un oiseau parmi des lézards. Individualité ouranienne, il promeut autour de lui un espace ouvert par en haut, ascensionnel(1). Dans l'usine où s'affairent ses deux aînés («espèces de géants»), Julien constitue l'anomalie : occupation ouranienne d'un lieu chthonien. Le livre-en-main surdétermine l'image du perchoir : le Haut attire les

---

(1) Cet espace se caractérise par un édifice fixe, l'église, et par un symbole matériel, l'échelle : la cathédrale de l'abbé Chas-Bernard, dont Julien escalade, au péril de sa vie, le grand baldaquin pour «aller placer cinq énormes bouquets de plumes», l'église dans laquelle il tire sur Mme de Rênal; les échelles de l'abbé Chas encore (quel beau nom d'abbé! et qui révèle l'animalier, dans la veine de La Fontaine), puis celle qui mène à la haute Mathilde. Il faut aussi naturellement mentionner, mais à part, la grotte dans la montagne, où Mathilde conduira les restes de Julien.

signes. Le père Sorel, en quête de Julien, « l'aperçut à cinq ou six pieds plus haut, à cheval sur l'une des pièces de la toiture. Au lieu de surveiller attentivement l'action de tout le mécanisme, Julien lisait. Rien n'était plus antipathique au vieux Sorel ; il eût peut-être pardonné à Julien sa taille mince, peu propre aux travaux de force, et si différente de celle de ses aînés ; mais cette manie de lecture lui était odieuse, il ne savait pas lire lui-même ». Sous le regard du père, Julien est un apostat : lire est un parricide.

Contrefaire. Julien cache sous son lit le portrait de Napoléon, professe des opinions politiques contraires aux siennes, joue, à la demande, le perroquet savant. Il a appris par cœur le Nouveau Testament, qu'il est capable de réciter jusqu'à ce qu'on l'arrête et en commençant par n'importe quel alinéa. A la vérité, cette dernière prouesse est aussi bien faite pour tenir en respect les sots, dont il flatte les ridicules, que pour intéresser les gens d'esprit.

Eblouir. C'est ici le point de rencontre entre le défensif et l'offensif . A la fois, en effet, Julien proteste de sa dévotion (pour les sots, il convient que les preuves soient grosses) et laisse deviner, à qui sait voir, que s'il peut ça il peut a fortiori bien plus et tout autre chose. Eblouir signifie donc aveugler ou élire : en imposer à une société en la frappant ou donner à penser à une âme sœur qui, aventurée, s'y pourrait trouver.

Séduire. Mouvement du moi en direction de l'extérieur, ou plutôt vers un être unique et privilégié, qui monopolise l'intérêt. La tactique de Julien pour conquérir Mathilde (« Je l'aurai ») nécessite toute une série de calculs et de dispositifs qui visent, non à suborner, mais à créer une sympathie entre l'émotion du moi et le monde extérieur identifié à l'être élu. Par exemple, lorsque Julien, feignant la froideur, répond à la déclaration d'amour de Mathilde par une lettre « polie », l'expansion du moi est infinie ; et Stendhal peut écrire : « Il était un Dieu » (II, 13).

L'analyse, cependant, doit être immédiatement corrigée en fonction de ce principe d'« égarement » qu'introduit toujours l'interversion possible des valeurs et des signes. De même, en effet, que la contrefaçon peut révéler, ainsi un bon moyen de séduire peut-être de s'esquiver provisoirement (Julien paraît insensible aux premières « approches » de Mathilde). Enfin, rester en place permet quelquefois l'évasion (Julien lisant).

Deux traits de la « comédie » de Julien disposent celui-ci à répondre à l'interpellation de Mathilde : le dynamisme et la dualité.

Le « manège » de Julien, en effet, loin de conduire à l'occupation définitive d'une « place » (ou d'un rôle), implique en principe sa propre relance. Julien, toujours brûlant ses vaisseaux, n'a jamais fait que symboliser sa puissance (au lieu de l'« employer ») ; sa grandeur, c'est de ne jamais oublier Sorel. Il n'y a peut-être pas de vraie grandeur sans ce vertige de la bassesse : la noblesse est une relation fascinée au néant.

Julien comprend ce qu'il n'aime pas, aime ce qu'on ne peut plus vivre — et qu'on n'a probablement jamais vécu. Son malheur tient dans la conjonction de la lucidité et de l'émotion. La nature fait bien les choses, qui rend souvent les lucides cyniques : elle leur permet simplement de vivre. Donnez à Julien l'éducation de Lamiel, faîtes-le l'élève d'un Sansfin, instruisez-le du plaisir et des cent façons de l'accommoder par-delà bien et mal ; il vous donnera le change un moment, pour se prouver qu'il est Tartuffe ; bientôt après, le dégoût du coquin l'étouffera, et voici le jeu interrompu. Il faut toute la « folie » de Mathilde pour le transporter au bout de lui-même, d'une traite. La mort seule justifiera la « comédie » en restituant l'unité.

On touche ici à la substance de Julien, inhéritée, inenseignable : la pureté — c'est-à-dire cet héroïsme de

44

l'absolu, qui met son honneur à répondre exclusivement de soi et dédaigne les chromosomes et les écoles, les circonstances dites atténuantes et les influences réputées pernicieuses. Ceux qui l'ont fait ambitieux, au sens social — à commencer, peut-être bien, par Stendhal, dont j'ai toujours pensé qu'il avait peur, pour ainsi dire, de ce couple de feu : Julien et Mathilde — n'ont pas vu cette arme dernière du va-tout, toujours pourtant à portée de main ou de pensée, cette panique de Julien devant le succès, devant La Vernaye, sa déférence à l'égard du petit Sorel («Je suis petit, madame, mais je ne suis pas bas»); n'ont pas compris ce cathare qui ne sait trouver le pur que dans la mort. Julien Sorel n'a jamais été le cousin défavorisé de Rastignac.

Or, si sa «comédie» le mène inéluctablement à la mort, pourvu qu'on la lui fasse aimer, inversement, l'imaginaire de Mathilde, flottant, n'attend qu'un «lieu» où se fixer. Celle-ci perçoit inconsciemment que le manège (au sens chorégraphique : mouvement en rond) du secrétaire trahit, par sa disponibilité, un effort à la recherche d'une fin. Le croisement des deux destinées déclenche alors immédiatement un processus d'élection réciproque («Ce Sorel est singulier»/«Que cette grande fille me déplaît»), de reconnaissance agonistique et, finalement, je le montrerai, de mutation «hermétique» : ils se trouvent, ils se mesurent, ils se changent l'un par l'autre.

Du même coup, les «maîtres» de Julien, visibles mais inaccessibles, s'échangent contre les «modèles» de Mathilde, invisibles mais intériorisables. La comédie consciente cache la tragédie qui, inconsciemment, se trame. Les maîtres ont fouetté l'énergie, sans lui fournir de point d'appui; les modèles vont lui donner une forme. Si bien que le redoublement de la passion mimétique de Julien en et par Mathilde ressaisit et annule sa dualité. Au lieu de vivre sous son propre regard, Julien se met à exister dans l'imaginaire de Mathilde; au lieu de s'éparpiller, il va se réfléchir dans l'unité. Enfin, l'imaginaire, loin de déplorer un réel décevant et antipathique, de le tenir à distance (comédie), l'absorbe, l'assume et impose leur fusion (générosité).

Les motifs éclairés, qui président à l'élection réciproque des amants, il faut maintenant montrer comment la logique de l'«amour de tête» introduit une oscillation de la confiance et du soupçon, qui ne sera brisée que par le recours à un ordre, non plus mondain — mais mystique.

III/L'AMOUR DE TETE

Dans l'article-lettre sur «Le Rouge», rédigé par Stendhal à l'adresse du comte Salvagnoli, on lit : «Cette peinture de l'amour parisien est absolument neuve. Il nous semble qu'on ne la trouve dans aucun livre. Elle fait un beau contraste avec l'amour vrai, simple, ne se regardant pas soi-même, de Mme de Rênal. C'est l'amour de tête comparé à l'amour de cœur». On dirait, en vérité, que la quasi-phobie finale de Julien trouve son prolongement dans cette rhétorique de la prétérition («car nous aimons Mathilde») et de la réticence («voilà tout le secret de l'amour dans les Parisiennes d'aujourd'hui»), qui imprègne le Projet d'article tout comme certaines pages du roman où l'auteur intervient en tant que tel. Stendhal, qui n'a jamais apprivoisé Mathilde, met, à la charger et à la réduire, comme un acharnement de bon sens. En vain. Car, si Mme de Rênal, qui a sa faveur, n'est pas tout-à-fait une héroïne de Rousseau (Verrières fleure sa province et ne rappelle que lointainement Clarens ; il y a justement «ces montagnes qui séparent la France de l'Helvétie»), inversement Mathilde est beaucoup plus qu'une «Parisienne».

N'empêche : nous pouvons partir du contraste, tel que Stendhal le formule. Mme de Rênal, donc, aime spontanément, tandis que Mathilde se figure qu'elle aime. Le naturel s'oppose à l'artificiel comme le nu au vêtu. Il entre, c'est vrai, de la vanité (1) dans l'«amour de tête», en tant qu'il passe, au lieu de s'abandonner à un «usage mol et paisible» du sentiment, par sa propre représentation, jusqu'à se confondre avec son récit. Vain, ici, ne veut pas dire frivole ou faux — mais cérébral, bâti, médié. L'«amour de tête» encourage le jugement qui le répute contre-nature puisque, loin de se confier au premier mouvement, à l'impulsion il s'exprime à l'intérieur d'une tactique. Des êtres aussi réflexifs que Julien et Mathilde ne sauraient, dans le fait, rien éprouver qui ne corresponde à une attente : tout sentiment est alors vécu comme sentiment de puissance.

Aussi bien, le côté calculé, voire extravagant, que Stendhal monte en épingle, ne donne de l'«amour de tête» qu'une image partiale et incomplète. Le syntagme a, semble-t-il, une tout autre portée, pour peu qu'on fasse valoir d'autres interprétations, légitimées dans le texte : en l'espèce, non seulement «aimer avec la tête», mais aussi «vouloir prendre la tête»; enfin, pour Mathilde, «aimer la tête». Dans la symbolique capitale du «Rouge», le calcul se fait instrument de l'ascension mondaine (prendre la tête), puis de l'élévation mystique (décapitation-renaissance).

La cristallisation comme ascension

La passion de Julien s'inscrit, on l'a vu, dans la dualité. Trois formes en ont été envisagées : la contrariété du Rouge et du Noir, le dédoublement du «comédien», l'assujettissement de l'émotion au calcul. Le moment est venu de considérer l'aspect crucial de cette dualité : étant donné la nature de son désir et l'imaginaire où il s'informe. Julien devra aimer deux femmes. « Le Rouge et le Noir » raconte l'histoire d'une passion en deux.

(1) On verra l'analyse de ce terme ambigu dans l'Essai consacré à Lucien Leuwen.

Or, si la différence entre Mme de Rênal et Mathilde éclaire la contrariété du désir de Julien, symétriquement celle-ci rend raison du dédoublement de l'expérience amoureuse.

A peine s'il est besoin de dire combien les lectures de Julien (les «Confessions», le «Mémorial») sont révélatrices de ce qu'on pourrait appeler l'antinomie de l'imaginaire amoureux : d'un côté la tendresse, de l'autre la postulation héroïque. Le dilemme de Julien : Madame de Rênal symbolise la puissance du sentiment, Mathilde le sentiment de puissance. Et si l'amour est la «raison d'être» de Julien, l'être est du côté de Mme de Rênal et la raison du côté de Mathilde. Le «héros» se trouve donc partagé entre l'abandon à la simplicité d'une «bonne nature» et l'effort au milieu de la complication sociale. Comment vivre l'amour sans cesser de le signifier ? Comment concilier la tendresse et l'héroïsme, le simple et le complexe, la nature et le social ?

Nous assistons, en réalité, à un subtil croisement des valeurs du naturel et du social, Mathilde (le social) s'efforçant à retrouver la nature dans l'imaginaire et Mme de Rênal (la nature) n'étant accessible que depuis le social.

Car si Mathilde ne rêve que Révolution, c'est que celle-ci, justement, bien loin d'être simplement un moyen violent en vue de substituer une légitimité institutionnelle à une autre, lui apparaît comme suspension de tous les régimes politiques, une trouée dans les conformismes sociaux. On comprend dès lors qu'elle l'interprète en termes cosmiques. Pour elle, la Révolution signifie une naturalisation du social, une simplification radicale du complexe.

Symétriquement : si la «bonne nature», incarnée par Mme de Rênal, est première dans l'ordre de l'être, elle ne se rend d'abord visible qu'au travers de signes, par définition d'établissement.

On commence, de toute façon, par aimer des qualités — c'est-à-dire dans l'artifice. La plus jolie femme, sans visibilité sociale, ne saurait inspirer l'amour. Seules aimables les «personnes de qualité»... Julien n'a pas un regard pour Elisa, la femme de chambre, qui a pensé trouver un mari dans ce fils de charpentier agrémenté de latin. On aime au-dessus de soi; transitive et non-réciproque, la cristallisation équivaut à une ascension. Elisa aime le précepteur latiniste, qui aime une femme noble, qui aime un «homme supérieur», c'est-à-dire le même latiniste après qu'il a fait la preuve de sa supériorité sur les nobles et les riches bourgeois. Si le social ne trône pas au sommet des valeurs cristallisées, il n'en demeure donc pas moins discriminant à l'origine. L'échelle amoureuse conduit, dans le cas de Julien, à un évidage progressif du social. Pour première qu'elle doive être, la nature n'en apparaît pas moins d'abord en négatif, c'est-à-dire comme du social nié ou sublimé.

L'élection amoureuse, du même coup, suppose la haine de classe, seule attentive aux «qualités». Julien hait celle qu'il aime, parce que la visibilité qu'il lui donne réfléchit en même temps sa propre obscurité. Mais, à l'inverse, l'amour prend sa revanche sur l'instigateur social puisque, amorcé dans la parure, il finit dans la nature. Sa transcendance s'affirme alors de contester la plate sémiologie sociale, où il s'est dès l'abord annoncé. La cristallisation représente, paradoxalement, une solution exceptionnelle à la lutte des classes entre deux êtres beaux et jeunes. Le handicap social, une fois levé, devient un motif de l'amour, le ferment de la haine se change en piment des amours.

La haine de classe joue bien son rôle incitateur dans l'amour de Julien pour Mme de Rênal. Mais, dans la mesure où celle-ci ne suit pas les «enchères» de la violence ou du mépris, le procès d'épuration du social tourne vite court : la « présence » de la nature ne peut se signifier. Verrières est une impasse.

Dans la terminologie de Stendhal, l'amour de Mme de Rênal pour Julien relève à la fois de l'amour-passion et de l'«amour physique» — sauf que, dans ce cas précis, «physique» ne doit pas s'entendre de façon triviale, mais au sens propre : selon la Nature.

«Naturel», cet amour l'est à plus d'un titre. D'abord en tant qu'il répond à une attente spontanée, à la fois ignorante et divinatoire; ensuite parce qu'il s'enracine dans une affectivité maternelle constituée; enfin, parce qu'il n'a pas d'autre langage que celui de la naïveté religieuse — manichéenne à souhait, puisque c'est un bien d'aimer comme une mère, un péché si la chair s'en mêle d'un peu trop près. Ce manichéisme superstitieux est la seule — et toute relative — complication que cette femme simple surimprime à sa passion.

On ne s'étonnera pas qu'un tel amour se dise à travers une sémantique de l'influence et de la contagion. (De manière générale, Stendhal est trop l'héritier des précieux et des classiques, du Théâtre et du Tendre, pour ne pas avoir claire conscience, dont témoigne «De l'Amour», que ledit sentiment, affect policé et cordialement civilisé, parle toujours en tropes : tout passionné abrite un nominaliste.) Ce n'est pas un hasard, en effet, si Mme de Rênal valorise l'aimé, de l'inclure dans un champ métonymique indéfini : les enfants d'abord, puis, de proche en proche, le jardin, la nature etc... Si grande est l'affinité des éléments contigus, que rien de ce qui modifie l'un ne peut demeurer, en mal comme en bien, sans effet sur les autres : en bien : la sympathie du soir dans le jardin, permet à Julien de prendre la main de Mme de Rênal sans que celle-ci la retire; en mal : la mère croit-elle son fils malade en danger de mourir, elle suppose d'abord que le ciel la punit d'aimer Julien.

Aussi bien, les accidents qui brisent la ligne d'amour ne tiennent pas à Mme de Rênal, mais aux circonstances (maladie de son fils, lettres anonymes). La nature désamorce les signes : la pompe du social ne fonctionne plus, d'où Julien tire l'eau qui le doit laver de sa naissance. Mme de Rênal s'est donnée à lui, absolument. Or il est conforme au destin de Julien d'échapper au jardin de Mme de Rênal, où il risque de s'oublier parce qu'on ne le met plus en cause. Il quittera donc cet Eden paisible qui le cache et le charme. C'est à contre-cœur qu'il s'éloigne de celle qui n'a su que faire silence autour de sa naissance ; il ne sait pas qu'il va au-devant d'une, qui n'aura que ça à la bouche...

Quitté le simple jardin, Julien s'aventure dans la géomancie compliquée du vaste monde : séminaire, villes, salons et voyages. Il faut, en effet, convaincre les mécréants : on n'est reconnu que par son pire ennemi.

Justement : Mathilde ne laisse à Julien que le choix d'être le «premier venu» ou le premier tout court. S'il vit, la lampe phantasmatique s'éteint : Julien n'est alors qu'un plébéien envieux, épinglé dans son idiosyncrasie de classe. A l'inverse, Mathilde phantasme-t-elle «feu Julien Sorel», c'est l'émule de Danton qui paraît. «Je ne vois que la condamnation à mort qui distingue un homme, pensa Mathilde : c'est la seule chose qui ne s'achète pas» (II,8). L'amour, inversement proportionnel à la distance sociale, croît avec l'intensification d'un imaginaire de race.

L'«amour de tête», on le voit, est, par définition, un amour «critique». L'évaluation métaphorique, en effet, procède par crises, produisant les séries mentales en forme de dilemmes. La métaphore a deux issues : par le bas, elle rabat sur la généralité sociale ; par le haut, elle ouvre à la singularité du génie. Dans la tête de Mathilde, Julien est en balance entre la catégorie et le mythe, entre rien et tout.

Tel est l'imaginaire évergète de Mathilde, qu'il s'emploie (dirait-on en parodiant un mot célèbre de Sieyès sur le Tiers-Etat) à faire que celui qui n'est rien (par sa position) soit tout (par sa volonté). Aussi Julien sera-t-il éprouvé avant d'être consacré.

L'épreuve est la marque du héros, le «travail» qu'il accomplit, moins sur la matière que sur lui-même. Trois traits permettent de définir l'épreuve : le volontarisme, le dédain de la victoire et de son caractère itératif (la liste des «travaux» ne peut jamais se clôre).

Que l'«amour de tête» donne lieu immédiatement à une logique de l'épreuve, c'est l'évidence. Toutefois, sous le regard de Mathilde, Julien n'est pas dépaysé : juge de lui-même, il n'a cessé de s'exercer, de se préparer. Déjà, à Verrières, Julien se provoque et se met au défi de prendre la main de Mme de Rênal au nez et à la barbe des personnes présentes dans le jardin. C'est un devoir et une décision : impossible de reculer sans se trahir; ce qui est dit doit être fait. On pourrait presque ajouter : pour la forme. Dans une pareille tension de la volonté, fouettée par l'amour-propre, le plaisir d'amour se trouve différé : il est promesse. L'enjeu, sur le moment, est exclusivement mental. «Cette main se retira bien vite; mais Julien pensa qu'il était de son devoir d'obtenir que l'on ne retirât pas cette main quand il la touchait. L'idée d'un devoir à accomplir, et d'un ridicule ou plutôt d'un sentiment d'infériorité à encourir si l'on n'y parvenait pas, éloigna sur le champ tout plaisir de son cœur» (I,8). Julien risque donc ce qu'il a de plus cher : sa dignité. Et regardez comme tout cela est mental, abstrait! La main est isolée du corps : la voici conventionnellement investie par la symbolique du vouloir. Le corps de Mme de Rênal, analysé, anatomisé, désarme d'avance le désir. Julien ne cède pas à la moiteur contagieuse des sens; il s'endurcit, au contraire, dans l'attention unique à un objet-enjeu. En cas d'échec, il s'engage envers lui-même à se «brûler la cervelle». Austerlitz dans un jardinet! Ou comment on soumet le monde sous une tonnelle. L'illusion grossissante transforme l'enjeu réel en signifiant. Arbitraire est le rapport entre l'objet-enjeu et le symbole qu'il matérialise ; il dépend d'un décret de la volonté. Laquelle n'a qu'un but : s'affirmer.

Mme de Rênal n'oppose guère de résistance. Julien vainc à trop bon compte. Et sans témoin que lui-même. Mme de rênal interrompt le procès des épreuves, parce qu'elle interprète les signes de façon univoque. La « comédie » de Julien tourne à vide, dès qu'on le prend au mot. Or, en dépit qu'il en ait, ce n'est pas la foi qu'il attend — mais la suspicion. Pour que l'épreuve soit probante, il faut qu'elle soit immédiatement contestée par un juge malveillant, que la marque de la victoire puisse être tenue pour signe de faiblesse. Julien a impérieusement besoin qu'on lui fasse le plus mauvais procès possible, qu'on récuse systématiquement tous ses titres, témoins et preuves, afin que ce soupçon hyperbolique finisse par tourner en sa faveur en concluant à la seule duplicité des signes.

Il s'agit donc d'amener Mathilde (ennemie de classe, puis sœur terroriste) à dégarnir ses places fortes, à déserter les marques territoriales de sa supériorité, à se risquer à découvert dans une guerre d'escarmouches où le gagnant est celui qui surprend. En déclarant guerre à outrance et en portant le conflit dans l'absolu, le plus faible au départ (Julien), parce qu'il n'a rien à perdre, contrôle la mécanique dissuasive, s'assure le bénéfice de l'offensive et se pare du prestige de l'agresseur. L'ennemie socialement forte est obligée de se « désocialiser » pour suivre les enchères. Bien plus, Mathilde en vient à tenir pour signe de supériorité le déni des signes visibles. Les contraires se renversent : Julien, mine de rien, est tout. Sublimée, la guerre d'amour aboutit dans une métaphysique du dépouillement. Le prestige de Julien est celui du néant, c'est-à-dire de la pure conscience de soi, qui tient pour négligeable de montrer qui on est. Si, emportée par l'excès de son orgueil, « sa pensée traitait un peu Julien en être inférieur, dont on se fait aimer quand on veut » (II, 18), de l'instant où Mathilde a l'assurance que

Julien ne profite pas de sa victoire, qu'il ne se comporte pas en roturier vindicatif tirant gloire d'avoir su « débaucher » une fille noble, qu'il dédaigne, au contraire, de se retrancher derrière le droit du prédateur, qu'il ne lui extorque aucune promesse, qu'il ne cède pas à la vanité du mâle cherchant à étendre post-coïtum son empire sur la femelle, alors, un moment joyeuse, elle se persuade que le héros rêvé n'est qu'un avec l'homme qu'elle voit, bien réel. Julien, de son côté, a surmonté l'épreuve : il a su vaincre sa victoire.

Mais, dans la mesure où on ne peut en finir avec les apparences et la duplicité, l'idée même d'épreuve ultime et cruciale porte en elle la contradiction. Entre les trêves, la tension renaît ; la paix couve la guerre ; et il faut, à chaque coup, risquer toute la mise. Il n'y a pas d'acquis, d'appui. La logique des épreuves est l'éternel retour. Julien, toujours sourcilleux sur le point d'honneur, fait de nouveau la chasse aux prétextes, débusque offenses et humiliations. L'amour, qui transporte au-dessus des classes, viendra encore s'aligner sur elles ; la gravitation des groupes emportera les amants aux antipodes. Puis, derechef, une clairière de bonheur...

A partir d'un certain moment pourtant, une sorte d'accord tacite s'établit entre Mathilde et Julien : on ne peut jouer sans règles. Il importe de contrôler le temps, de transformer la répétition absurdement mécanique en accomplissement.

Il s'agit alors de neutraliser l'imprévisible, de garder mémoire — en revanche — d'un lien indéfectible. Il y va d'une véritable mutation, d'une rupture d'ordre, puisqu'à l'itération de ce qui s'oublie (l'épreuve) succède la commémoration de ce qui se retient (la promesse). Comment briser avec l'ancien? Il faut un geste — et décisif. On ne saurait trop dire combien il est décisif (decidere signifie : trancher), ce geste de Mathilde, de couper la moitié de sa chevelure.

Multiple est la signification de cette péripétie. D'évidence, c'est un rite. Il commémore phénoménologiquement une promesse et annonce ce qui viendra, encore inouï. Mais en même temps, il rend aux « ordres » ce qui leur appartient, il empêche le mélange de la guerre et de la paix, du monde et de ce qui le transcende. L'ablation de la demi-chevelure, en effet, symbolise à la fois la dualité (sous toutes ses formes : division à l'intérieur de chacun, lutte des classes, caractère agonistique de l'amour) et sa réduction ; le rite reconnaît l'existence du duel dans le temps même qu'il pose une revendication d'unité. Pourtant, il est trop tôt encore pour proclamer l'unité de deux. Mathilde lance éperdument le symbole de la paix dans le champ de la guerre. Il y a, dans cette petite fleur qui perce, une étrange façon de brutalité. Mathilde jette sa paix à la figure de Julien, qui n'en revient pas. Il est abasourdi : c'est la première fois qu'une voix d'outre-guerre se fait entendre dans le tohu-bohu des batailles accoutumées. « Comme, dans l'obscurité, il promenait sa main sur la terre molle pour s'assurer que l'empreinte était entièrement effacée, il sentit tomber quelque chose sur ses mains, c'était tout un côté des cheveux de Mathilde, qu'elle avait coupé et qu'elle lui jetait. — Elle était à sa fenêtre. — Voilà ce que t'envoie ta servante, lui dit-elle, assez-haut, c'est le signe d'une obéissance éternelle. Je renonce à l'exercice de ma raison, sois mon maître » (II, 19).

Demi-chevelure d'une demi-Mathilde ! Voilà bien l'ambiguïté de l'« amour de tête » : entêtement raisonné et folie déraisonnable. Amour avec la tête et amour qui monte à la tête. Amour de raison et raison de l'amour : le premier mondain, le second mystique.

Aussi bien, c'est la moitié maudite que Mathilde jette aux pieds de Julien, en signe d'allégeance. Par ce rite étrange, Mathilde s'interdit aussi de se reprendre. C'est

la raison qui tombe par terre. Mais il faudra du temps aux forces de consécration pour abolir le regret. Regardez en effet comme, avec la moitié restante, Mathilde va d'abord signifier tantôt l'abaissement de sa raison, tantôt sa revanche. Lors du déjeuner qui suit l'ablation, Mathilde, la servante fraternelle et l'épouse mystique, porte haut le manque, proclame sa glorieuse humiliation : « Sous prétexte du peu de temps qu'elle avait eu pour soigner sa coiffure, Mathilde avait arrangé ses cheveux de façon que Julien pût apercevoir l'étendue du sacrifice qu'elle avait fait pour lui en les coupant la nuit précédente. Si une aussi belle figure avait pu être gâtée par quelque chose, Mathilde y serait parvenue ; tout un côté de ses beaux cheveux, d'un blond cendré, était coupé à un demi-pouce de la tête. — A déjeuner, toute la manière d'être de Mathilde répondait à cette première imprudence. On eût dit qu'elle prenait à tâche de faire savoir à tout le monde la folle passion qu'elle avait pour Julien. »

Le lendemain, tout est changé ; ce n'est plus le sacrifice qui fait ostentation, c'est la suffisance qui s'exhibe. Hier, on voyait la partie manquante ; aujourd'hui la partie restante s'efforce à signifier toute la chevelure, c'est-à-dire à nier la perte. « Il ne la vit que bien des heures après, au déjeuner. Elle était ce jour-là coiffée avec le plus grand soin ; un art merveilleux s'était chargé de cacher la place des cheveux coupés. Elle regarda une ou deux fois Julien, mais avec des yeux polis et calmes, il n'était plus question de l'appeler mon maître ».

L'ablation des cheveux marque cependant, malgré la rétractation de Mathilde, un point de non-retour dans l'évolution de la relation amoureuse. Une semence d'éternel s'est enfouie dans le temps, qui ne sera pas perdue. D'ailleurs, l'oscillation indéfinie de l'adoration et du mépris, faute d'être entretenue par de nouveaux prétextes, perd son amplitude : bientôt, cessant de s'affronter dans le monde, Julien et Mathilde auront à le combattre ensemble. Ennemis virtuels, ils sont les prisonniers de leur duel aussi longtemps qu'ils cherchent en eux-mêmes, dans l'amour-propre, l'aliment d'une querelle renouvelée(1). Du moment où les obstacles se dressent à l'extérieur, la paix est faite entre eux ; le handicap les réunit. Tel est encore le tragique, qu'il faille un monde contraire pour faire la paix en soi. Il reste donc que, malgré les ultimes et spasmodiques protestations de son orgueil, Mathilde, au fond d'elle-même, s'est définitivement promise.

Cette promesse, préludant à l'ultime hymen funèbre, l'art du roman consiste à en différer la prononciation. Julien Sorel excite la jalousie de Mathilde comme Henri Beyle tient en haleine le lecteur : le parcours romanesque redouble l'art érotique. De fait, la jalousie, feinte profane et accélérateur d'affects, représente l'ultime effet du théâtre amoureux. Son efficacité, toute technique, vient en renfort pour lutter contre la dissémination du verbe, pour empêcher la banalisation temporelle du sentiment, pour rendre à l'amour sa dimension mnémique. Julien se sert de la maréchale de Fervaques pour s'assurer de Mathilde. Celle-ci se méprend si peu sur le vertige de cette ruse sincère (jouer avec la jalousie est comme jouer avec le feu), qu'elle propose à Julien son déshonneur comme garantie : «Eh bien! déshonorez-moi, dit-elle enfin avec un soupir, c'est une garantie» (II,31). Esquisse, dans la langue du marché, d'un lien spirituel indéfectible. Dans ce contrat vulgaire, Mathilde incante un mariage définitif, soit, comme dit Hugo, «l'éternel hymen du tombeau». Dans le lexique du monde, déshonneur signifie séduction,

(1) L'histoire de Mathilde et de Julien, du moins dans sa partie émergée, tient dans le bref apologue : «Un voyageur anglais raconte l'intimité où il vivait avec un tigre ; il l'avait élevé et le caressait, mais toujours sur sa table tenait un pistolet armé» (II,32). Un bel aphorisme des «Souvenirs d'Egotisme» ramasse cette dialectique de la beauté, du pouvoir et de la mort : «En arrivant dans une ville, je demande toujours : 1) quelles sont les douze plus jolies femmes ; 2) quels sont les douze hommes les plus riches ; 3) quel est l'homme qui peut me faire pendre» (chap. 9).

rapt, défloration; dans la pensée de Mathilde, le mot veut dire : humilité sacrée, service, dévotion.

C'est bien aussi la ritualisation de la promesse intérieure qu'espère éperdument Julien : «Pouvez-vous vous répondre à vous-même que vous m'aimerez huit jours?» L'ordre du monde veut que Mathilde se montre comme un caractère cyclique, qu'elle ait des «sautes d'humeur»; Julien abolira le caractère en Mathilde au moment où il effacera la tare de sa propre naissance. La cérémonie, qui apparie les amants dans la mort, délivre l'un et l'autre de son infirmité, c'est-à-dire de sa limite. Nous n'y sommes pas encore, mais tout nous y conduit. A son insu, Julien a commencé, en la jeune fille, d'aimer la mort.

Ils ont l'air, nos deux, de se parler comme des marchands, des usuriers. Alors qu'ils font les pas décisifs dans le chemin de leur passion. Le pseudo-contrat est un chant de mort; c'est un cygne rauque qui murmure dans le jargon des notaires. La promesse est funeste. On croirait qu'ils se surveillent : ils s'exhortent. La garantie est un tombeau. Dans cette heure arrêtée («Pour la première fois Mathilde aima»), dans ce laps de temps fabriqué par l'habile jalousie et qui préfigure l'éternité, Mathilde et Julien se sont déjà simplifiés; progressivement, ils cessent d'être les fractions d'eux-mêmes. Ils sont au moment de reconstruire l'androgyne déchiré, désiré. Tenez : Mathilde s'incorpore la promesse, s'incorpore l'enfant de Julien, s'incorpore Julien. «N'est-ce pas une garantie? Je suis votre épouse à jamais.» L'épouse passe par la mère, comme l'amante s'est faite sœur : un autre Julien va naître. La vierge capricieuse, tout en manières, s'établit dans un corps de femme, combien matériel. La concupiscence a fléchi la fille rétive. A ce moment, Mathilde est la lourde paix de l'attente.

Tout ira maintenant très vite. Le roman précipite en lettres : du marquis, de Mathilde, de Julien, de Mme de Rênal. Le roman, sublimé, porté à la puissance, est écrit par les personnages. Epuration tragique. Chacun se rassemble une dernière fois sous le signe simple qui détermine son être : pour Mathilde l'orgueil démiurgique ; pour le marquis, l'effroi de déroger (« Quoi ! ma fille s'appellera madame Sorel ! »); Mme de Rênal s'applique à coïncider avec la généralité sentimentale et religieuse du temps (« Ce que je dois à la cause sacrée de la religion et de la morale m'oblige etc... »); enfin Julien, anticipant mentalement sa retraite, un Julien posthume, libéré de la « foire aux vanités », peut parler le langage tranchant du commandement (« Un an après ma mort, épousez M. de Croisenois ; je vous en prie, je vous l'ordonne comme votre époux. Ne m'écrivez point, je ne répondrai pas »).

L'ultime affrontement, qui reconduit chacun à l'idéalité de son être, affrontement par signes, décide du tragique. L'action, directe émanation de l'être, ne rencontre plus le tampon des choses : plus rien ne l'amortit, elle s'est dépouillée brusquement du halo vague qui l'entoure, d'ordinaire, et adoucit ses arêtes ; elle n'a plus cette rassurante allure de petite inconséquence, que le hasard des choses ou la pente du monde se chargent habituellement de « rattraper » en mêlant dans une confusion commode l'intention et le résultat ; désormais, tout est retenu contre celui qui doit périr ; il n'est rien qui ne porte à conséquence : ce qui est dit est dit, ce qui est fait est fait. La fatalité prend, ici, la forme de l'échange épistolaire : c'est écrit. La mort de Julien vient s'inscrire, inéluctable, à la confluence des écritures. « Toute sa vie n'avait été qu'une longue préparation au malheur, et il n'avait eu garde d'oublier celui qui passe pour le plus grand de tous » (II,36).

Les lettres, à leur façon, répondent à la promesse échangée entre Julien et Mathilde ; messagères de malheur, elles signifient l'accomplissement (tragique) et la consécration (mystique). Elles disent qu'il n'y a pas de solution mondaine à la réunion de ces deux êtres ; le tragique met le signifiant à la place du réel : c'est un imaginaire exact. Julien et Mathilde ne trouveront la vérité de leur «mariage» qu'en renonçant à sa jouissance (réelle). Le monde, comme aire des moyens termes («il n'y a pas de moyen terme pour vous», avait dit l'abbé Pirard à Julien), est disqualifié.

Les efforts et les intrigues de Mathilde (particulièrement auprès de l'abbé de Frilair) pour tenter, jusqu'à l'ultime instant, d'arracher Julien à la mort, ne peuvent donc, évidemment, aboutir. C'est en effet Mathilde qui, en se consacrant la servante de Julien, l'a voué à la mort, c'est-à-dire à une (re)naissance imaginaire. En modifiant elle-même son corps, elle induit Julien à s'identifier réellement au personnage qu'ils ont forgé dans l'entrecroisement et la fascination de leurs désirs.

L'ablation de la demi-chevelure élimine le hasard, met le monde à distance et, par le recours au rite, enclot définitivement le réel dans l'imaginaire. Il reste à montrer, en interrogeant plus radicalement le symbolisme de la chevelure, comment le rite dessine les contours d'une religiosité syncrétique, où prédominent les valeurs de l'hermétisme, et pourquoi le phantasme «révolutionnaire» de Mathilde se trouve finalement exprimé dans le langage de la religion.

IV / IOULOS

Le rite, qui interrompt la circularité indéfinie des contraires, le jeu du visible et de l'invisible, fonde une nouvelle temporalité, généalogique et mythique. Au lieu d'être changeants, Mathilde et Julien se changent en eux-mêmes, irréversiblement. Si, du reste, l'ablation de la moitié de la chevelure atteste encore, en Mathilde, la mondaine, elle signifie déjà, aussi, une mutation décisive. En sorte que ce qui s'interprète, du côté du monde, comme dualité, se comprend, du point de vue du rite lui-même et de l'alchimie qu'il recèle, comme séparation et métamorphose hermétique.

L'hermétisme

Les deux moitiés de la chevelure, la tombée et la haut-portée, l'humble et l'arrogante, symbolisent l'être-double de la Femme, qui perd et qui sauve. C'est ici l'équivoque de l'eau. La chevelure a ses vagues («fortes tresses» dit Baudelaire), son roulis, ses ondulations. Mais elle est aussi la caresse qui nettoie, purifie, conforme. Sous le signe de l'eau, la Femme des mythes est Lorelei ou Nausicaa. La chevelure marine dispense l'ivresse profonde des abîmes ou glisse avec patience sur les surfaces souffrantes. Elle noie ou lave.

Or Mathilde conjugue, de toute évidence, ces deux «pouvoirs»; elle perd Julien en le sauvant. La vertu «euphémisante» de la nomination («Voilà ce que t'envoie ta servante... Sois mon maître»), outre qu'elle découpe Marie-Madeleine(1) dans l'étoffe de Penthésilée, métamorphose Mathilde et induit en Julien le Dieu-Fils. Mathilde lave Julien de la souillure des anciennes races, en même temps qu'elle sépare, en lui, la forme noble (la tête active) de la matière vile (le corps végétatif). Aussi bien le rite d'ablution est-il un rite de coupure.

Dès lors, l'ablation des cheveux livre son sens ultime, qui n'abolit pas les significations antérieures, mais s'y surimprime. Le païen, l'alchimique et le chrétien viennent se fondre dans un rituel syncrétique, qui préfigure la multiple cérémonie du tombeau. Ce rituel s'énonce en trois verbes : décapiter, castrer, baptiser.

En vérité, Julien est au moment d'exorciser sa nuit. En coupant pour lui ses cheveux, Mathilde mime un

---

(1) «Elle pleurait; et bientôt elle les (les pieds de Jésus) mouilla de ses larmes, puis les essuya avec ses cheveux, les baisa et les oignit de parfum» («Luc», 7,38). Mais l'orgueilleuse Mathilde jette les cheveux d'en-haut : le fétichisme de la tête se substitue à celui des pieds.

baptême semi-païen, se consacre son épouse soumise et l'exhorte à une autre ablation : celle de la tête. A son tour, la décapitation délivrera le Fils régénéré de la virilité héritée, de la «virilité Sorel». Elle confirmera, dans le même temps, l'apparition d'un Dieu-Fils, plus Hermès que Jésus sans doute, marquera l'émergence d'une virilité filiale euphémisée. Julien, l'homme rénové, s'apparente dans le fait à «Hermès Trismégiste» («trois fois très grand»), Dieu-Fils que les Grecs assimilaient au Toth égyptien. La dualité de Julien, fils de charpentier(1) et «homme supérieur», reproduit bien l'axiome de base de l'hermétisme : «Ce qui est en haut est comparable à ce qui est en bas; ce qui est en bas est comparable à ce qui est en haut»(2). Julien lui-même se dit : «En vérité, l'homme a deux êtres en lui»(II,42). Ce qui est en bas : l'obscurité sociale. Ce qui est en haut? La tête. Autrement dit : le front, l'audace. Telle est la véritable ambition de Julien Sorel : il a le front de comparer son Bas et son Haut. Julien, c'est une inspiration dans une prison. Ou, pour parler comme Pascal : dans une humiliation. Or, note l'auteur des «Pensées», rien ne dispose tant aux «inspirations» que les «humiliations».

Mathilde, justement, perce l'apparence de Julien et voit la volonté toute nue : sa «folie» est vision. Le mesurant à lui-même (son Haut à son Bas et inversement), elle sait qu'il peut, homme-monde, devenir de ses contraires. Julien, c'est, en ce sens, la douleur du négatif.

(1) Comment ne pas penser à Joseph, père-postiche? Comparer avec ce passage du roman : «Serait-il bien possible, se disait-il, que je fusse le fils naturel de quelque grand seigneur exilé dans nos montagnes par le terrible Napoléon... Ma haine pour mon père serait une preuve... Je ne serais plus un monstre!» (II,35). Remarquer l'antiphrase sur «naturel» et la relation, par contagion du père idéal, avec Napoléon.

(2) Dans «l'Eté 14» («Les Thibault»), de R.M. du Gard, Meynestrel, le chef du groupe socialiste international de Genève, cite cette parole de Danton : «Nous voulons mettre dessus ce qui est en-dessous et dessous ce qui est en-dessus». Il l'interprète, à tort semble-t-il, comme «un mot de politicien».

Tout comme Hermès alchimiste, il pratique l'«art royal» de fabriquer, en lui, une race d'or avec le plomb dont il est fait. La gangue qui enveloppe le noyau d'or pur doit être consumée par le feu, instrument de la séparation alchimique. Précisément : Julien, nous dit l'auteur, est «une âme de feu». Mais «Le Rouge» déplace les symboles de la «décision» purificatrice : le tranchant n'est plus du feu, mais d'une lame. L'élévation de Julien coïncide avec sa décollation. Purifié de son plomb, il n'est plus que cette tête d'or sur le giron de sa prêtresse. Il naît par la tête : Fils sans père, père de lui-même. Telle est l'ultime signification (maternelle) de l'«amour de tête». Si l'amour, comme dit Platon, pousse à la génération dans la beauté, Mathilde devient mère en phantasmant (dans sa tête) la perte (de la tête de) Julien. Julien se réalise par son fils et s'idéalise par sa mort.

Après l'«opération», Mathilde s'empare de la tête, comme l'alchimiste attend l'or au sortir de l'athanor, après les fumées du mélange. Ce que Fouqué, l'ami du défunt, contemple en elle avec effroi, c'est la terrible équivocité de la meurtrière salvatrice. Apre vérité des révolutions, amoureuse cruauté du sacré : c'est tout un. On ne fait pas les mondes avec de la camomille.

Le nom

L'hermétisme du «Rouge» transfère, semble-t-il, à l'imaginaire des personnages, deux vertus de l'écriture stendhalienne : la puissance incantatoire des noms propres et la fonction idéalisante de l'égotisme.

Le nom d'abord. Il y a des romanciers qui peuvent traduire des noms dans d'autres, des algébristes en somme, qui, tout le temps de la fabrication appellent «x» les suppôts par provision qui aiment, tuent, souffrent ou s'ennuient. Pour d'autres, à l'opposé (dont est Stendhal), le nom donne tout : le ton, l'écriture, l'onirisme. Chez les écrivains de cette famille, le premier nom baptise le livre; il a le poids d'un texte condensé. Le roman consiste alors à rendre progressivement liquide ce noyau de matière sensée. Tout a lieu dans la chimie des noms. Sans la grâce de «Fabrice», point «de Chartreuse de Parme» (et sans doute réciproquement). Ecoutons «Julien».

Le grec ioulos fait référence à l'attribut apparent du jeune mâle : le duvet, la barbe naissante. Il sert aussi à désigner la fleur mâle ou la gerbe de blé («Ioulo» est le symbole de Déméter). De fait, «Jules» évoque une étrange union, qui semble se matérialiser de façon plus ou moins instable à la faveur de l'adolescence ou chez certains êtres, entre les valeurs de la fécondité et celles de la virilité. La rumeur latine s'est plue à dédoubler Jules César, qui, lui-même, prétendait descendre de Vénus : dans l'amour (la «reine de Bithynie») et dans le pouvoir (si falot le magistrat qui partageait avec César la charge consulaire, qu'on avait pris l'habitude de parler du «consulat de Jules et de César»). Le langage trivial enfin, sensible aux impressions sexuelles contradictoires, ne dit-il pas d'une femme un peu virile : c'est «un Jules»?

Aucun doute : notre Julien concilie la joliesse et le phallus. Virilité à peine sortie d'enfance. L'apparence est fine (Mme de Rênal est frappée par «la forme presque féminine de ses traits»), mais le noyau d'être sonne dur. Mme de Rênal cache, avec une innocence insolite, celui qui la rend heureuse comme femme, sous l'évidence publique d'une figure imberbe. Mathilde, qui va droit à l'âme, aime le barbare sanguinaire et menacé, bientôt sacrifié. Telle ressort, dans la réalité sensuelle du patronyme païen comme dans les deux amours rivaux, l'«androgynie de Julien», souple comme un jeune dieu, au-dedans habité par les tumultes du titan(1).

(1) J'ai à peine besoin de dire que cette androgynie latente de Julien favorise l'investissement narcissique de Mathilde. Ajoutons que l'insignifiance du double «naturel» (le frère de Mathilde), décevant la pulsion incestueuse qui compose avec le narcissisme, autorise la dévolution à Julien de la fraternité.

Et «Mathilde»? Ecoutez-le se déclarer, ce nom de guerre! «Mathilde», la «guerrière», vient de deux termes germaniques : «Macht/Maht» (la force) et «Hild» (le combat). Son symbole ? L'écaille. A la fois, j'imagine, l'écaille qui «tombe des yeux» («Apôtres» IX,18) et la «cotte d'écailles». En Mathilde, les valeurs de la guerre et de la religion se jouxtent. Je ne crois, dans cette affaire, ni à la «science» (des noms) ni au hasard. Mais à la matière. Stendhal a pétri Mathilde dans le nom approprié. Elle naît tout armée. Le son clame le sens. Et il existe entre «Julien» et «Mathilde» d'abord comme un tactisme des mots.

Or, ce qui fait, me paraît-il, la singularité du «Rouge», c'est que Stendhal a permis à ses héros d'exercer pour leur compte la puissance incantatoire dont il les a chargés. Le nominalisme charmeur de l'écrivain est continué par l'effort de Julien et de Mathilde, de récrire leur vie. Ce propos nous mène à l'égotisme.

L'égotisme

Culte du moi? Non, si on entend : narcissisme primaire. Oui, si l'idéalisation du moi se confond avec une éthique d'écrivain : dire son désir intègre, dans la seule distance de la beauté. Dans le miroir, justement, que Stendhal, on le sait, propose explicitement comme métaphore du roman. L'égotisme, du même coup, cohabite avec la pudeur, car le moi (idéalisé) n'est pas le «sujet», cette idole, mais une œuvre qui se bâtit. Bref, l'égotisme ne va pas sans une discipline, elle-même foncièrement «hermétique». L'artiste, en effet, bâtisseur du moi, ne s'assujettit à aucune intentionnalité socio-pratique stable, il ne se pose jamais comme sujet/rôle. Pour reprendre les termes mêmes de la gnose, il compare sans cesse «ce qui est en bas avec ce qui est en haut, ce qui est en haut avec ce qui est en bas». L'artiste, autrement dit, n'est que le suppôt de métamorphoses provisoires, toutes destinées à esquiver le sujet, dans le texte et par lui. La beauté ne vit que de promesses. Stendhal, bâtisseur, fut le contraire d'un auteur, ce chargé d'affaires gourmé du talent. Il aura passé sa vie à disparaître derrière lui-même.

Celui qui considérait l'amour comme la seule «grande affaire de la vie» ne dut qu'à l'obligeance de Pierre Daru, son cousin, d'abriter sa flânerie sous quelques raisons sociales rémunérées. Il ne connut ni la misère ni la fortune. Il fut soldat, commissaire des guerres, consul; s'il vêtit plusieurs uniformes, il n'endossa sérieusement aucun des rôles que le hasard des protections lui offrit à prendre. Il ne crut, semble-t-il, qu'à un état (qui, de reste, enferme sa propre dérision) : celui d'écrivain comique. Il eût aimé être Molière. Il écrivit, à cet effet, des pièces pour tous, que personne ne lit. Il composa, jeune, un traité brillant sur l'amour, avoua, vieux, que, «dans tout ce qui touche aux femmes», il avait «le bonheur d'être dupe comme à vingt-cinq ans». Il nota ses souvenirs pour lui, doutant si ses papiers ne serviraient pas avant peu à «envelopper le beurre chez l'épicier»: ils sont lus avec passion par les arrière-petits-fils de quelques épiciers. Libéral lui-même, il trouve les libéraux patentés «outrageusement niais». Voyageur perpétuel, il ne rêve que patrie élective. Il fait, homme d'humeur et de hasard, l'apologie du travail, sans lequel «le vaisseau de la vie humaine n'a point de lest». Et s'il confie, au second chapitre des «Souvenirs d'Egotisme», qu'il a «toujours vécu et... vi(t) encore au jour le jour et sans songer nullement à ce qu'(il fera) demain», c'est pour conclure, au chapitre dix : «J'ai des travaux possibles, de quoi occuper dix vies».

Cet égotisme, partagé par les grands personnages des romans, prend, avec Julien, la forme particulière d'un imaginaire de la rédemption. J'ai tendance à croire que Stendhal a créé en lui un modèle de «Ioulos», dont, à des degrés divers, les autres héros retiennent quelques traits. Or, dans cette Figure variable, il y a un caractère

66

qui demeure, outre l'androgynie latente : l'idée qu'un homme naît ce qu'il meurt.

La volonté créatrice rectifie la naissance naturelle... Il n'est, au reste, que de suivre le chemin des tombeaux, qui va de l'impuissance à la grâce, d'Octave à Fabrice : on ne peut qu'admirer la convenance des tombes avec l'effort des vies. Comme la mort marine d'Octave de Malivert, au large de la Grèce (ce «mélange d'opium et de digitale» qui le délivre d'une vie agitée, doucement), est bien accordée à son errance désespérée! Sa navigation, enfin, abonde dans l'élément contre lequel elle a lutté : le tombeau d'Octave, c'est l'eau. Dans la mort où il s'enfouit, voici que le babilan éjacule tout son saoul. «Au point du jour, on le trouva sans mouvement sur le pont, couché sur quelques cordages. Le sourire était sur ses lèvres, et sa rare beauté frappe jusqu'aux matelots chargés de l'ensevelir». Comme, encore, la grotte de Julien lui ressemble! A l'instar de son hôte, la «grotte sauvage» des montagnes du Jura s'ennoblit des «marbres sculptés à grands frais en Italie». Qui ne reconnaît, dans ce mélange de fierté rustique et de pompe romaine, la double postulation de Julien à l'autochtonie et à la noblesse? La chartreuse des bois, enfin, où se retire Fabrice, havre tempéré qui l'abrite vivant une année durant avant d'être sa tombe, est bien à l'image d'un jeune homme trop doué, qui sauve son âme au charme ultime du dépouillement. Et parmi tous ces «Iouloi», dormant de l'assurance des époques révolues — Lucien Leuwen, vivant et parmi nous, chemine encore, à la recherche d'un tombeau où clamer son désir.

«Mourir la vie qu'on aime» : voilà le fin mot de l'égotisme. C'est le sens, aussi, de la célèbre épitaphe des «Souvenirs» :

Enrico BEYLE
Milanese
Visse, scrisse, amò
Qu'est'anima
Adorava
Cimarosa, Mozart e Shakespeare

Choisir sa mort pour élire un berceau : évasion imaginaire récurrente(1). Il n'est pas jusqu'aux pays et aux lieux, qui n'aient été gagnés à la guerre civile des origines. La patrie est où le père n'est pas. Déjà, «De l'Amour» dressait Milan contre Paris. Les voyages de Beyle à Londres compensent, de loin en loin, le «dégoût de Paris». Mais la ville maudite entre toutes, la ville du père — c'est Grenoble. «Je hais Grenoble, je suis arrivé à Milan en 1800, j'aime cette ville» (S.E.). Où le créateur multiplie les facettes du «Ioulos», l'égotiste part en quête de sa race. A Milan, ville de Métilde, il trouve son origine, dans la musique italienne un idiome divin, en Cimarosa un frère. L'égotisme est une discipline d'anoblissement et Julien Sorel en représente la variante tragique puisque, pour devenir un moi, il doit mourir violemment.

Le tombeau de Julien

La mort de Julien, Mathilde l'impose — et il l'accepte. Le destin, dont ils sont complices, leur refuse un mariage de réparation. L'amour eût été flétri par des noces honteuses. La tragédie, latente, resterait à l'état de disposition, si l'irréparable n'était créé par les héros eux-mêmes, si le verbe et l'agir, tout à coup, ne s'exaltaient dans l'excès.

Le marquis de la Mole, bousculé dans ses principes de caste, propose des «arrangements» : Julien recevra un brevet de lieutenant de hussards et portera le titre de chevalier de La Vernaye, les époux vivront dans une terre qu'il leur donne, une fois conclu un mariage discret. Il met, à tout cela, une condition : que Julien rejoigne immédiatement sa garnison, bref : qu'il se fasse oublier. Il s'agit, en somme, de sauver les apparences. Or Mathilde

(1) Henri Beyle aimait à croire que sa famille maternelle (la seule qu'il voulût connaître), les Gagnon, avait de lointaines origines italiennes, que les Gagnon avaient dû, au XVIe, s'appeler Guadagni ou Guadanianni.

ne l'entend pas de cette oreille : elle veut une cérémonie et une consécration. Elle exige que son mariage soit, au plus tôt «célébré en public». L'excès se manifeste comme ostentation.

Mme de Rênal, qui, depuis longtemps, «désirait sincèrement la mort», écrit sous la dictée de son confesseur, une lettre au marquis, qui présente Julien sous les traits d'un suborneur et d'un coureur de dot. L'excès est ici scandale : la lettre extorquée, dénonciatrice, se lit sur l'envers comme acte d'amour; de même, la «vengeance» de Julien, qui tire sur Mme de Rênal («Et mourir de la main de Julien, c'est le comble des félicités»), vaut comme protestation amoureuse («Elle vivra pour me pardonner»).

On le voit, la dimension du scandale échappe à la mondanité, elle est métaphysique. Le scandale, à proprement parler, c'est que l'amour ne peut plus se signifier que comme mort. Julien sera guillotiné.

La cérémonie ultime, où Mathilde est la véritable officiante, consacre, sous trois formes confondues (baptême, mariage, enterrement), le destin exceptionnel de Julien Sorel. Le texte :

«Fouqué n'eut pas le courage de parler ni de se lever. Il lui montra du doigt un grand manteau bleu sur le plancher; là était enveloppé ce qui restait de Julien.

Elle se jeta à genoux. Le souvenir de Boniface de la Mole et de Marguerite de Navarre lui donna sans doute un courage surhumain. Ses mains tremblantes ouvrirent le manteau. Fouqué détourna les yeux.

Il entendit Mathilde marcher avec précipitation dans la chambre. Elle allumait plusieurs bougies. Lorsque Fouqué eut la force de la regarder, elle avait placé sur une petite table de marbre, devant elle, la tête de Julien, et la baisait au front...

Mathilde suivit son amant jusqu'au tombeau qu'il s'était choisi. Un grand nombre de prêtres escortaient la bière et, à l'insu de tous, seule dans sa voiture drapée, elle porta sur ses genoux la tête de l'homme qu'elle avait tant aimé.

Arrivés ainsi vers le point le plus élevé d'une des plus hautes montagnes du Jura, au milieu de la nuit, dans cette petite grotte magnifiquement illuminée d'un nombre infini de cierges, vingt prêtres célébrèrent le service des morts. Tous les habitants des petits villages de montagne traversés par le convoi, l'avaient suivi, attirés par la singularité de cette étrange cérémonie.

Mathilde parut au milieu d'eux en longs vêtements de deuil, et, à la fin du service, leur fit jeter plusieurs milliers de pièces de cinq francs.

Restée seule avec Fouqué, elle voulut ensevelir de ses propres mains la tête de son amant. Fouqué faillit en devenir fou de douleur.

Par les soins de Mathilde, cette grotte sauvage fut ornée de marbres sculptés à grands frais en Italie.

Madame de Rênal fut fidèle à sa promesse. Elle ne chercha en aucune manière à attenter à sa vie ; mais trois jours après Julien, elle mourut en embrassant ses enfants. »

On peut voir, dans ce morceau final, l'entrelacement de trois textes, qui, par effet de contraste, composent le récitatif tragique. Les ressorts émotionnels qu'ils déclenchent évoquent, dirait-on, les canons aristotéliciens. De part et d'autre du texte héroïque, en effet, qui se confond avec la geste de Mathilde, s'arc-boutent le texte du chœur (les prêtres et les villageois) et celui du confident, du témoin forcé (Fouqué). La pitié et la terreur, autrement dit, font escorte à la démesure de l'héroïne (amour de la mort, pompe, largesses etc...). Une pitié moderne, dévorée de curiosité, attendrie par l'appât du gain, où la compassion le cède à l'attrait magique de l'étrange. Une terreur tout imprégnée de pudeur : Fouqué essaie d'échapper à son rôle de voyeur. Cloué sur place, il n'existe pourtant que par le regard. Ami impair de Julien, homme moyen, économe et fidèle, Fouqué est moins bouleversé par le malheur que par le blasphème et l'extravagance («Fouqué n'eut pas le courage de parler ni de se lever... Fouqué détourna les yeux... Lorsque Fouqué eut la force de la regarder... Fouqué faillit en devenir fou de douleur...»). Le contraste fait ressortir le thème de Mathilde : l'accomplissement charnel dans l'ostentation.

Elle manipule, place, porte, embrasse, donne, prend. Enfin elle possède Julien ensemble dans sa chair et dans le vif des symboles. En cet instant, jouir et paraître sont un. D'innombrables bougies illuminent la nuit. Le tragique, c'est quand tout s'éclaire, remonte à la surface. Julien est libre et pur; tout le vieux magma coupable s'évapore après avoir été craché. Les modèles que Mathilde a façonnés, qu'elle évoque maintenant comme des anciens prophètes, ont cessé de bruire dans le caché du crâne; ils hantent, volatiles, les marbres de Julien. Qui sanctifie l'autre, de la tête de Julien ou du ventre de Mathilde? Qui est le plus divin, de la prêtresse enceinte ou de son dieu mort-né?

Epilogue

En un sens très large, il est, dans «Le Rouge et le Noir», question de la foi, dans ce que celle-ci comporte de pari et de jusqu'au-boutisme : culte du moi, délire religieux, terreur puriste. Les commentateurs qui, prenant Stendhal au mot, et à la lettre la défense-accusation de Julien lors de son procès («je n'ai point l'honneur d'appartenir à votre classe, vous voyez en moi un paysan qui s'est révolté contre la bassesse de sa fortune»), ont affirmé que le thème de l'œuvre était l'ambition, ont eu raison, mais pas au point où ils se figurent. S'agit-il de se mêler à la classe supérieure? De devenir un bourgeois riche et considéré? Non. Julien le dit — le clame — devant un parterre de «bourgeois indignés« : il s'agit d'«audace», de «révolte»; il s'agit de la vertu, c'est-à-dire de la puissance d'un être jeune qui a eu « le bonheur de se procurer une bonne éducation ». La plaidoirie de Julien n'est pas une apologie du partage ; c'est l'affirmation de la légitimité du désir, non en tant qu'il menace ou convoite, mais en tant qu'il élève ; non comme revendication d'appétits, mais comme puissance civilisatrice. Aussi bien, la révolution et la religion qui, dans le long du texte, se transposent indéfiniment l'une dans l'autre, représentent deux formes idéalisées du désir.

Comment s'expliquer la transformation en rituel religieux de l'imaginaire révolutionnaire de Mathilde ? C'est d'abord qu'il s'agit, dans les deux cas, de modes (imaginaires) — et non de contenus (réels) —, c'est-à-dire de variations d'un même phantasme rénovateur. Nous avons vu Mathilde, au mépris de toute attention à la politique réelle, reconduire les « images » de la révolution à une vérité exclusivement cosmique afin, en lui ôtant toute relativité politique et toute détermination circonstancielle, de la porter à l'absolu(1). De la même façon, la religiosité, syncrétique et vague, qui imprègne le culte rendu à Julien, ne peut, c'est l'évidence, s'établir en religion parce qu'elle n'a pas de dimension collective. On comprend alors comment Julien, vivant, peut soutenir un imaginaire « révolutionnaire » et, mort, un imaginaire religieux. Mathilde, en somme, méconnaît le passé, qui détermine encore la politique la plus violente et ignore la culpabilité, où se fondent les religions. Passé, culpabilité : deux Figures de la loi.

Mathilde, sœur tragique, se place avant la loi et brave toutes les formes de l'interdit. Cela explique qu'elle paraisse à tous (à Stendhal, à Fouqué, à Julien, au lecteur) monstrueuse. C'est qu'elle plaque l'idéalisation sur le

---

(1) La révolution « n'était que le complément du plus long travail, la terminaison soudaine et violente d'une œuvre à laquelle dix générations d'hommes avaient travaillé » (Alexis de Tocqueville, « L'Ancien Régime » et « La Révolution », ch. 5).

plus archaïque : l'inceste, le cannibalisme et le meutre(1).
Sa singularité scandaleuse tient à l'équivocité de son être :
primitif et hypercultivé. Cette brutale cohabitation, en
elle, de la barbarie et de l'idéal, s'exprime dans une pré-
tention inouïe : sauter les règles de la culture (le social)
en passant directement d'une nature physique à une
nature métaphysique, ou si l'on préfère : de l'état de
nature à une nature idéalisée. Tout se passe comme si
les désirs les plus primitifs se donnaient immédiatement
(sans le truchement de la culture et de ses règles) une
forme idéalisée. L'inceste s'«euphémise» en mariage
mystique et en fraternité de race ; le cannibalisme (Mathilde s'incorpore Julien, le dévore) en rénovation eucha-
ristique ; le meurtre en génération. C'est pourquoi, à sa
manière, l'hermétisme exprime assez bien la vérité de
cette «sublimation» sans refoulement, sans contraintes
et sans renoncements, lui qui change le Bas en Haut dans
le continuum des métamorphoses(2).

Bien entendu, la «révolution» de Mathilde, qui parie
sur la «bonne nature» de l'«homme supérieur», se
comprend également comme volonté de sauter la culture, d'engendrer directement une méta-culture affranchie des entraves du passé culturel. La terreur que Mathilde exerce sur Julien s'interprète analogiquement
comme «loi par provision», dont l'effet ultime tendrait
à rendre les lois inutiles et caduques. L'utilisation paroxystique de l'autorité et de la contrainte se légitimerait

(1) Voir S. Freud, « L'Avenir d'une illusion », trad. M. Bonaparte, P.U.F.,
p. 16.

(2) Comment ne pas penser à l'«Elu» de Thomas Mann, histoire du pape
Grégoire, qui, produit d'une nature archaïque et sans règles, accède à la
grâce ? On dirait que le redoublement de l'inceste (Grégoire, fils du frère et
de la sœur, épouse sa mère) neutralise l'effet transgressif. Tout le texte, à la
recherche de la magna parens, est parcouru par l'équivocité du bestial et du
céleste, du barbare et du saint. Tel ce que dit Sibylla à son frère : «O Willo
quelle arme (le pénis) ! Ouais ! mais tu me tues ! O honte à toi ! Comme un
étalon, un bouc, un coq ! O va-t-en, o va-t-en, va-t-en ! O garçon angélique !
O céleste compagnon ! ». Et Wiligis à Sibylla : « Dans la mort, douce épousée,
soumets-toi à ton frère de mort... ».

comme dernier effort médiateur pour rendre l'homme à l'immédiate jouissance de son autonomie. Mathilde force Julien à être ce qu'il se doit d'être.

Si cette analyse est juste, elle rend raison des substitutions entre la sémiologie révolutionnaire et la religiosité. En outre — et surtout —, elle permet de comprendre le désir de Stendhal, foi pondérée de scepticisme. La tension éthique du désir exige que le nom de la Révolution soit révéré et que sa réalité soit redoutée. Le jacobin Henri Beyle, dans son enthousiasme sage, sépare « Eros » (la vérité) de « Thanatos » (l'âpre vérité). Son désir anime des formes qui, d'inspiration « révolutionnaire », portent avec elles leur critique et leur limite : égotisme, jacobinisme esthétisé, religion démystifiée. L'égotisme, par exemple, peut passer pour une terreur douce, comme la terreur est un égotisme forcené et la religion un égotisme perverti. Dans « Le Rouge », Stendhal reconnaît les Figures possibles de son désir. Avec « Lucien Leuwen », c'est avec le réel qu'il se mesure.

A Charles-Antoine

LE RÉEL

Lucien Leuwen
ou la patience du bonheur

« O dix-neuvième siècle ! »
(« Le Rouge et le Noir »)

S'il faut en croire Stendhal, la politique dans un roman est comme un coup de pistolet au milieu d'un concert(1). Le désir de s'en protéger a bien vite trouvé la tournure d'un art : prendre du champ pour mieux voir. Les fanatiques, parce qu'ils ont le nez dessus, ne peuvent que loucher comme des Gribouille. Je ne sache même pas qu'il existe un domaine mieux fait pour montrer l'essence de la bêtise; tels Bouvard et Pécuchet qui, pas plus tôt informés du phallus, en chassent le mystère dans l'allu-

---

(1) Première mention romanesque est faite de la phrase dans « Armance », mais on la trouve dans « Racine et Shakespeare » et dans les « Promenades dans Rome ». Stendhal la reprendra dans « Le Rouge et le Noir » et dans « La Chartreuse de Parme ».

sion des formes sensibles, « les tours, les pyramides, les cierges, les bornes des routes et même les arbres », les sots ont vite fait d'extraire du réel l'unique racine pour l'adorer comme l'idée fixe archétypale : perversion de l'idéalisme. Dans leur fièvre de simplification, les voilà qui cadenassent les réalités d'ici-bas dans la Bastille de leur unique idée ! « Je ne sors pas de là », comme dit l'autre. Et beaucoup à qui fut révélé, pour avoir lu Rousseau, que « tout tenait radicalement à la politique », ne se sont pas mis autrement en peine des métaphores et déplacements que cette vérité tolère ; ils l'ont prise à la lettre ; ayant récolté la riche substance du monde, ils ont trouvé le bon moyen pour en faire de l'eau plate.

Des fanatiques et des niais formés à la politique, on en rencontre dans les romans de Stendhal, et particulièrement dans « Lucien Leuwen »... Je ne veux pas dire, naturellement, que l'écrivain escamote la politique, s'abusant du leurre de l'apolitisme. Dans cette affaire, ce ne sont pas les bons sentiments qui comptent ; et c'est aujourd'hui banalité, de rappeler combien le légitimiste Balzac, dans lequel Lénine dit avoir appris empiriquement à considérer la société, nous offre une peinture fascinante des conflits qui déchirent ladite. Je dis seulement que Stendhal cultive la prétérition.

Il n'est, pour s'en convaincre, que de lire les notes en bas de pages de l'auteur de « Lucien Leuwen », dans lesquelles il indique à toutes fins utiles : mon personnage est peut-être un affreux jacobin, encore qu'il soit bien ignorant de ces choses, le pauvre innocent, mais n'allez pas croire surtout que je donne moi-même dans ces horreurs ! Or Stendhal serait plus facilement jacobin que démocrate... J'ajoute que les Préfaces du roman tournent avec une malice têtue autour de la démocratie américaine, comme si c'était là, en somme, sinon la solution, du moins la formulation du problème de « Lucien Leuwen », roman de la médiocrité. Quel rapport entre le régime de Washington et la vie d'un jeune parisien du beau monde, chassé de l'Ecole Polytechnique ?

Qu'est-ce donc que la démocratie américaine pour Stendhal ? C'est le culte du dieu dollar et une façon fastidieuse de sentir. L'Amérique, qui incarne et illustre la démocratie, ne lui inspire que répulsion. Lucien lui-même a beau voir dans ces «pauvres républicains attaqués de folie» la seule chose estimable au monde, il s'avoue aussitôt qu'il s'ennuierait en Amérique «au milieu d'hommes parfaitement justes et raisonnables, si l'on veut, mais grossiers, mais ne songeant qu'aux dollars». La contradiction reste entière entre l'idée démocratique, seule juste, et la démocratie réelle, en l'espèce américaine, dans laquelle l'auteur, en écho à son personnage, serait «au désespoir de vivre», parce qu'il préfère, au bout du compte, «faire la cour à M. Guizot que faire la cour à son bottier».

Autant la niaiserie ultra ne mérite guère qu'on s'y attarde, qui campe sur la vieille cause du droit divin, autant le fanatisme d'une poignée de républicains pourchassés ne peut laisser en paix un homme de cœur ; et le débat intime de Lucien, que retrace le chapitre 6, «empoisonne» plusieurs semaines de sa vie. Toutes choses pesées, il ne reste qu'une conclusion bâtarde : «J'ai de l'estime pour leur opinion, leur ambition est honnête. Mais je ne puis préférer l'Amérique à la France ; l'argent n'est pas tout pour moi, et la démocratie est trop âpre pour ma façon de sentir.»

Est-ce à dire que, récusant à la fois la légitimité et la démocratie, deux causes, Lucien Leuwen n'aurait plus qu'à faire allégeance au roi bourgeois en découvrant les vertus du juste-milieu ? Voyons. Louis-Philippe ? — «Le procureur de Basse-Normandie, qui occupe le trône...» Juillet ? — «Depuis Juillet la banque est à la tête de l'Etat. La bourgeoisie a remplacé le faubourg Saint-Germain, et la banque est la noblesse de la classe bourgeoise.» Et encore : «L'argent est le nerf non seulement de la guerre, mais encore de l'espèce de paix armée dont nous jouissons depuis Juillet.» On ne peut rêver plus grande lucidité. Le mépris s'affiche. Décidément, il n'y a pas de bon intermédiaire entre le gouvernement «légitime» et celui de New-York. Et je ne vois pas qu'on puisse éviter de conclure à un scepticisme politique de Henri Beyle.

Oui, Lucien est perplexe et Beyle politiquement sceptique. Pourtant, l'affaire n'est pas tranchée avec cette affirmation, car le scepticisme politique, tel que Stendhal le pratique, n'équivaut ni à l'apolitisme, politique honteuse, ni à cette sorte de gauloiserie réactionnaire (on grogne et on obéit, on engueule l'idole politique pour la requinquer), insolente et infantile, dont notre pays a le secret et qu'a incarnée un temps le poujadisme : toutes les opinions se valent, les politiciens sont tous les mêmes. Au contraire, le scepticisme de Stendhal en la matière est opératoire, il n'est pas imbécile. On va voir qu'on peut lire «Lucien Leuwen» comme une enquête rigoureuse au sujet des gouvernements, motivée par un intérêt politique urgent et soutenue par la volonté de considérer le réel tel qu'il est en refusant les illusions apaisantes.

I / IMAGES PSYCHOPOLITIQUES

Chassez le politique, il revient au galop! La pensée de Stendhal, d'une façon singulière, tient donc radicalement à la politique. Quand même il ne semble pas, pour ce qui le concerne, se ranger à une position définie, il admet l'existence de trois types de gouvernement.

On ne comprendrait rien au problème si on les mettait sur le même plan, sous le prétexte qu'il s'agit de trois régimes, entre lesquels on pourrait choisir. En vérité, ces formes n'ont pas du tout le même statut ni le même degré d'intérêt. C'est même cette hétérogénéité qui rend d'abord la politique «introuvable».

La monarchie légitime a fait son temps et les « ridicules » qui en subsistent achèvent de discréditer son « idée », c'est-à-dire sa cause. Sa réalité actuelle relève de la singerie : l'existence moque l'essence.

La monarchie de Juillet, elle, s'accorde au temps présent ; elle a au plus haut point le sens du moment opportun et du compromis. Parce qu'elle ne s'embarrasse pas d'« idée », elle réalise la superposition parfaite de la bourgeoisie et du fait accompli. Régime amnésique et apparemment aboulique, Juillet réunit les propriétaires autour d'un slogan pragmatique : le juste-milieu. Entre ceux qui commémorent et ceux qui rêvent, il y a ceux qui prennent sans bruit. « Carpe rem publicam » !

La « raison » bourgeoise excelle en effet à disposer après coup des ratés de la politique des autres : ultras aveuglés et révolutionnaires nébuleux. Ah ! Comme elle sait nourrir à l'à-coup la rationalité de la contingence brisée. Voyez Louis-Philippe venant cueillir au balcon, La Fayette à ses côtés, les fruits mûrs des Glorieuses ! La « raison » bourgeoise a toujours raison à temps : guetter le bon moment lui tient lieu de pensée. Telle qu'elle s'incarne adéquatement dans la monarchie de Juillet, la bourgeoisie a su tailler une politique dans l'instinct de conservation. Sans « idée » — par définition excessive —, elle assure la pleine efficacité de sa reproduction.

Lucien appartient, même s'il s'en défend, à ce juste-milieu. Parce qu'il vient de cette classe bourgeoise, fils qu'il est d'un banquier, ce jeune homme au présent n'a pas d'avenir. C'est la véritable cause pourquoi l'écrivain n'a pu achever son livre. Parmi les quatre jeunes gens, sous les traits desquels se dissimulent à la fois Henri Beyle lui-même et ce qu'il aurait aimé être (jeune homme au cœur noble, beau et aimé des femmes), je veux dire Octave, Julien, Fabrice et Lucien, le dernier est le seul à ne pas mourir. Comment voulez-vous qu'il meure, cet enfant gâté ? Il a, comme on dit, la vie devant lui. La vie peut-être. Mais c'est un destin qu'il guigne : en vain. Lucien n'aurait aucune affinité avec le roman, qui veut des destins, de la souffrance et, pour finir, une mort édifiante, n'était qu'il souffre de l'absence du malheur, de l'absence de l'histoire, de l'absence du destin. Lucien Leuwen, grand bourgeois en rupture de sa classe et cependant si fort attaché à elle par quelques côtés, âme noble mais privée d'énergie — et voudrait-il se mesurer avec le monde qu'il y aurait toujours «papa derrière», comme dit si justement l'expression populaire, et ce père homme d'esprit, riche et qui n'estime pas l'argent, a toujours tôt fait de persuader à son fils trop aimé que rien n'est grave, tout étant jeu et rôle, qu'avec de l'argent et un peu de calcul on fait et défait les ministères, qu'avec de l'argent et le port d'Adonis on a les femmes qu'on veut —, est déjà, dans le plus intime de sa nature, un «homme sans qualités». Il ignore la mort pathétique (tout au plus imaginerait-on pour lui une «mort stupide», un accident), il n'a pas d'avenir, parce qu'il est d'une classe qu'il refuse mais qui lui colle à la peau — la grande bourbeoisie de Juillet, qui gouverne sans régner, qui est actuelle sans avenir, efficace sans projet, réelle sans idée...

Reste toujours, en ce jeu de massacre des politiques du siècle — «ô dix-neuvième siècle!» —, la république! Les Bourbons, c'est le passé, Louis-Philippe, c'est maintenant — une sorte de temps immobile ; la méchante rhétorique des symétries nous induirait en erreur, à nous souffler : la république, c'est donc pour demain?

Or la république, changeante et telle qu'en elle-même enfin, Robespierre ou Washington, Rome ou New-York, Fleurus ou le redouté bottier, c'est partout et de toujours, l'idée (l'idéal) et la réalité, c'est d'hier, d'aujourd'hui, et plus certainement encore de demain. Politiquement, elle seule pose problème(1). Bourbons et Juillet – Stendhal a beau voir la différence, saisir le passage de flambeau du faubourg à la banque, il va de soi, pour lui, qu'il n'a pas à choisir l'un plutôt que l'autre ; d'un côté une idée sans réel : un délire ; de l'autre un réel sans idée : une cuisine.

La question politique de Stendhal s'exprime donc, toutes simplifications dûment effectuées : quelle démocratie ? C'est, à mon sens, la question décisive de « Lucien Leuwen »...

Que faire ? Lucien voit ici des hommes que tourmentent les idées, mais qui sont totalement privés de sens réel, et là des « canailles » guettant jour après jour la « platitude », le mot est de l'auteur, qui plaira au ministère comme la plus propre à vêtir (donc à cacher) l'état présent des vols et des trafics de la classe bourgeoise ; et Lucien, envoyé du gouvernement, suffoque de dégoût d'être mêlé aux basses besognes officielles. Car le juste-milieu, qui dénie pour durer toute stratégie et toute « mystique » politique, suppose une tactique quotidienne des noms, une virtuosité à baptiser sans délai la fluctuation des faits, dont, dans le roman, l'aller-retour du Télégraphe (et je mets au mot une majuscule initiale, puisqu'il s'agit, et ce n'est pas hasard, d'un des titres retenus par Stendhal pour son livre inachevé) est le plus remarquable symbole. Dans le monde de Juillet, on ne cesse de correspondre, d'échanger signes contre choses. Il y a le lieu où l'on ourdit le mot, le ministère, et le lieu où se fabrique la chose, en l'espèce : une élection. Le télégraphe assure la médiation, qui permet d'habiller la chose de son signe adéquat en tenant compte de la tactique des temps, puisque ce qui est réputé vrai à trois heures risque, à six, d'être une « erreur ». Le préfet rapporte, le ministère commande, c'est-à-dire dénomme ;

(1) Dans l'enquête politique de « Lucien Leuwen », il semble que Stendhal assimile démocratie et république. Plus tard, dans l'œuvre « italienne », il les distinguera, voire les opposera. C'est que la démarcation sera franche, du désir et du réel.

les agents se débrouillôt ou disparaissent. La politique, au sens du juste-milieu, c'est cette pseudo-dialectique de l'euphénisme et du sordide, qu'on peut voir à l'œuvre, par exemple, dans la « mission » de Lucien auprès de l'agent provocateur Kortis, moribond. Agent contre agent : Kortis, amadoué par quelques pièces d'argent et par les mots qui consolent, mourra-t-il sans parler ? L'essentiel est d'être là et d'arriver à temps... A ce moment, Lucien sent peser sur ses épaules de rêveur nonchalant toute la politique de Louis-Philippe.

Comment ne se sentirait-il pas impuissant ? Choisit-on entre les fous et les coquins ? « Mon sort est-il donc, se demande-t-il, de passer ma vie entre des légitimistes fous, égoïstes et polis, adorant le passé, et des républicains fous, généreux et ennuyeux, adorant l'avenir ? » Oui, mais − sitôt les fous quittés, ce sont les coquins : ministres, préfets, banquiers. La « boue ». La politique de Lucien, décidément, est une politique introuvable.

Sentir les gouvernements

Stendhal pose une question rousseauiste dans une forme empruntée plutôt à Montesquieu, qu'il admire et considère comme son précurseur et maître dans la connaissance de l'âme humaine. La question, formellement, peut en effet s'énoncer : soient différents gouvernements, quels ressorts, respectivement, commandent leurs actions ? Mais la métaphysique qui sous-tend cette problématique est à coup sûr héritée de Rousseau : dans toute l'œuvre de Stendhal, elle s'exprime à travers la polarité de la nature et de la vanité. Là où Montesquieu, par le formalisme, tendait à refermer le politique sur lui-même pour le constituer en champ positif autonome, à l'exclusion de toute métaphysique, Stendhal, lui, subvertit la classification des gouvernements et, loin de cerner le domaine politique, l'ouvre au contraire ; bien plus, il s'attaque à sa prétendue positivité, dans laquelle il repère ironiquement une béance : la politique est un non-objet. Interrogée en creux, c'est-à-dire depuis la négativité des désirs, elle apparaît d'abord comme une affaire de sensibilité.

On objectera, qu'à l'instar de Montesquieu, Stendhal étale devant lui comme des cartes les différentes « formes de gouvernement ». Mais justement : en les personnifiant, l'écrivain les prive de leur objectivité abstraite. Et voilà changée la théorie des gouvernements en une galerie de portraits !

De fait, Lucien n'est pas plus tôt entré dans Nancy avec son régiment qu'il se voit objet des prévenances des uns et des autres. Il dépense sans compter, monte le meilleur cheval, fait un peu le fat sous la fenêtre des dames : en faut-il autant pour qu'on s'intéresse à ce joli fils de famille ? La province est curieuse parce qu'elle s'ennuie, un nouveau visage est une proie. Un jeune homme riche doit choisir un salon, où aller nicher une opinion. On pardonnera plus aisément à l'ennemi, avec lequel on partage du moins l'air grave et pénétré d'importance qu'ont les sots de tous bords, qu'à un homme qui se pique d'indépendance et prétend voyager clandestinement dans la comédie sociale. Bref, il faut s'afficher, décliner nom et qualités, sacrifier aux rites communs, persuader au premier fâcheux qu'il est l'indispensable cicerone. Hors d'un « rôle grave », il n'est pas d'existence sociale. Si on n'est pas recensé quelque part, on peut être sûr de réconcilier les partis en s'attirant le mépris général. « Si ton indépendance donne de l'humeur au monde, admoneste le cousin Develroy, il saura bien trouver quelque prétexte pour te percer le cœur. »

Gauthier, chef des républicains, devine en Lucien l'homme de cœur ; ce gosse de riches, se dit-il, pourrait bien être des nôtres, parce qu'il ne peut pas ne pas mépriser ce que nous méprisons. Il le sent mal adapté à sa classe, hésitant, perplexe et seul, ne trouvant de bonheur que dans les amusements d'un narcissisme sans arrogance, traiter le luxe comme l'enfant ses jouets. Il devine qu'il y a là un bon naturel qui n'a pas encore été gâté. Aussi offre-t-il à Lucien son amitié, escomptant ajouter un « Publius » et un « Vendex » à la petite liste de ses pompeux sectaires. Le naïf fait toujours les délices des hommes de parti.

Du Poirier, âme damnée des ultras (bien qu'elle ne soit pas née), a vite fait de mettre le grappin sur Lucien. Onction, bassesse, ruse, entêtement : ce sont ses armes ordinaires. Le faible de Lucien : il cherche l'entrée d'un salon, celui de Madame de Chasteller. Patience, se dit le docteur... Avant peu, la femme aidant, le jeune homme sera mûr et tout disposé à placer son salut dans Charles X et le centre de la politique à Prague.

Lucien est cerné : un chef juste-milieu qui le poursuit de sa haine, le colonel Malher de Saint-Mégrin ; un ami républicain, qui attend de communier avec lui dans la vertu et un mentor ultra, malin et grossier, qui peut ouvrir les salons comme les lui fermer. Pourquoi choisir Du Poirier ? Simplement parce que c'est le chemin vers Madame de Chasteller... Tout y est, la scène est complète, l'évantail des opinions ouvert. On comprend que, de temps en temps, Lucien ait besoin de se demander : Qui suis-je ?

Lucien se comporte, dans doute cette première partie du roman, comme un spectateur voyageant au pays des grotesques — homo viator, et Léon Blum n'a pas tort de parler de roman de formation.

Trois « opinions », trois gouvernements... Quels ressorts les agissent ? Pour les ultras, c'est la naissance et le dogme du droit divin, d'un mot : l'idée de la légitimité. Le ressort de Juillet est simple : l'argent. La république est animée par la vertu. On pourrait encore croire à une classification positive à la Montesquieu.

Il n'en est rien, car Stendhal fourre dans ces défroques politiques une métaphysique de l'expressivité. « A mes yeux, écrit-il dans ses « Souvenirs d'Egotisme », la première qualité, de bien loin, est d'être expressif.» Du coup le principe cherché du gouvernement n'est pas un arché-sentiment constant (vertu, honneur, crainte), mais une simple façon de sentir qui se réfugie dans l'extrême individualité, dans une sorte de clinamen sentimental, voire sensitif. Ainsi : «La démocratie est trop âpre pour ma façon de sentir». La politique n'est plus dans la politique!

Pas même, d'ailleurs, dans un sentiment — toujours trop intellectualisé, menacé d'être socialisé, vulgarisé. Elle ressortit à une qualité d'émotion, à une idiosyncrasie sensitive rare, à une façon d'exprimer. La positivité du politique tombe, en dépit des formes, apparemment préservées, de la classification méthodique ; son objet éclate pour se disséminer dans un certain nombre de constellations psychologiques, qui rassemblent comme au petit bonheur, non plus ceux qui opinent du même chef, mais ceux qui «sentent» de façon similaire.

Parmi les masques du social, occupés d'une comédie grave, les âmes sensibles n'ont d'autre moyen de salut, pour ne pas céder à l'ambiance avilissante, que cette ironie intérieure, jamais endormie, qui leur permet de se raviser en permanence et de ne pas se prendre au jeu.

Le paradoxe du comédien

C'est ainsi que je comprends, à l'intérieur de cette politique des sens (et curieusement, pour Stendhal, rien n'est si près de l'âme que les sens), l'appel aux «happy few»... Ame sœur, es-tu là? Aussi ne s'étonnera-t-on pas de voir l'écrivain juger, mépriser, au lieu d'analyser et d'anatomiser. Que n'eût pas fait Balzac avec le même sujet! Il fût entré avec le ministre au plus secret du cabinet, il eût compté l'argent avec le banquier, étalé le détail des trafics, montré, en somme, tout le prisme de l'Argent, comment il compose une mine, un caractère, une sexualité, un érotisme même; il en eût poursuivi toutes les métamorphoses, cherché l'impact dans les plus petits recoins du cœur. Tout cela − sans crainte de la boue.

Stendhal ne peut pas, c'est au-dessus de ses forces. A peine jette-t-il un regard, il préfère, de dégoût, tourner la tête. On sent que c'est l'âme qui parle, les sens qui légifèrent. Dans le monde de Stendhal, règne un manichéisme des âmes et partant, des sensibilités (au sens le plus sensitif et le moins sentimental) : on est noble ou ignoble. On peut ou on ne peut voir ou ne pas voir, faire ou ne pas faire, laisser faire ou ne pas laisser faire. La coupure est nette entre les coquins et les généreux.

Et même si Lucien se trouve impliqué dans les basses besognes de Juillet («Aurez-vous le courage d'être une fripouille?», demande son père), comme dans l'affaire Kortis ou dans le truquage de l'élection, l'infamie dont il est pleinement conscient paraît pourtant ne pas l'atteindre; il reste étranger. Bien plus : cette infamie à laquelle il prête la main, voire qu'il commet, dirige, agence, calcule, se change à ses propres yeux en preuve de son courage, comme le plus vil métal en or pur.

C'est que, par une sorte de paradoxe, le zèle de Lucien porte l'ironie : loin de l'amalgamer à la canaille, il le rend au contraire invulnérable. Au lieu d'une connivence, c'est une distance et Lucien s'y met hors de portée. Il joue. Agir est alors un moyen de mieux regarder. Lucien «politique», c'est le paradoxe du comédien. Parce qu'il n'est ni âpre ni cupide, ni fat ni homme à «places», Lucien peut, par une façon d'alchimie intérieure, retourner les valeurs de son action, la soustraire à l'objectivité : un autre à sa place, qui n'eût pas été de sa trempe, eût été éclaboussé, contaminé par l'infamie, ou pis encore : il ne l'eût pas vue; la mauvaise fois aidant, qui souffle à l'intérêt honteux cent bonne raisons, il eût fait l'important pour mieux cacher son avidité, se fût retranché derrière le «service-service» et, se grandissant de l'opprobre bu, eût vécu en parfaite osmose avec l'infamie.

C'est bien, d'ailleurs, l'image de la pression osmotique

qui, de manière générale, rend le mieux compte de l'idée que Stendhal se fait du social. Le modèle balzacien est mécanique, c'est une composition des forces ; celui de Stendhal est fluide. Il y a ceux, les perméables, qui s'imprègnent de la « solution sociale » telle qu'elle est — exemple : Juillet, et les quelques âmes qui se refusent, s'exceptent, résistent. Il y a ceux qui se construisent en eux un refuge contre la marée osmotique du social. Lucien Leuwen est de ces derniers. En raison même de son détachement, il s'engage sans s'impliquer : quoiqu'il fasse, et jusque dans l'infamie, il ne peut pas être infâme.

Cela explique que son imagination juvénile voie dans l'infamie un danger et une épreuve pour révéler et tremper le courage ; rien d'autre. Car l'affaire ne comporte pas de gain. Lucien est et demeure libre, parce qu'il n'attend rien de personne, ni honneurs, ni place, ni récompense d'aucune sorte. Il ne se met jamais en position de solliciteur ; rien ni personne ne peuvent endormir ses scrupules. Froidement lucide, il n'est le complice que de sa stratégie généreuse, le croyant que de sa propre mythologie de l'épreuve. On sent qu'à tout instant il pourrait quitter, s'en aller sans tourner la tête, démissionner.

Tel est son zèle : se donner le droit de mépriser et de s'estimer, et non plaire aux puissants. Le personnage stendhalien n'a que des satisfactions d'être. Il n'est pas possédé, parce qu'il ne possède pas : c'est un étranger de passage, un migrateur de haut vol dont le trajet croise incidemment la pauvre marmite de Juillet.

Deux « races » d'âmes

Stendhal, finalement, n'a peint que deux types d'hommes : les hommes libres et les « importants ». Les premiers se reconnaissent à ce signe très sûr qu'ils mettent au-dessus de tout l'estime de soi et ne cherchent le bonheur qu'à l'intérieur d'eux-mêmes — non dans les faux biens du monde. Pour les Fabrice et les Julien, il n'est qu'un malheur : ne pas pouvoir s'estimer, ou, ce qui revient au même : se trouver dans l'obligation de se mépriser. Comparés à un tel malheur, la mort ou l'emprisonnement, et même la déchéance sociale, ne sont rien : pourvu que le fond ne soit pas entamé, l'assise de l'être, l'âme même en tant que source inépuisable de sensations. Pour eux, ces élus marqués d'un même signe — encore une fois, salut à vous les « happy few », les bien-sentants ! —, le bonheur est une conséquence de l'intégrité. Mais aussi, car la chose s'entend dans les deux sens : qui est intègre (c'est-à-dire entier, intact) cherche le bonheur.

Le bonheur, c'est de se sentir. Etre par soi-même cause de son émotion. Pouvoir se raconter son histoire, croire à ce qu'on est et veut être, tout en ne se passant rien. Mélange d'abandon et d'ascèse, de repos et d'effort, de naïveté et de lucidité. C'est tout Julien Sorel. Le héros stendhalien est attaché à son image comme à ses ailes le char mythique de Platon. Il a besoin, pour être ému de soi, de cohabiter avec son modèle. Il ne sait aimer, souffrir, mépriser qu'à maintenir dans sa proximité ce voisin intraitable ; il n'accepte de se mystifier qu'avec la caution et l'aval de ce puissant démystificateur, qui ne laisse rien au hasard. Le monologue du héros est en fait un dialogue, dans lequel le héros s'adresse à son modèle. Qui suis-je ? veut dire : Suis-je digne de toi, c'est-à-dire de moi-même ? Il n'y a pas de bonheur qui n'impose au héros de croire en sa mythologie ; mais pour pouvoir croire jusqu'à en être ému, il faut avoir l'âme nette.

Voilà pourquoi, comme, encore une fois, Léon Blum l'a bien vu, « chez Stendhal, la sensibilité seule est ambitieuse » ; voilà pourquoi, surtout, l'écrivain n'a jamais peint au premier plan que des jeunes gens. C'est que la jeunesse est le seul âge qui sache conjuguer le naturel de l'abandon et l'extrême tension, j'allais dire la discipline du désir. Etre jeune c'est pouvoir (s)'imaginer.

Je ne vois qu'une entorse à la règle, et qui naturellement la confirme, mieux qu'on ne saurait dire : Mosca dans la «Chartreuse». Or Henri Beyle perce autant, et peut-être plus, dans Mosca que dans Fabrice. Il est vrai que c'est un homme mûr et, chose plus grave, un homme de pouvoir. Un premier ministre. N'importe! La passion fait sa vie. Quand même, de prime abord, Gina n'éprouve pas pour lui le sentiment qui l'emporte vers Fabrice, elle ne peut pas ne pas l'estimer infiniment. En voici trois de la même race. Mosca n'attend qu'un mot pour tout quitter, par amour de Gina. S'il s'acquitte de sa charge de premier ministre, c'est d'abord parce qu'il est le premier et le prince dérisoire, ensuite parce que, comme Lucien Leuwen envoyé du ministère, il ne s'identifie jamais à son rôle. Cet homme puissant et craint a le bon goût d'exercer d'abord son ironie à ses dépens : façon de prendre ses distances tant par rapport à sa «charge» (qui en est, à proprement parler, si peu une pour lui) que par rapport à sa bedaine, sa gaucherie amoureuse, son âge et son peu de fortune. Façon d'être libre. C'est-à-dire : jeune. Un «vieux jeune homme», comme dit Blum de Stendhal lui-même. Si les jeunes gens représentent ce que Beyle aurait aimé être, Mosca s'approche beaucoup plus, sans doute, de ce qu'il est. Même façon noble de flâner, de se promener dans la vie, sans s'accrocher aux choses et aux êtres comme ces rapaces humains qui croient défier la mort par l'accumulation possessive.

L'intégrité fait le nomade. Seuls les migrateurs qui transitent dans le temps sans s'y enfoncer ont quelque soupçon de l'éternel. Stendhal est détaché; ce qui ne veut pas dire indifférent. Aimer, c'est aimer de loin. La cupidité qui se traîne au ras de la terre a les yeux opaques. L'homme libre n'a pas de chez soi, c'est un nomade qui chasse une proie de prédilection : le bonheur. Léon Blum peut écrire de Stendhal : «Il est mort comme il avait vécu, chez les autres. Il n'a pas eu de ménage, il n'a pas eu d'enfant ; on peut presque dire qu'il n'a pas eu de maîtresse. Ses amours durables ont toujours été des amours malheureuses qui ont occupé son imagination, mais non sa vie. » Portrait qui vaudrait, à peu de corrections près, pour tout héros stendhalien. Ils ne savent pas posséder, tenir. Fabrice même, le plus « heureux » de tous, le plus chéri des dieux (le plus felix), transite vers la mort en passant par la frugalité monastique. Que serait devenu Lucien, en admettant le roman fini ? Tels sont ces jeunes hommes libres — à la fois détachés et passionnés, curieux et exclusifs, et pour qui le précepte delphique « se connaître soi-même » veut dire : se faire honneur au plus profond de l'âme. Mosca mérite d'être rangé dans cette cohorte...

Et puis il y a tous les autres. Les « importants ». Les « sociaux ». Là aussi, c'est la même création qui reparaît de livre en livre. Rênal, de Vaize, de Riquebourg, c'est la même humanité. Ils vont s'affairant, col empesé, la mine sombre et ruminant des affaires graves ; le souci et l'exercice quotidien des « responsabilités » en font des hommes « de poids ». Plus rien d'alcyonien, d'aérien. Ici tout est lourd, ventripotent, sérieux, épais, grossier.

Ce n'est pas un contraste seulement, c'est un abîme qui sépare les deux « races » : celle de Julien et celle de Rênal, celle de la passion et celle du devoir, celle de l'orgueil et celle de la grosse vanité. D'un côté, l'âme vive et l'esprit prompt, l'esprit qui ne s'épargne pas, l'ironie, la liberté ; de l'autre, l'esprit de sérieux, la pesante fatuité, une grossièreté bouffie. Une absence fascinante de pudeur. On sent que la seule présence de l'épais Rênal est déjà blessure pour Julien. De fait, individuellement et pneumatiquement parlant, ces hommes ne sont rien « proprio motu » : des âmes mortes, des esprits lents et têtus. Ils suivent la pente tracée, se disputent en de circulaires rivalités, se copient et se jalousent, et chacun, pour l'emporter sur tous, fait tout ce qu'il faut pour ressembler à chacun et à tous. Rênal et son rival Valenod ne sont occupés l'un que de l'autre. Ils se flairent et se détectent, à défaut de se reconnaître. Ce sont là moins des individus, que le relief d'un tissu social indifférencié ; il leur manque, pour se singulariser, de projeter d'eux-mêmes une image à laquelle s'égaler.

Chez Stendhal d'ailleurs, tout ce qui ignore cette projection mythologique de soi est ignoble, c'est-à-dire content. L'homme à « places » est gavé d'honneurs et d'argent comme la bête adaptée est repue après manger. Les soucis chassent l'inquiétude comme l'« importance » étrangle le scrupule. Cette « race » sociale prolifère dans et par sa rivalité même.

Certes, il y a une hiérarchie des coquins, du minable au ministre vendu. Mais le fond de bassesse demeure identique : une misérable rapacité. On comprend alors que, quoi qu'il fasse, Lucien ne peut pas se sentir du même univers que ces plats gourmands qui mangent « au budget », comme dit Stendhal. Il se force, il en remet et convertit intérieurement l'infamie en prétexte à intellectualité parieuse. Il ne retient de l'« affaire » que le calcul, la promptitude de décision, le tact, l'initiative. Joie pure d'une intelligence ferme. Pour le reste, le contenu si l'on ose dire, il appartient à l'extérieur.

L'imaginaire historique

Ainsi, dans l'« affaire » Kortis, Lucien se félicite de son action : l'homme est mort sans parler et on y a mis les formes. « En quittant la rue de Braque, Lucien était heureux, il avait supposé au contraire qu'il serait horriblement malheureux jusqu'à la fin de cette affaire. Je côtoie le mépris public et la mort, se répétait-il souvent, mais j'ai bien mené ma barque. » Tout se passe comme si l'« affaire » avait perdu en cours de route sa charge réelle d'infamie pour devenir, aux yeux de Lucien, une épreuve. Du coup, elle est pour ainsi dire ôtée au monde, elle

91

prend place dans une logique strictement subjective, à laquelle l'imagination prête ses ressources substitutives.

Cette logique de l'épreuve, en effet, dans laquelle Julien Sorel est expert, tient en deux procès conjoints : elle opère une déréalisation et comble immédiatement le vide laissé par un investissement d'imaginaire. Si la chance m'avait fait naître quelques dizaines d'années plus tôt, se dit Lucien, j'eusse été un jeune et brave général chargeant dans le matin à la tête d'une belle troupe. Mais voilà, finie l'épopée ! Le temps est à la banque et aux petits traquenards politiques. Soit ! Les occasions sont minces, le réel rabougri, les façons de sentir et de penser médiocres. Est-ce à dire qu'il n'y a plus d'hommes ? Il y en a. Il y en aura toujours. Et j'en suis. Austerlitz fait défaut. Je gagnerai une autre bataille, une bataille de mon temps. A chacun son danger : le courage est toujours le courage. L'épopée absente et désirée enlumine les bagatelles de Juillet. Si on ne choisit pas les batailles, on est maître de la façon de les gagner et toute épreuve en vaut une autre. Aussi bien, la victoire n'est jamais matérialisée ; elle est intérieure, intense, secrète. On acquiert alors le droit de s'estimer, de se considérer soi-même.

Dès là que l'épreuve est substituable à l'épreuve, pourvu toujours qu'il y ait danger (fût-ce le mépris public), celle-ci s'annonce par son arbitraire et son volontarisme. Elle a quelques traits d'une règle du jeu. Dans et par la convention de l'épreuve, le héros assure son bon naturel. Julien se jure de monter immédiatement dans sa chambre pour se brûler la cervelle si, alors que dix heures sonneront, il n'a pas pris et gardé la main de Mme de Rênal. Problème militaire : conquérir et tenir une place, car ce n'est pas tout d'investir, il faut conserver. Le manège amoureux se charge des pompes victorieuses de l'Empire. Pour Julien comme pour Lucien, le jeu des épreuves — toujours à refaire, à rechercher, à retenter parce qu'aucune n'est assez probante et qu'il

faut accumuler les épreuves en miniature pour compenser
la carence actuelle d'une histoire lancinante et sans grandeur — repose sur une règle, une maxime pratique qui
tourne à l'obsession : à trente ans, Bonaparte avait déjà
conquis l'Italie.

La différence toutefois, et qui est grande, entre Julien
et Lucien, c'est que le premier, fils de charpentier humi-
lié, déborde de foi et d'énergie conquérante, brûle d'une
sombre passion, tandis que le second, enfant gâté d'une
riche famille, nanti d'un père encombrant et, pour son
malheur, tendre et attentif, ne parvient pas tout à fait
à s'«y croire», à se prendre au jeu. Alors, parfois, le réel
refoulé reprend ses droits, en dépit de la volonté ; l'infamie submerge les digues mythologiques, l'époque a le
dernier mot. Et la boue.

Comme on le voit dans l'extraordinaire épisode de
l'arrivée de Lucien et de Coffe à Blois. Insultes de la
foule, qui leur jette des pierres et toutes sortes de détri-
tus. «Comme il ouvrait la portière, une énorme pelletée
de boue tomba sur sa figure, et de là sur sa cravate.
Comme il parlait à M. Coffe dans ce moment, la boue
entra même dans sa bouche.» C'en est trop. Lucien pense
à déserter. Il s'en ouvre à Coffe, qui en a vu d'autres. «Leuwen expliqua tout son projet de désertion, et finit par
pleurer à chaudes larmes.» Tout Lucien est peint dans
cette petite phrase. Il explique et il pleure. Il explique
à son obligé, à ce Coffe étriqué qu'il a tiré de Sainte-
Pélagie ; il explique, il se dresse, il fait des projets, médite
une vengeance («Au bout de deux ans, je puis revenir à
Blois et donner des soufflets au jeune homme le plus
marquant de la ville»), il refuse le scandale du fait accompli, la boue, la déconfiture, le ridicule, mais aussi l'incom-
préhensible ; c'est l'honneur outragé qui parle ; l'esprit
voit ses repères bousculés. Et voilà Lucien en larmes.
Il pleure à chaudes larmes, comme un enfant qu'il est.
Il pleure d'impuissance. Immense amertume. L'époque

93

a le dessus. Et bizarrement Coffe avec elle, qui ne « tend pas (ses) filets trop haut »...

Autant le destin répond aux provocations de Julien Sorel et lui envoie une grande mort, deux femmes à le pleurer, autant l'héroïsme se refuse avec malignité à Lucien, « beau fils de Paris malheureux par sa faute, malheureux avec de la santé, de l'argent et de la jeunesse à revendre ». Ainsi le voit Coffe. Mais Lucien, pour être moins accordé à l'époque que son « ami », le « taciturne Coffe », ne manque pas de lucidité : « Indigné d'être oisif et peu estimable, j'ai pris l'état militaire. Je l'ai quitté pour une raison particulière ; mais je l'aurais quitté tôt ou tard, pour n'être pas exposé à sabrer des ouvriers. Voulez-vous que je devienne un héros de la rue Transnonain ? Cela est pardonnable à un soldat qui voit dans les habitants de cette maison un Russe qui défend une batterie ennemie ; mais dans moi, officier qui comprend ? »... Julien peut affronter la société ; il n'a rien, n'est rien, se sent grand, veut tout. Se sent grand parce qu'il veut tout. Mais Lucien ? Fils de famille, de père et mère adoré, qui peut-il combattre ? Où peut-il gagner ? La lutte est d'avance perdue, faute d'adversaire. La douleur de Lucien, c'est que l'ennemi est évincé. Ah ! que s'avance ce jeune homme anonyme de Blois, qu'il le défie en duel ! Las ! C'est toujours la foule – et elle se moque de l'« espion ».

« Voulez-vous que je devienne un héros de la rue Transnonain » ? Que faire ? Aucun « état » ne convient à Lucien... C'est un officier qui comprend, c'est-à-dire un officier contradictoire. Il lui faut un ennemi de cœur, un ennemi personnel, non une misérable foule à sabrer sur ordre. Il cherche le duel et l'ennemi qui grandit ; il trouve des soldats-gendarmes, chiens de garde du régime, occupés à surveiller les provinces, à prévenir le tumulte des « classes dangereuses ». L'armée de Fleurus et de Marengo est devenue le rempart contre l'émeute, la garde prétorienne du roi bourgeois. Dérision de la fausse alerte à l'émeute. Le peuple est dans la rue : ouvriers, avec femmes et enfants. La troupe s'ébranle. Pied de guerre. On se prépare à charger. Sur les lieux, plus personne. L'ennemi a battu en retraite, a disparu, n'a pas attendu les troupiers. Le peuple sait d'expérience que les régimes ridicules sont les plus cruels. Le gibier a tendu un piège au chasseur. Il lui a fait honte. Qu'est-ce que Juillet ? Un régime qui tire sur les ouvriers affamés. Faut-il se faire républicain ?

Le bonheur dans la politique ?

L'époque est petite. Elle a même réussi à ravaler les adversaires à sa taille. Tout est nain. Faute d'un fier ennemi, le combat est minuscule. Où sont les Danton, les Robespierre et les Marat ? A Fleurus, la République jouait sa vie : quitte ou double. Meurs ou gagne ! Elle gagne justement parce qu'elle a contre elle l'Europe entière. Elle s'élève et s'arc-boute, multiplie les prouesses, suscite des acteurs hors du commun. L'époque avait le vent en poupe. On voyait surgir de partout, s'affrontant, des caractères trempés. Dans ce combat de titans, dans ce combat à mort, les tièdes étaient broyés et les plats démentis par l'imagination féroce d'une Histoire accélérée...

Juillet. L'intrigue, le traquenard, les coups de bourse, l'hypocrisie, la gestion à la petite semaine : « Cet ensemble doucereux d'hypocrisie et de mensonge qu'on appelle gouvernement représentatif. » La légitimité est déconsidérée par Coblence, vieillotte et perdue de ridicule passéiste ; la république, orpheline des Danton, louche vers New-York, émigre à son tour.

Non, décidément, la politique n'est plus dans la politique ; Montesquieu n'est plus dans Montesquieu. Faut-il alors invoquer une théorie de la décadence, alléguer la perversion historique des formes de gouvernement, leur inéluctable abâtardissement dans le temps ? L'âge d'or de la république n'est-il pas derrière nous? O soldats de l'an II! Stendhal fixe une date, où il voit un tournant : 1804. L'Empire proclamé, les héros qui ont fait trembler l'Europe des rois, les premiers hommes libres de l'Histoire universelle, se sont prosternés aux pieds de César vainqueur. Le héros va-nu-pieds est tombé au laquais chamarré. Un ardent sans-culotte nommé Filloteau est devenu une ganache de lieutenant-colonel à la botte, séide aveugle de tous les régimes. « Heureux les héros morts avant 1804! » A Nancy, Lucien est initié à la décadence : le temps présent déglutit lamentablement l'indigeste épopée.

Montesquieu, vous dis-je, n'est plus dans Montesquieu. Celui-ci avait établi une théorie des formes pures de gouvernement, une topique fondant un champ à la fois a priori et positif de la politique : a priori, parce que l'auteur de « l'Esprit des Lois » libère un discours autonome du politique, promeut une rationalité neuve; positif, pour autant que ce discours normé, libre de toute connotation extérieure (religieuse ou métaphysique) se trouve mis effectivement à l'épreuve de la diachronie. Il n'y a, pour la pensée politique, de formes pures de gouvernement qu'autant que celles-ci s'affectent d'histoire et se pervertissent. Ce n'est pas contradictoire : la pensée fonctionne selon sa pente normale, qui est d'abstraire et d'épurer. Formalisme, mais non pas idéalisme. Les formes pures sont pensées, mais n'existent pas; elles sont toutefois la condition pour penser l'histoire comme gauchissement des formes. Au fond, la topique pure joue le rôle d'un réactif; l'écart historique s'annonce dans et par la norme idéale.En histoire, du même coup, il n'y a que des écarts. L'histoire est foncièrement bâtarde. La politique de Montesquieu est un savoir oblique de l'histoire : elle est exactement « obliqua oratio », discours indirect, production d'une norme en vue de débusquer le manque à la norme, établissement d'une configuration constante pour mesurer l'intervention et la perturbation historiques.

Nous avons déjà vu Stendhal substituer à l'arché-sentiment-principe, au sentiment formel et quasi-objectif, à cette typique du sentiment qui exclut tout excès pathétique, tout coefficient personnel marqué, pour se poser en affect régulateur et « moyen » (il y a des époques de vertu etc...) une poussière de constellations émotives, dissoudre le sentiment dans la façon de sentir, en aiguiser la modalité ; nous l'avons vu rouvrir un discours que Montesquieu s'employait à fermer, ruiner la positivité politique par une revendication d'âme, réinscrire en creux de toute politique une métaphysique de l'expression. D'un mot : rétablir le désir et la quête dans la politique...

C'est que Montesquieu, en dernière analyse, se résigne à l'histoire, il suit à la trace sa bâtardise. Il faut lire « l'Esprit des Lois » et « De la grandeur des Romains et de leur décadence » dans le flux et le reflux d'un même discours, d'une même rationalité qui, au bout du compte, comme le dira Hegel, se « réconcilie avec la caducité ». Bâtarde et nonobstant intelligible, l'histoire parle décadence et violence. Tout savant, en ces domaines, fait le lit d'un homme qui désespère de l'action et tient un peu l'« âge d'or » pour une illusion rétrospective. La vie contemplative, en même temps qu'elle comprend l'active, s'arrange pour lui échapper. Exactement : elle donne le change. Oui, Saint-Just, « le bonheur est une idée neuve en Europe », et Montesquieu ne la connaissait pas, ne pouvait pas la connaître.

Stendhal en est hanté.

C'est pourquoi sa revendication d'un bonheur, par définition méta-historique, a le sens d'une révolte amoureuse contre l'histoire. La politique n'est pas un savoir, mais une passion lucide, affect qui pousse à la découverte ; elle n'est plus faite pour contempler et mesurer l'intervention de l'histoire, fulgurante et inattendue, mais pour donner asile à une promesse toujours déçue, à une impossible espérance. Voilà pourquoi je disais ensemble que Stendhal se garde de la politique, y entrant au pas de la prétérition (un peu comme on se méfie de ses désirs et comme on s'emploie à domestiquer une grande espérance en son cœur, de peur que, trop vaste pour le monde, elle ne déçoive amèrement), et qu'il est, malgré tout, un émotif de la politique. Or, si la sensibilité est politique, c'est au sens où, à la différence de la « raison », qui sait se résigner, admettre compromis et milieux, elle ne cesse d'opposer les valeurs aux faits accomplis, de demander à la politique ce qu'elle ne peut donner. Espérance impossible qu'il est impossible de ne pas nourrir.

Le bonheur, chez Stendhal, ressemble fort à un gibier que le chasseur ne capture que sur le chemin de la retraite, alors qu'il s'allait raviser : gain privé subsistant d'une quête publique trop large. C'est ainsi qu'il faut comprendre, ce me semble, et la conjonction de l'amour et de l'ambition dans l'âme de Julien Sorel, et la polémique intérieure que Lucien Leuwen, en quête d'un destin public, d'une promesse épique, objecte à l'amour naissant. Pour Julien, l'accomplissement public, donc proprement politique, passe par l'amour domestique; le dernier est instrument, disposition médiatrice d'une grande âme à s'ouvrir aux plus hautes destinées. Réciproquement, l'amour se renforce dans et par l'ambition en voie de se satisfaire. Lucien, lui, bat bien vite en retraite. Il sait qu'il devra se contenter de l'amour, en l'absence et à défaut d'une politique à sa mesure, que le bonheur privé est ce qui reste quand on a renoncé à une quête plus vaste, ou plutôt : quand on en a lucidement éprouvé l'impossibilité. « Je suis dans l'âge d'agir, monologue Lucien; d'un moment à l'autre la voix de la patrie peut se faire entendre; je puis être appelé... Et c'est le moment que je choisis pour me faire l'esclave d'une petite ultra de province! Le diable l'emporte, elle et sa rue! » Y croit-il vraiment, à cet appel? Non. L'apparente illusion est

une analyse de la situation ; et Stendhal note : « Le soupçon d'aimer l'avait pénétré de honte, il se sentit dégradé. »
Ce qui impatiente Lucien, dans cet amour, c'est qu'il sent
bien que c'est un (beau) reste.

Julien veut l'amour pour se grandir et s'ennoblir ; Fabrice le cherche éperdument, parce qu'il s'en croit incapable, lui qui ne se sent pas de répondre à la passion de
Gina ; Lucien le redoute comme une diversion. Il en a
honte. L'amour est ici une défaite politique, un bonheur
à la portion congrue. Un bonheur privé ne va pas sans
une certaine privation de bonheur.

De sorte que, s'il est vrai qu'il n'est pas de bonheur
qui ne transcende l'histoire, il n'y a pas non plus de
bonheur purement privé. Lucien peut à bon droit redou-
ter de n'avoir à offrir à Mme de Chasteller qu'un cœur
déçu. C'est un passionné qui a peur du dilettantisme
où il se voit forcé.

Tout est politique dans « Lucien Leuwen », à commencer par la chasse du bonheur. On n'est donc pas
surpris que celle-ci prenne d'abord la forme d'une enquête
au sujet des gouvernements.

II / LA POLITIQUE, LA CIVILISATION, L'HISTOIRE

La politique n'est pas simple, car elle surdétermine
tout. On vient de mesurer combien le cadre donné à la
question par Montesquieu subit d'assauts ; il n'y résiste
pas. La même infidélité à son discours se répercute plus
loin, quand il s'agit de comprendre la cause de la dégéné-
rescence des formes de gouvernement. Alors que Montesquieu envisage en effet la corruption des diverses formes en
tant que corruption de leurs principes respectifs, appré-
hende dans chaque cas un procès spécifique d'abâtardissement (ainsi la démocratie tombe à la démagogie par défaut
ou par excès du principe qui devrait la stabiliser : le désir
d'égalité), Stendhal décèle un agent unique de corruption,

qui mine tous les gouvernements et qui relève plus de l'époque — ô dix-neuvième siècle! — que de la différence des régimes.

S'il ne veut pas de la démocratie américaine, ce n'est pas par haine ou mépris de la démocratie comme telle, mais parce que la démocratie américaine, contemporaine de la monarchie de Juillet, diffère peu de celle-ci au fond : loin de façonner un réel politique neuf, elle exacerbe les tendances pernicieuses du « gouvernement représentatif » bourgeois à la française. La vertu n'est qu'un mythe, le voilement puritain de la rigueur réelle des rapports sociaux déterminés par l'argent. La vérité de ce mythe : la religion du « dieu dollar ».

Mais si le dollar déguisé en vertu est le principe de la démocratie américaine, celle-ci peut au moins se parer du manteau de cette vertu, fût-elle une imposture et un semblant idéologique. La monarchie de Juillet n'a pas de ces pudeurs; l'argent est nu. Naïf qui croirait que les légitimistes par leur « folie » même, échappent au poison de l'argent. La cupidité est contagieuse. Elle loge tous les hommes, et à quelque parti qu'ils appartiennent, à la même enseigne. Il n'est, pour s'en persuader, que de lire « Armance ». La question qui s'y agite, de salon en salon, est celle que l'histoire a retenue sous le titre de milliards des émigrés. On ne parle que de l'indemnisation par le gouvernement de Charles X des émigrés et victimes de la Terreur. La noblesse ne décide plus des valeurs, elle a cessé d'être l'arbitre du bon ton; elle est devenue, elle aussi, mercantile. Naguère encore, l'aristocratie savait faire ostentation; elle songe aujourd'hui, comme le dernier bourgeois parvenu, à faire étalage de luxe. Octave a honte de sa classe, il ne peut plus se faire d'illusions sur elle; il la méprise, sans pouvoir trouver hors d'elle un recours et une espérance... Tout cela est vrai encore dans « Lucien Leuwen » : M. de Sanréal, ultra acharné et violent, est un homme d'argent, et «l'on voyait qu'il se répétait cent fois le jour : je suis le plus grand propriétaire de la province...»

Le dix-neuvième siècle est le siècle de l'argent et de la bourgeoisie. Voilà la vérité de toute l'époque, tous régimes réunis.

L'ambiguïté de la vanité

La vertu républicaine, pour n'être ni un leurre de puritains mercantiles, ni une toquade de fanatiques traqués, n'a de signification positive que dans un monde débarrassé de l'argent, qui corrompt tout et favorise toutes sortes de caricatures. Elle est donc, soit du passé, d'un passé plus ou moins légendaire, soit de l'avenir, d'un avenir qui apparaît pour lors absent du futur immédiat. C'est pourquoi on assiste, de la part d'un Stendhal qui a toujours exclusivement aimé et recherché le naturel (qu'il dit trouver dans les salons milanais, si différents, en cela, des salons parisiens), à une étrange réhabilitation de la vanité.

« Il me faut, se dit Lucien, un premier ministre coquin et amusant, comme Walpole ou M. de Talleyrand. » C'est que la vanité est ici principe de civilisation. Elle consiste en effet à compliquer et, en l'absence de la bonne nature, à éviter la raideur menteuse et mécanique répandue par cette seconde nature, cette nature plate que représente une simplicité déterminée par l'argent. Mieux vaut un beau mensonge qu'une illusion sérieuse.

Mieux vaut l'art (la civilisation) que l'imposture... Il convient de ne pas se laisser abuser par le langage : il y a vertu et vertu, vanité et vanité. Dans l'absolu, la nature vaut contre la vanité : là où on peut être vraiment naturel, il est impardonnable de ne pas l'être. Les Italiens ont su, dans la conversation, conserver le respect qu'un homme de bien doit aux émotions vraies et aux passions sincères. A Paris, en revanche, la vanité est dérision : il est de bon ton de se moquer des passions, du naturel.

Evoquant, dans la troisième Préface à «De l'Amour» (il s'agit de l'ultime texte de Stendhal, daté du 15 mars 1842) «cette Italie que j'adorais», l'auteur commente : «Dans l'heureuse Lombardie, à Milan, à Venise, la grande, ou, pour mieux dire l'unique affaire de la vie, c'est le plaisir. Là, aucune attention pour les faits et gestes du voisin; on ne s'y préoccupe de ce qui nous arrive qu'à peine. Si l'on aperçoit l'existence du voisin, on ne songe pas à le haïr. Otez l'envie des occupations d'une ville de Province, en France, que reste-t-il?» En ce sens-ci, la vanité apparaît comme une suite de l'envie et du mimétisme social. La peur du ridicule conduit à prévenir en nous l'émotion en la moquant chez les autres. La vanité suppose alors une manière de sang-froid salonard, qui fait la guerre à l'émotion et trahit la nature. Toujours malheureuse, parce qu'elle procède du vide et de l'ennui, comment cette affectation de froideur, qui finit par se prendre à son givre, soupçonnerait-elle le bonheur du malheur d'amour? «Je prie de ne pas ouvrir ce livre — «De l'Amour» — tout homme qui n'a pas été malheureux pour des causes imaginaires étrangères à la vanité, et qu'il aurait grande honte de voir divulguer dans les salons.» (Première Préface – 1826). Ainsi, sur le plan de l'éthique individuelle, la vanité est vice, puisque la nature de l'homme consiste dans l'émotion. Et la philosophie spontanée de Stendhal est un hédonisme, élevé à une métaphysique du bonheur par les «causes imaginaires».

Il en va tout autrement dans l'ordre du politique, tel qu'il existe. Pour autant, en effet, que la politique est un mensonge, ou une hypocrisie comme Stendhal le dit du gouvernement de Juillet, prétendre au naturel dans un domaine qui l'exclut n'est pas seulement contradictoire : ce peut être dangereux et funeste. Le gouvernement républicain serait « moins absurde » que le présent

gouvernement, mais « plus violent ». Parce que, croyant
à sa cause, il voudrait imposer la vertu. La simplicité du
naturel, dans la première acception, tient à la spontanéité émotive ; la simplicité puritaine de la vertu entraîne
une simplification.

De là une façon de sentir plate et uniforme : les Américains sont « fastidieux »... Au principe de cette simplification générale : l'argent. La vertu légendaire des héros
républicains était une énergie, une qualité d'âme, donc
encore une émotion. L'austère vertu des républicains
américains, vide d'émotion, ressemble à un entêtement
froid. L'argent a changé la passion de la vertu en vertu
du calcul. Un danton transcendait le politique par la
passion qu'il y mettait. Un républicain, aujourd'hui, est
un fanatique qui ne voit pas qu'il ne rationalise qu'en
appauvrissant le réel et les êtres. La raison républicaine,
c'est la raison de l'argent : le calculus. L'argent fabrique
partout de l'économie — jusque dans les sentiments.
Foncièrement totalitaire, il équarrit un univers simple,
une nature étriquée et seconde qui ne s'embarrasse pas
du superflu, de l'aléatoire, du gratuit (tout ce qui fait
le charme de la civilisation) — et qui secrète l'ennui à
force d'égaliser, d'échanger, d'utiliser, d'ajuster, d'épar-
gner ; en un mot : à force de simplifier.

Une société fastidieuse est ainsi une société économe
d'elle-même, dans laquelle il y a moins de sens que de
produits ; inversement, une société « civilisée » secrète
son ostentation gratuite et narcissique sous la forme d'un
surplus de signes ; la manière y prime le fond, le signifiant l'emporte sur le signifié. La vanité, ainsi entendue,
est inséparable de l'apprentissage des formes, et donc de
l'éducation tout court. Alors que la vertu (la simplicité
puritaine et austère) est, au sens étymologique du mot :
idiotie, la vanité se donne comme art : de compliquer,
de varier, de hiérarchiser. « Lucien avait de la vanité, et
cette vanité avait été continuellement réveillée par une
excellente éducation » (chap. 6).

Aussi bien n'y a-t-il pas contradiction, de la part de Stendhal, à souligner ici la vanité de Lucien, et à mettre l'accent là sur le naturel du personnage : « C'était à cette époque une âme naïve et s'ignorant elle-même ; ce n'était pas du tout une tête forte, ou un homme d'esprit, se hâtant de tout juger d'une façon tranchante. Le salon de sa mère, où l'on se moquait de tout, lui avait appris à persifler l'hypocrisie et à la deviner assez bien ; mais, du reste, il ne savait pas ce qu'il serait un jour » (chap. 10). La vanité du Lucien est, si l'on veut, un « vice de civilisation » (et même le principe quasi-pédagogique de toute police des mœurs) ; ce n'est pas un vice de l'âme, c'est-à-dire une perversion de la nature.

Qui plus est : la vanité, au plan de la civilisation (au plan politique au sens large : élargi précisément par les connotations symboliques et sensitives que Stendhal y ajoute), peut fort bien s'accorder avec le naturel dans l'ordre de l'éthique individuelle, dans l'ordre de l'âme cette fois. Lucien est vaniteux pour autant qu'il est policé, et naturel parce qu'il aime sentir, que son âme est avide de souffrir l'émotion. La politesse vient d'une vanité « socialisante », inductrice d'une émulation bénéfique dans le respect des formes, c'est-à-dire finalement de l'autre. Sociale dans son application, elle n'en suppose pas moins une origine individuelle, « psychologique ». Inversement, la vanité-affectation — « antiphysique » —, pervertit une conversation, un salon, un peuple. On peut être goujat et vain, comme on peut être poli(cé) et naturel. La vanité est civilisatrice ou simplificatrice.

Tantôt elle rassemble les hommes ; et alors ils trouvent plaisir à vivre ensemble ou à s'entretenir ; tantôt elle répand, sur fond d'ennui, le fléau contagieux d'une rivalité haineuse. Toute société se trouve placée devant l'alternative : être éducatrice ou mortifère. C'est pourquoi la condamnation stendhalienne de l'affectation (on l'appellera la « mauvaise vanité ») s'accommode, je le répète, d'un rachat de la vanité comme politesse supérieure, comme politesse de l'âme (on l'appellera la «bonne vanité»).

Or le héros stendhalien est naïf et vain, sensible avec Rousseau et «poli» avec tout le siècle – je veux dire : le XVIIIe. Il est à la fois sincère et maniéré. Jamais fruste ou rustre. Jamais affecté ou menteur. Et si l'on m'objecte que Julien et Lucien dissimulent, je réponds que ce n'est pas pour prendre un rôle, mais pour l'éviter. Il faut lire, dans «Lucien Leuwen», la conversation initiale, et presque exemplaire, de Lucien avec Develroy son cousin. On doit se donner «l'air un peu sombre» conseille celui-ci, poser à l'important; ou bien la société nous exclut. Réplique de Lucien : «Pour te plaire, il faudrait jouer un rôle, n'est-ce pas? et celui d'un homme triste! et qu'est-ce que la société me donnera en échange de mon ennui?... Je craindrais qu'en moins de huit jours le rôle grave ne devînt une réalité» (chap. 1). C'est pour préserver son indépendance que Lucien dissimule; ce n'est pas affectation, mais moyen d'évasion. On n'a pas à risquer le meilleur de soi-même au milieu d'un monde qui cache et qui ment... Et il a fallu bien de la mauvaise foi ou bien de l'aveuglement à certains commentateurs du «Rouge», pour ne voir en Julien qu'un roué haineux, un hypocrite froid et cynique. En vérité, il est naïf comme son frère Lucien, ni plus ni moins dissimulé que lui; ce sont les circonstances qui changent, et l'intensité énergétique du personnage s'en trouve modifiée. Mais la structure intérieure est pareille : Julien, faux roué, est naïf quand il cache, sincère en pleine comédie; il échappe aux Rênal et aux Jésuites en se croyant émule de Tartuffe. Il a fallu, dis-je, les poncifs édifiants et la morale plate de la fin du XIXe, pour recouvrir le texte stendhalien des lourdes bêtises scientistes. Un des principaux mérites de l'ouvrage de Léon Blum fut de faire une fois pour toutes justice de ces pâles vésanies. En réhabilitant Julien de la façon la plus lumineuse, en montrant les avatars du beylisme au sein de la critique, plus ou moins influencée par Taine, il a préparé le jugement de l'avenir : la victoire de Julien Sorel contre quelques «beylistes», c'est celle de Stendhal lui-même contre un siècle qui l'a lu à défaut de l'entendre.

Que faire contre l'affectation? Rire. C'est l'occupation favorite du salon de Mme Leuwen. A l'opposé de tous les salons parisiens, faits pour se montrer, médire du prochain, trahir ses amis et décrier la passion — tout cela que d'aucuns nomment l'«esprit», le salon de Mme Leuwen représente d'abord un acte de tendresse conjugale : «Mme de Leuwen n'était complètement heureuse que lorsqu'elle y voyait son mari». Son «but unique» était de l'«amuser». Prévenance — en deux sens au moins! — d'une femme amoureuse et donc jalouse à l'endroit d'un mari qui «passait pour être fort bien avec les demoiselles de l'Opéra». Un salon fondé sur l'émotion : voilà bien l'exception à la règle! Chez Mme de Leuwen, «on aimait à rire, et, dans l'occasion, on se moquait fort bien de toutes les affectations, à commencer par le roi et l'archevêque.» Un salon à contresens du genre : une émotion retrouvée à moquer ce qui se moque de l'émotion.

Equivoque vanité : si elle n'éduque, elle pervertit. Aussi Stendhal ne la présente-t-il jamais comme une qualité innée, mais comme le produit de rapports sociaux complexes, comme la marque de la civilisation; et il a beau distinguer plusieurs sortes d'amour, par exemple opposer l'amour-passion à l'amour de vanité, pour ne considérer que ces deux-là : il entre pourtant un peu de mauvaise vanité dans l'amour-passion et un peu de bonne vanité dans l'amour de vanité. Simplement, l'amour change de rubrique, sinon de nature, en fonction de déplacements qualitatifs et de changements quantitatifs des mêmes ingrédients : émotion, vanité, jalousie, cristallisation, admiration etc... Tout ce qu'on peut dire, c'est que l'amour de vanité est celui où entre le plus de vanité. Or, la dominante modifie à nos yeux la qualité de la vanité : bonne et civilisatrice lorsqu'elle est mesurée subordonnée à l'émotion qu'alors elle embellit, raconte, prolonge, nuance, elle devient un mal dès là qu'elle se développe à l'excès, ruine l'émotion, inculque le goût du semblant et accoutume au faux... L'hypercivilisation est fatale aux grandes âmes. Il y a donc un équilibre à trouver, en état de civilisation, entre la vanité civilisatrice et le naturel de l'émotion. Une grande émotion racontée par la civilisation, voilà l'amour. Au contraire, «le sauvage n'a pas le temps d'aller au-delà du premier pas. Il a du plaisir, mais l'activité de son cerveau est employée à suivre le daim qui fuit dans la forêt, et avec la chair duquel il doit réparer ses forces au plus vite, sous peine de tomber sous la hache de son ennemi»(1). Trop de vanité tue l'amour ; sans vanité, l'amour est impossible par défaut d'imaginaire et de «cristallisation». Au fond, l'amour est le meilleur révélateur du signe (positif ou négatif) de la vanité. Vice ennuyé ou imagination amoureuse.

Et c'est bien parce que la vanité est principe indispensable de civilisation, qu'elle est ce qui manque aux Américains et au groupe des républicains de Nancy. Leur vertu est privation. Le naturel, chez eux, est mutilation (et non énergie émotive féconde), la simplicité simplisme, la sincérité fanatisme. Du coup, par une sorte de jeu compensatoire des valeurs, la vanité trouve sa paradoxale justification, de s'opposer à cette seconde nature équarrie à l'emporte-pièce, qui fait les fanatiques et les âmes de boutiquiers. La vanité, alors, résiste à l'argent, vérité d'une vertu-fantôme.

Récapitulons. Sur le plan d'un modèle introuvable (y eut-il jamais une République de Fleurus, telle que Stendhal la rêve ?), la vanité et l'argent contrarient la nature. Sur le plan actuel, en revanche, la vanité s'oppose à l'argent. Ainsi apprend-on dès la deuxième page du livre que

(1) «De l'Amour», chap. 2.

la société de M. Leuwen n'était point «gâtée» par son «métier» et que «l'argent n'y était point le mérite unique». Litote! La vanité de M. Leuwen consiste bel et bien à se prémunir, par la vertu de raillerie, contre les sous-produits de l'argent : fanatiques vertueux ou sots importants. L'argent fait la pire des sociétés : celle qui se justifie à ses propres yeux par la nature et nomme vertu, c'est-à-dire puissance, cela même qui la mutile et la stérilise.

Décidément, dans le relatif, la vanité est moins dangereuse. Et moins menteuse aussi, puisqu'elle ment par petites doses, endémiquement, mais que ses mensonges ont moins de conséquence qu'un gros mensonge gardien de cité. Plus : elle est éducatrice sous certaines conditions, comme principe des formes, des manières, des signes en général — par quoi les hommes atténuent la violence brute de leurs antagonismes. Sur le plan politique, et parce qu'il s'installe principiellement dans le relatif, Stendhal est libéral. Et donc finalement conservateur. Ses «révolutions» sont «culturelles»; il redoute les «politiques»; et son jacobinisme est une arme blanche de son esprit pour tailler à même la chair flasque des monarchies restaurée puis bourgeoise. Le discours politique de Stendhal se tient dans le négatif; c'est celui d'un être foncièrement politique «revenu» de la politique. C'est ce retour du politique que raconte «Lucien Leuwen».

Au fond, la société complète que Stendhal appelle de ses vœux comporte trois dimensions : la politique, qui détermine les rapports réels entre les hommes; la civilisation, par quoi cette même société entretient sa propre image et adoucit ses mœurs; l'histoire enfin, où elle puise l'eau des rêves et le pain de l'imaginaire. Dans les faits, cependant, l'argent, devenu au XIXe envahissant, conduit à un aplatissement inéluctable du social, disqualifie la vanité et tarit la source où l'esprit s'abreuvait d'histoire.

L'argent, l'esprit, la vanité

Le faible des « âmes fortes » : le monde comme il va ne leur suffit pas. Cette vertu mal-contente, Stendhal l'appelle l'« esprit ». Le goujat, repu du monde — l'« important » —, n'a pas besoin de beauté ou de musique ; pourvu qu'il ait place, meubles et argent. L'esprit met le héros à part — signe, en lui, d'une race qui, au monde, n'a pas sa pareille. L'esprit distingue. C'est ce que, par exemple, Mme de Rênal sent tout de suite, lorsqu'elle voit Julien sur le seuil, dans sa pâleur d'ange. Tout roman stendhalien représente la geste de l'esprit contre ses adversaires désignés : l'argent et la (mauvaise) vanité. Cette situation inconfortable du héros par rapport aux valeurs mondaines ne laisse pas, au demeurant, de lui donner une dimension « comique » (au sens de Scarron) et sacrificielle.

Qu'est-ce que l'esprit ? L'esprit est transcendance : puissance, dans chaque situation, de se placer au-delà. Si la vanité-civilisation (qui contient en puissance le germe de son mauvais simulacre : l'affectation) se comprend comme pouvoir de compliquer, habileté à émettre des signes en les imposant avec des formes et des manières, l'esprit, lui, instance de substitutions, peut, par sa combinatoire, sa finesse et son étendue, reproduire et reconstituer, au moins jusqu'à un certain point, ce qui, pour d'autres, est une donnée première : un point de départ (l'argent des Leuwen) ou une grâce native (Fabrice). On conçoit alors sans difficulté que Julien Sorel, qui n'a rien et veut tout, c'est-à-dire qui veut être, représente par excellence, dans la création stendhalienne, la Figure de l'esprit. Non que Lucien ou Fabrice n'aient pas d'esprit. Simplement, ils n'ont pas besoin, à la limite, d'en faire usage. Dans le cas de Lucien Leuwen, cette relative inutilité de l'esprit finit par causer la souffrance. Ce qu'on appelle, au contraire, l'énergie de Julien, ne désigne rien autre chose qu'une dynamique de l'esprit qui ne connaît pas de trêve.

Une fois de plus, ces frères contraires ne sont vraiment intelligibles l'un que par l'autre — un peu comme Bourbons et Juillet. Julien a tout à conquérir : et l'argent et le titre. Lucien a l'argent et l'esprit ; il lui reste à faire l'épreuve de la vanité. Chacun, donc, se situe singulièrement par rapport au triptyque romanesque : argent, esprit, vanité.

Sous la Restauration, l'argent est, dans le triptyque en voie de réalisation, l'élément faible ; il laisse pour ainsi dire face à face, sans tampon, l'esprit et la vanité. Et c'est un duel à mort. Tragique. L'esprit tombe où il ne s'y attend pas : sur un petit problème de vanité. Le « chevalier Julien Sorel de la Vernaye » condamne Julien Sorel à mort. Au moment, en effet, où Julien va gagner son titre et comme son brevet de vanité (« le changement de nom le frappait d'étonnement. — Après tout, pensait-il, mon roman est fini, et à moi seul tout le mérite ») l'esprit donne sa mesure entière — démesure à l'aune du monde —, transgresse l'arrangement qui s'ourdit et instaure le tragique. L'ambition s'ennoblit en être-pour-la-mort. Julien a raison : le roman est fini, commence la tragédie. La vanité a provoqué l'esprit, lui a jeté le gant. Mais l'esprit ne peut relever le défi et se faire l'émule de la vanité sans se condamner à la dépasser infiniment hors du social : dans la mort. La Restauration, en somme, présente à Julien une alternative qui sera vécue comme un duel. A l'inverse, Lucien Leuwen se débat dans la division et l'hésitation, car les trois termes du triptyque en lui se balancent. L'esprit ne peut plus fonctionner comme monnaie d'échange ; l'argent, devenu membre fort du triptyque, entraîne ipso facto la dévaluation de l'esprit. Du coup, Lucien, rêvant les « temps héroïques », décourage le tragique. Son esprit est de trop (1) — laissé

_____

(1) On pourrait affiner cette dialectique en remarquant que l'esprit, qui fonctionne nécessairement comme trop-d'esprit dans le cas de Julien, devient un de-trop chez Lucien. Excès du défaut, défaut de l'excès : l'esprit est toujours souffrance en tant qu'il ne peut être borné, contenu dans une

pour compte loin du véritable affrontement : l'argent contre la vanité.

Lucien apparaît alors comme un Julien renversé, comme Juillet est une anti-Restauration, un encanaillement du principe monarchique, un embourgeoisement du prince et de la noblesse. La seule monnaie, désormais, c'est la vraie : l'argent, substitut-étalon muni d'une vertu mimétique générale. L'argent peut se donner au change contre n'importe quoi. Voyez seulement l'effet de la munificence de Lucien à l'égard de son supérieur, le colonel Filloteau, vieux soldat sorti du rang, transfuge débonnaire de tous les régimes. L'adéquation, à présent, est parfaite entre le valoir et le pouvoir. Définition même du juste-milieu : société plate et prévisible. Les coups d'éclat de l'esprit disparaissent dans une vaste sourdine. Les coups ne sont plus que de bourse : l'argent se substitue à la généralité, parce qu'il est la généralité même.

Le destin, dès lors, est principiellement impossible. La singularité reste sans écho, repliée dans une subjectivité malheureuse. L'argent fait l'esprit, la vanité... et l'argent : accumulation du capital ! Bien plus : ce n'est que depuis l'argent que la vanité et l'esprit sont perçus et cotés. Julien était encore, à la lettre, un « légitimiste » à l'envers : pas de valeurs sans une légitimité fondatrice.

---

mesure. Son essence, de toute façon, fragilise socialement le héros. Tragique est le surplus d'esprit : curieusement, c'est le mode sorélien du « manque », autrement dit du Désir, en tant qu'il rend la condition sociale inférieure intolérable. En découvrant son aptitude à se substituer (tel l'argent plus tard) à toute condition, à tout problème de vanité ou d'argent, l'esprit fonctionne comme « analogon » si merveilleusement polyvalent qu'il finit, dans l'ivresse de son « protéisme », par ruiner les équilibres qu'il bâtit. Il va toujours trop loin (pour le social); lancé, il ne s'arrête plus. C'est là où la vanité le prend à son piège, elle qui sait exactement la mesure. On peut tout apprendre, tout mimer, hors peut-être ce hautain mépris de l'apprendre des bien-nés. L'esprit, monnaie singulière, fait forcément plus que ce qu'elle doit, puisqu'il ne s'appuie pas sur la généralité sociale. Le tragique de Julien est inhérent au scandale de l'esprit s'évertuant au monnayage. Notant que la France « était le pays où les hommes étaient devenus le plus semblables entre eux », Tocqueville ajoutait cependant qu'« il n'y a rien qui s'égalise plus lentement que cette superficie de mœurs qu'on nomme les manières » (« l'Ancien Régime et la Révolution », chap. VIII).

111

Avec « Leuwen », la valeur a cessé d'être ce qui légitime ; elle a commencé d'être ce qui généralise.

Une politique où tous les partis sont gris

Sous le rapport du triptyque (argent, esprit, vanité), deux personnages subalternes de « Lucien Leuwen » méritent une attention particulière, parce qu'ils expriment la vérité de cette politique grise et plate qui caractérise Juillet : le marquis de Puylaurens et « le Sanréal ». L'un et l'autre étonnent Lucien ; ils tiennent leur relative singularité de vivre le triptyque sur le mode de l'amalgame. Tout se passe comme si Lucien prenait conscience en eux, sous forme d'un spectacle fascinant, des forces qui le déterminent lui-même. Lucien se regarde dans un miroir déformant et seule la fascination témoigne de ce qu'il s'y reconnaît sans se connaître...

A propos du marquis de Puylaurens : « Lucien écoutait ces choses et bien d'autres encore d'un air fort attentif et même respectueux, comme il convient à un jeune homme... » ; or, pareille attention, loin de constituer autrui comme tel dans la distance, ramène immédiatement Lucien à lui-même, et il s'en faut d'une légère flexion des choses dans le miroir qu'il ne parvienne à sa vérité claire ; j'enchaîne : « ... mais il avait grand soin que son air poli n'allât point jusqu'à l'approbation. « Moi, plébéien et libéral, je ne puis être quelque chose, au milieu de toutes ces vanités, que par la résistance. » (chap. 11). Symétriquement : « Lucien n'avait d'autre consolation que d'examiner de près le Sanréal etc... »

Ces deux hommes fonctionnent comme des déclencheurs de vérité ; mais ils la révèlent dans le temps qu'ils la cachent. Ravie à Lucien, la vérité s'attarde dans la fascination d'un autre être. La vérité romanesque de Lucien est l'aliénation de sa vérité.

M. le marquis de Puylaurens, d'abord. Ce « martyr des

bons principes» fut, durant l'émigration, le «compagnon fidèle d'un auguste personnage». Devenu roi, Charles X oublia son vieil «ami». Le marquis dut s'abaisser à faire des sollicitations aussi désagréables qu'humiliantes, qui, à la fin, aboutirent − le mot est de Stendhal − à un «emploi de finances». Tout est expressif dans la formule. Aboutir!... Comme on jette les miettes qu'on ne veut pas, sans considérer qui les ramasse. Emploi de finances!... C'est l'argent, mais moins la parfaite aisance qu'il donne quand il est fortune : humiliation de la vanité par l'argent; humiliation qui n'est même pas compensée par l'abondance; argent qu'on gagne difficilement (par un «emploi»), au lieu de l'argent qu'on dépense avec ostentation quand on est né. C'est le piège. Monsieur de Puylaurens est, à la lettre, scandalisé : on lui a joué un mauvais tour. Il se venge en faisant du mauvais esprit contre ceux en qui s'incarnent les principes que, par ailleurs, il chérit. Le texte :

«Depuis l'époque de ces sollicitations désagréables et aboutissant à un emploi de finances, M. de Puylaurens, outré contre la famille à laquelle il avait consacré sa vie, voyait tout en noir. Mais ses principes étaient restés purs et il eût, comme devant, sacrifié sa vie pour eux. «Ce n'est pas parce qu'il est homme aimable, répétait-il souvent, que Charles X est notre roi. Aimable ou non, il est fils du Dauphin, qui était le fils de Louis XV : il suffit.» Il ajoutait, en petit comité : «Est-ce la faute de la légitimité si le légitime est un imbécile? Est-ce que mon fermier sera dégagé du devoir de me payer le prix de sa ferme par la raison que je suis un sot ou un ingrat?» M. de Puylaurens abhorrait Louis XVIII. «Cet égoïste énorme, répétait-il souvent, a donné une sorte de légitimité à la Révolution. Par lui, la révolte a un argument plausible, ridicule pour nous, ajoutait-il, mais qui peut entraîner les faibles. Oui, monsieur, disait-il à Lucien le lendemain du jour où celui-ci avait été présenté, la couronne étant un bien et une jouissance viagère, rien de ce que fait le détenteur actuel ne peut obliger le successeur, pas même le serment; car ce serment, quand il le prêta, il était sujet et ne pouvait rien refuser à son roi.»

Ainsi, en dépit de la restriction apportée par la fin de la phrase («ridicule pour nous, ajoutait-il, mais qui peut entraîner les faibles»), la légitimité est, dans le cœur et l'esprit de M. de Puylaurens, entamée. L'«argument plausible», en quoi on peut reconnaître le juste-milieu comme tel et son sens du compromis, l'emporte : la légitimité légitime la Révolution! Et c'est Juillet. Le roi légitime est devenu un argument pour ceux qui ne veulent plus de la légitimité. Celle-ci a perdu sa pureté et son intégrité. M. de Puylaurens s'efforce à la maintenir sur le principe, pour se garder de céder à un réel qui, désormais, obéit à la logique de l'«argument plausible». Il est le roi, il suffit, dit-il — mais ce «il suffit» est une défense à l'esprit de voir plus loin, une censure brutale pour prévenir le vertige qui ferait basculer le marquis à l'opposé de son champ politique. Cet homme entier vit dans le mélange; il incarne l'homme non-politique, celui qui a perdu à tous les régimes, bref : le «martyr». L'argent comme la vanité représentent pour lui deux voies avortées, deux expériences amères. Bien plus : la légitimité qui lui interdit, dans le principe, l'argent issu du négoce (ne pas déroger), le lui fait accepter de facto, parce que, dans la réalité, la légitimité est «énorme», «imbécile»... L'univers du marquis est constitué de demi-mesures et de cercles vicieux.

Pris ainsi au piège de la vanité et de l'argent, trahi par leurs incompréhensibles volte-face, égaré par leur chassé-croisé, M. de Puylaurens se sauvera-t-il par l'esprit? Non, car celui-ci est contaminé par le ressentiment. L'esprit tombe à sa caricature : il ne se définit plus par la puissance de dépasser chaque situation, il se caractérise au contraire par l'impuissance à concevoir le changement, par la répétition d'une situation unique et obsédante. En M. de Puylaurens, l'esprit n'«échappe» pas parce qu'il est traumatisé. Il ressasse, ajoute, répète. Attaché à son idée fixe, ce «martyr des bons principes» n'est pas dangereux; simplement ridicule. Le venin est trop dilué. Cet homme qui n'a su dominer l'histoire ni la dépasser, qui l'a subie dans l'étroitesse de présents successifs et contraires (l'«auguste personnage» de l'émigration n'est plus l'«ami de trente ans» lorsqu'il est le roi etc...), n'est redoutable à aucun régime. L'histoire est son mal, la politique son babil. Voilà un être qui parle pour imposer silence à sa douleur; il est déjà impossible, anachronique, trompé, presque gâteux; il n'a qu'une issue, la nature fait bien sa tâche : il est vieux. Au moins une chose qui ne trompe pas.

M. de Sanréal ensuite.

«Lucien n'avait d'autre consolation que d'examiner de près le Sanréal; c'était à ses yeux le vrai type du grand propriétaire de province. Sanréal était un petit homme de trente-trois ans, avec des cheveux d'un noir sale, et d'une taille épaisse. Il affectait toutes sortes de choses et, pardessus tout, la bonhomie et le sans-façon; mais sans renoncer pour cela, tant s'en faut, à la finesse et à l'esprit. Ce mélange de prétentions opposées, mis en lumière par une fortune énorme pour la province et une assurance correspondante, en faisait un sot singulier. Il n'était pas précisément sans idées, mais vain et prétentieux au possible, à se faire jeter par la fenêtre, surtout lorsqu'il visait particulièrement à l'esprit.»

Sanréal a l'argent et la vanité; il affecte l'esprit. Il cherche à se dégager du général («je suis le plus grand propriétaire de la province, et, partant, je dois être autrement qu'un autre»), à conquérir son originalité; il n'y parvient que dans l'outrance, la manie, la brutalité, l'affectation d'un ton qui contredit à sa classe, l'emphase et l'éloquence coupée de cris. La vanité riche qui singe l'esprit: voilà l'outrance, caricature de la transcendance. Au demeurant, l'argent intervient au principe du jugement implicite que ce légitimiste forcené porte sur la légitimité même, puisque, pour traiter Louis-Philippe de «voleur», il faut bien tenir la branche aînée pour «propriétaire», etc... Là encore : échange des valeurs et des ordres, amalgame, chassé-croisé...

Si l'on retire l'esprit, qui brouille toujours les choses (qu'il soit lui-même ou son semblant), alors l'argent et la vanité, ainsi simplifiés, peuvent s'exprimer exactement l'un dans l'autre, l'un par l'autre. Chacun des termes finit par n'être plus qu'une certaine fonction de l'autre. L'argent sauve la légitimité; la légitimité vaut de l'argent. Bonard, le logeur de Lucien, lui dit : «Les nobles de ce pays-ci... crèvent de peur quand le courrier de Paris retarde de quatre heures ; alors ils viennent me vendre d'avance leur récolte de blé ; ils sont à mes genoux pour avoir de l'or, et, le lendemain, rassurés par le courrier qui, enfin, est arrivé, ils ne me rendent qu'à peine mon salut dans la rue. Moi, je ne crois pas manquer à la probité en tenant note de chaque impolitesse et la leur faisant payer un louis» (chap. 12). La peur fonctionne ici comme échangeur entre la morgue et les bassesses, entre la vanité et l'argent. Bonard se paie en argent d'un manque dans la vanité : il compense.

L'histoire

Telle est bien la politique dans «Lucien Leuwen», quand on la ramène à sa plus simple expression : une compensation généralisée. L'esprit déroute : il introduit l'histoire dans le plat du politique. Outrance ou manie (Sanréal ou Puylaurens), le semblant d'esprit, lui, rend la politique grotesque en la chargeant d'une redondance anhistorique. La bande des ultras n'est pas dangereuse : leur politique sombre dans les enfantillages d'une histoire répétitive. Tout est geste, rien n'est réel. Au fond, et paradoxalement, il ne leur manque presque rien pour être accordés à Juillet : simplement un peu d'oubli. D'où vient donc leur acharnement à être «ultra»? — De la seule contingence de leur naissance. S'ils vivent l'ultracisme à la mode juste-milieu, c'est en vérité parce qu'une histoire qui se remâche sans cesse est identique, à la limite, à la politique. La politique parfaite serait un aveuglement à l'histoire. Les ultras confondent l'une et l'autre, rabattent l'histoire sur la politique; ils mettent le destin dans la politique et la platitude dans l'histoire; ils sont historiquement nuls et politiquement apraxiques. Ultras, oui! On ne saurait si bien dire : leur histoire est une ultra-politique. Comme telle, elle se détruit elle-même en s'abîmant dans une sorte d'agitation immobile. L'esprit se venge de son semblant en ramenant l'histoire à la prolifération du politique.

Le véritable esprit est transhistorique.

L'histoire se constitue de l'insuffisance du politique; et sitôt qu'elle se dessine, elle se passe elle-même dans l'éternité d'une exigence. Il faut d'abord constituer la Figure de l'histoire, avant d'en faire le chemin de traverse d'une Idée qui vise au-delà. Lucien la constitue avec d'autant plus de hâte qu'il se débat dans une politique introuvable. Mais chez lui, l'imaginaire historique grippe bien vite, l'action ne le pouvant jamais soutenir si peu que ce soit. Que peut-il espérer? Dans le monde piégé de Juillet, où l'argent neutralise les désirs et égalise les tons, encanaille le pouvoir et ridiculise l'opposition, l'histoire orageuse et désirée se noie dans la bonace. Alors le bonheur est ce qui reste de la passion lorsqu'elle se fait patience.

III / L'UNIVERS DE L'ECRITURE COMME NON-LIEU DU MONDE

La structure même du roman correspond à la désertion d'une pratique politique, qui unifierait le monde depuis le désir d'histoire. En témoigne une répartition disjonctive des « places » ou « sites », chaque topos induisant sa limite et son aveuglement. Le sage a vocation à s'éloigner toujours plus de l'action ; l'homme d'action est destiné à perdre tout jugement, pour ne rien dire de son âme. Le mouvement du roman s'instaure depuis cette disjonction ; mais au lieu de la tenir pour une donnée immédiate et primitive, Stendhal la produit. C'est même cette généalogie disjonctive qui fait l'étoffe du roman : « Lucien Leuwen » est la bizarre production d'un réel déchiré. Le point de départ, le lieu préromanesque, c'est l'illusion de l'unité : entière disponibilité des hommes à faire ou à sentir, réversibilité ludique des positions etc... Le roman engendre l'irréversible ; il tranche, exclut, sépare. Le réel se montre ipso facto comme critique du réel. Et si Lucien est un « homme sans qualités », c'est qu'il ne peut exprimer lui-même la vérité du monde dont il est le centre paradoxal, qu'en y tenant la position de l'expulsé.

L. L.

Lucien Leuwen, a-t-on dit, n'est pas un héros. Si ! Mais un héros à la puissance, un méta-héros, un héros émissaire. Il révèle le réel comme ensemble de limites (conflits, positions sociales, places, caractères, dons, fortune ou misère, rôle du hasard ou des rencontres, etc...), pour autant qu'il s'affecte lui-même d'illimitation. On dirait qu'il n'a pas sa place. Quoiqu'il fasse, il le fait en passant, pour essayer. Pour voir. Lui-même est lisse, mat, indéterminé : sans qualités. Sphériquement parmédien. Rond : comme une ouverture, non comme un cercle clos.

Littérairement parlant, il se pourrait bien que « Lucien Leuwen » fût le premier roman en crise. Il échappe aux évidences romanesques du siècle du roman. La situation littéraire de cette œuvre unique dans son temps (comme à l'intérieur de l'œuvre de Stendhal) reproduit homologiquement la crise du réel qu'il montre : réalisme intelligent qui, à l'opposé des naïfs du « tout-dire », fait vœu de pauvreté, de partialité, d'inachèvement. Voilà bien ce qui est montré, en effet : l'absence de fin. On ne l'a pas assez médité. Or, c'est depuis des œuvres de ce type, hautement prémonitoires, que l'art contemporain, dans le domaine de la fiction, a su trouver son inspiration authentique à ne pas finir.

Je ne veux pas dire pour autant que l'œuvre, parce qu'elle demeure non-finie, a le statut, parfaitement déterminé comme tel, d'une esquisse. L'esquisse est une œuvre qui a su faire une fin; elle a beau se donner comme inachevée depuis un projet supposé dans le monde, elle est quand même finie depuis une fin imaginable dans l'art. La forme, à elle seule, dialectise ses métamorphoses sans l'étai du signifié. On pourrait même réputer l'esquisse plus parfaite, paradoxalement, puisqu'elle se tient dans la forme pure, affranchie de tout ce qui l'alourdit en la terminant. «Lucien Leuwen» ne relève pas de l'esquisse. Tout y demeure, c'est le cas de le dire, en plans : forme et matière. Et même titres! A choisir entre une bonne douzaine de titres possibles laissés par Stendhal, on ne peut se convaincre que de l'arbitraire de titrer l'intitrable. Il faut considérer «Lucien Leuwen» comme un roman sans titre. L.L. est un repère, un dossier ouvert et oublié, une façon d'identifier le changement. Le titre est ici décisoire, arbitraire, axiomatique. Appelons cela L.L. Et de cela, il est question; sans fin...

Roman, donc, qui fait sécession par rapport aux Balzac, Dickens, Thackeray (encore que «Barry Lindon»?)..., Zola, et même Dostoïevski. Le signifiant commence à se nourrir de sa propre substance, à faire indéfiniment boule de neige, à rouler sur lui-même comme la mer; ça va, ça vient, flux et reflux, marées, et ça ne finit pas. Premier roman nominaliste. Première œuvre où le nom est tout, c'est-à-dire rien : la chiquenaude à écrire, la mer à boire aussi (métaphore qui, autrement écrite, donne à penser sur la névrose écrivante). Dans ces symphonies inachevées et discordantes, la première note est propre-

119

ment capitale. On ne fait après que répéter : boule de neige et mer à boire. C'est enfin l'arbitraire du signe. Mais quel engrenage ! Quelle glu ! La répétition elle-même. L'écrivain travaille à la chaîne. Le temps est passé, des fiches et du tableau social, de la tranche de vie. On ne voit rien devant soi, et elle est là qui tire, la chaîne.

Je suppose que Stendhal a dû écrire « Lucien Leuwen » dans des dispositions analogues. Et ainsi forer tout au long pour planter ses fameux pilotis, cette substructure mouvante, ce réseau chthonien dans lequel l'écrivain est seul à pouvoir se retrouver. Ces pilotis, notules, mots jetés à la hâte, composent le labyrinthe où va se perdre la chaîne signifiante. Le sens repose à l'ancre. L'écriture vient qui répète ; navigue, erre en ses propres contrées L.L. est, si l'on veut, le fil d'Ariane. L'histoire ne peut pas se fixer toute seule. Allez donc colporter l'histoire de Lucien Leuwen ! Il n'en va pas de même avec Balzac...

Le roman de tradition et
le roman de répétition

Au fond, je ne vois que deux sortes de roman : les romans de tradition (où je placerais, si étrange que cela paraisse, Balzac avec Dostoïevski) et les romans de répétition (où L.L. jouxterait le Gœthe des « Affinités électives » et de « Wilhelm Meister », et naturellement Proust et Musil). Il y a un monde de Balzac et de Dostoïevski ; tandis qu'il n'y a du Stendhal de L.L., de Proust ou de Musil, qu'une dramaturgie intérieure, alchimique, secrète, animée de son mouvement indéfiniment réitéré.

Je vais au devant de quelques objections.

Dostoïevski ne crée-t-il pas un monde complexe et ambigu, lui qui, comme dit Malraux, « pose l'homme en tant qu'énigme » ? Oui, mais c'est un monde. Sans doute le naturel et le spirituel s'y fondent-ils ; sans doute Dostoïevski ne « gouverne » plus son personnage, comme dit encore Malraux, mais le perd ; sans doute la métaphysique et la religion soutiennent-elles de leurs symboles les Mychkine et les Aliocha. Reste que s'affirme, aussi inquiétante et énigmatique qu'elle soit, une évidence — une suffisance — de ce monde. On sent, comment dire, qu'il n'est pas tissé dans l'écriture, mais qu'au contraire, il la fait éclater, qu'il en utilise la navette pour tisser la toile de l'autre monde ; il faut reconnaître à la mystique une sorte d'objectivité supérieure (Maître Eckardt ne nommait-il pas Dieu une Grande Chose ?), parallèle à l'objectivité balzacienne du social ; et, de surcroît, Dostoïevski n'a pas, dans le pullulement affairé de ses petites créatures, oublié la leçon de Balzac. Simplement, le ténor est mystique ; c'est une voix, ce n'est plus un ambitieux. Le monde, au fond, est ce qui reste quand on a ôté les signes ; et Dostoïevski établit la transcendance (et la subsistance) et l'Evangile par rapport à toutes les langues, y compris celle, par définition figurée, du romancier. Chez Balzac, la démiurgie elle-même, la puissance du créateur de « La Comédie humaine », fait effet de transcendance. L'au-delà de Dostoïevski ? Evidemment Jésus. L'au-delà de Balzac : le créateur lui-même, qui trouve dans Vautrin son formidable et unique équivalent fictif. Dans ces deux catégories d'œuvres, l'acte créateur (l'amour de Jésus, l'énergie inspirée de Balzac) donne l'assurance d'un monde, le pose : la donnée immédiate est la démiurgie comme telle. La métaphysique de Balzac, comme celle de Dostoïevski, malgré les énormes différences que je ne songe pas à nier, mais que je néglige sous le rapport qui m'intéresse ici, est créationniste. Ce qui n'est vrai ni de Gœthe, ni de Proust, ni de Musil.

J'enchaîne avec une seconde objection. Proust ne peint-il pas des mondains, des « côtés » et des coteries, des milieux en un mot ? Je réponds : non. Il ne les peint pas, il en récolte la quintessence signifiante ; il décrypte les signes qu'ils émettent et les incorpore à une vaste sémiologie de la Recherche. Pas une once de Zola dans Proust. Il n'y a pas un monde de Proust, il y a une manie

121

de Proust. La recherche fait bloc avec l'écriture, rien ne la transcende : la recherche du vrai, c'est la vérité de la recherche.

J'appelle roman de tradition une narration dans laquelle la création transcende l'écriture pour faire monde : tradition, parce qu'on en peut parler comme d'un objet contournable, éventuellement traductible à l'aide d'autres images ou d'autres signes. Au contraire, dans le roman de répétition, l'univers ne peut se détacher du procès, essentiellement itératif, dans lequel il s'implique et s'enveloppe sans parvenir à gagner une suffisance objectale. L'univers, ici, est toujours en souffrance de monde. Il est tout, et pourtant sa manifestation autonome est escamotée. L'univers demeure alors immanent à l'écriture, pris dedans. L'univers de Proust, c'est la langue de Proust, ou mieux : le phrasé proustien, comme élément, rythmique et mélodique à la fois, de l'itération ou de la répétition.

Or, ce sur quoi achoppe l'univers en mal de monde, c'est sur la tautologie même, c'est-à-dire sur le procès d'une démonstration continuée sans objet : il y a écriture quand ce qui est dit, c'est toujours la même chose. Le non-dit promeut le dire, le mène à se répéter dans le geste de saisir un référent qui s'expulse toujours au loin, hors de la prise. Ainsi amorce-t-on un univers, à quêter l'introuvable Chose du monde qui mettrait fin aux travaux du Signe : «Ulysse» ou «La Recherche»... Le modèle du roman de tradition, qui est aussi le roman traditionnel : le tableau et ses scènes. Le modèle du roman de répétition? — La logique. Aussi bien l'écriture, ainsi entendue, ne peut-elle s'éprouver que comme manie. Entre Zola et Proust — l'abîme : là les fortes métonymies du monde; ici la subtile analogie d'univers émetteurs, le réseau arachnéen des signes. Manie : on a toujours oublié de fermer le gaz ou le robinet d'eau, on a toujours quelque part de l'oubli à se reprocher. Rien n'est jamais fermé, fixé, assis. Il faut incessamment retourner à l'acte : écrire console alors d'avoir écrit.

Je sais bien — et c'est une autre objection qu'on me pourrait faire — que l'œuvre de Stendhal, pour une bonne part, appartient à la tradition. On y trouve le personnage stable, avec sa naissance, sa ville et ses entours, ses aventures et ses salons. Mais dans L.L. justement, le personnage commence à flancher et Nancy ressemble à toutes les villes. Stendhal connaissait-il même la ville ? L.L. s'oriente nettement vers le roman de répétition ; son inachèvement et ses strates en témoignent. C'est un roman-gigogne, à mi-chemin de la tradition et de la répétition. On n'a pas eu l'épisode romain, qui devait montrer Lucien secrétaire d'ambassade ; on voit bien que l'écrivain n'a pas su trancher, ou n'a pu. Il a voulu faire une fin comme dans la tradition, mais il s'est installé dans la répétition. Résultat : une œuvre posthume, abandonnée pratiquement dès 1836. Ce n'est pas la mort qui a saisi, vif, le romancier ; c'est l'écriture des modernes qui a étonné l'écrivain. Le chef-d'œuvre qui viendra sera dicté. Tout autre chose en somme. Je mets donc L.L. à part dans la création stendhalienne. On dirait que le tâtonnement littéraire reproduit à sa façon la perplexité politique...

Un héros émissaire dans un monde éclaté

Encore s'autoriserait-on légitimement à douter que les autres romans, publiés, eux, du vivant de Stendhal, fussent tout à fait traditionnels. Ils fleurent un peu l'hétérodoxie : des exégètes avisés comme Gilbert Durand ou Georges Blin ont marqué les entorses que le romancier fait subir au cadre accoutumé. Durand, qui étudie « La Chartreuse de Parme », est sensible à la théâtralité du décor stendhalien, laquelle tient à un « portant » épique et à un « portant » mythique. C'est bien le signe d'un univers, d'un décor si l'on veut, et qui ne va pas au monde, que cette matrice de thèmes et de situations, répétée d'œuvre en œuvre, indéfiniment variée. On a vite fait le tour des structures-types : situationnelles ou passionnelles. Stendhal en somme subvertit la tradition par la répétition.

L.L. va plus loin dans cette voie que les autres textes et il faut sans doute tenir pour indice de la déstabilisation du personnage l'impossibilité où on est de distinguer entre Lucien et Henri Beyle. Quand il s'agit de Julien Sorel ou de Fabrice del Dongo, le cordon ombilical est presque tranché. Lucien vit de la substance de son créateur, qui s'interroge à travers lui. Or Balzac n'a jamais été Rubempré.

Si, donc, Lucien est un héros émissaire, propre à se faire chasser de toutes les «places» littéraires, c'est qu'il ne se sépare pas vraiment de Beyle écrivain. «Pharmakos» littéraire, il réfléchit l'écriture de Stendhal en son inachèvement et en sa répétition ; on pourrait dire : en son raté. Lucien est le lapsus qui fait échouer la bonne harmonie d'un monde, fût-il cruel ou violent ; ou encore : le mauvais œil parmi les personnages, celui qui, en allant son errance dubitative, fixe chacun dans l'absurde particularité de son site (social, psychologique, et même métaphysique), tandis qu'il décourage, lui, toute détermination, toute «qualité». Si, comme dit Nietzsche, autour du dieu tout devient monde, autour du héros empêché de l'être, exclu, tout se brise en contrariétés. Chaque site, s'opposant à l'autre, le dévalorise comme partiel et tronqué, le réduit à son simulacre. L'action contrariée tombe à l'activisme ; la contemplation tourne au scepticisme. D'un côté Du Poirier, de l'autre Leuwen père. Le banquier représente la contemplation en tant qu'elle se perd dans un scepticisme que seuls tempèrent des diktats sensitifs (il ne redoute «au monde que deux choses : les ennuyeux et l'air humide») ; Du Poirier, lui, infatigable et grossier, vil et efficace, ne se plaît que dans la machination. Fausse pensée ; fausse action. Tout se passe comme si la forme littéraire, en définitive, dénotait les «absences» du politique — ses intermittences.

L'univers de L.L., c'est ce monde tronqué et ce réel décevant. Il faut conclure de là que la « politique introuvable » de L.L. fait basculer le roman traditionnel dans la répétition et la fascination des images équivoques : le réel consiste dans un labyrinthe. En particulier, les « images » politiques du roman, si elles valent à subvertir les théories politiques du passé, s'avèrent incapables, par elles-mêmes, de s'unifier dans une « vision » cohérente qui nous serait livrée par le roman. Malgré leur insistance, elles demeurent aporétiques. La forme même du livre figure l'effacement du « savoir » (savoir égale espoir) politique après 1830 : la « cuisine » fastidieuse de Juillet abrutit les ultras et jette les républicains dans la psychose sectaire. Les signes sont brouillés; à la fois les images qu'évoque Stendhal balisent le chemin de la question politique et déçoivent toute réponse.

Aussi bien appartient-il à la nature du politique chez Stendhal, d'être essentiellement différée et déplacée. Nul « lieu » romanesque ne saurait donc prétendre enfermer l'énigme du bon gouvernement. Au contraire, l'imagerie dans laquelle l'auteur déambule, en suivant à la trace son personnage, manifeste son défaut d'autonomie.

Saint-Just disait que le bonheur était « une idée neuve en Europe » : il partait d'une politique pour induire le bonheur. Stendhal emprunte la voie inverse; pour lui le bonheur est axiome. La manière dont il se « chasse » révélerait-elle le politique? Au moment où celui-ci, décidément insaisissable, objet incontournable, encore une fois s'esquive — présent/absent dans la forme du roman —, une dernière clef peut-être : la qualité toute spéciale de l'amour.

IV / L'AMOUR COURTOIS

Le dilemme amoureux

A-t-on remarqué comme l'univers de L.L. est manichéen? Ce n'est pas tout à fait le Bien et le Mal, mais plutôt — moins moral et plus métaphysique : l'Impossible et la Trahison. En la dame, Bathilde de Chasteller, peuvent à tout instant s'inverser les valeurs : si elle cesse de passer pour «impossible», elle trahit (censément). Lucien la répute-t-il sournoise, elle n'est plus alors qu'une petite ultra de province : presque commune. Il ne l'aime qu'impossible; mais pour qu'il sente (souffre) la réalité de son amour, il faut qu'elle trahisse. L'amour s'enferme dans cette circularité, cette oscillation de la vision et de la réputation, de l'Idée (vraie) sans réel et d'un réel (faux) tuant l'Idée. La contradiction éprouvée par Lucien entre le destin public et l'amour privé s'exprime ici, légèrement déplacée, comme insuppressible dilemme amoureux.

De loin («à sa fenêtre»), Mme de Chasteller est pure — et donc inaccessible. Lucien lui suppose de l'ironie ou du mépris, c'est-à-dire encore de la distance. Si elle sourit, c'est de se sentir hors d'atteinte de l'ici-bas. Elle est à sa fenêtre, en haut, elle laisse tomber un regard, amusée par le petit monde de la rue. Elle comprend sans se commettre. Intelligente miséricordieuse : le juge n'a pas part au monde jugé.

Tout cela, Lucien ne le sait pas d'abord. Au contraire, il maquille la révélation. A ce moment, il est soudain ravalé à hauteur de monde : il tombe de cheval. Or le cheval est, chez Stendhal, le blason de la (mauvaise) vanité. Lucien faisait un peu le fat. Chute. Vanité des vanités. Il est par terre. Colère. Il est sombre. Terrestre — on peut le dire. Mortel et vain. Mondain. De ce monde. Il est plus bête que son cheval, elle est fine. Elle sourit. Terre et feu : coup de foudre. Chacun est étonné d'une vision, d'un trauma de l'autre qui laissera traces. Il l'a bien vue sourire, lui à terre. Elle a vu choir ce joli cavalier-là. Un joli cavalier de série ne tombe pas. Elle est attendrie : «il a quelque chose». La chute l'a distingué. C'est l'élu. Le texte :

« La jeune femme ferma sa croisée et regarda, à demi cachée par le rideau de mousseline brodée de sa fenêtre. Elle pouvait avoir vingt-quatre ou vingt-cinq ans. Lucien trouva dans ses yeux une expression singulière ; était-ce de l'ironie, de la haine, ou tout simplement de la jeunesse et une certaine disposition à s'amuser de tout ?

Se relever, appliquer un grand coup de fourreau de son sabre à la rosse, sauter en selle fut, à la vérité, l'affaire d'un instant ; mais l'éclat de rire fut général et bruyant. Lucien remarqua que la dame aux cheveux d'un blond cendré souriait encore, que déjà il était remonté. Les officiers du régiment riaient, mais exprès, comme un membre du centre, à la Chambre des députés, quand on fait aux ministres quelque reproche fondé» (chap. 4).

Vision

La dame n'est donc d'abord qu'une apparition à la fenêtre. Dans cette «jolie figure», le regard, la physionomie, l'expression demeurent indécis. Elle a des «cheveux magnifiques» et l'«air dédaigneux». Persiste un sourire, dont Lucien ne sait pas le sens — et qui se confond dans son âme, bouleversée par le contraste du visage aérien et des «tristes bâtiments», avec la jeune lumière des cheveux et des yeux. Il y a là comme une blondeur sans angles, sans arêtes, sans traits. D'où peut-être l'hypothèse (déjà amoureuse) de la haine, dont la nette cruauté et la lucidité dévastatrice savent briller, il est vrai, comme un soleil vide. Car la haine, pure, libère ; elle vous dégage d'un coup une face de la matière, l'affranchit des ultimes lourdeurs où pourraient s'attarder l'hésitation, le regret, le pardon, l'armertume — que sais-je ? Il n'est pas de sentiment qui ne garde ses recoins de torpeur, qui ne compte sa seconde d'étonnement ; bref, qui ne retarde un peu sur le désir. Il faut le temps au monologue intérieur de se raconter son histoire ; un délai au visage pour accomoder. La haine, elle, est là d'un coup. Régnante. Fiévreuse. Elle subvertit les arrangements du visage car, dans son ravage, elle commence par démolir le « je ». La haine n'exprime plus : c'est un certain air de beauté apaisée au paroxysme de sa convulsion. Sérénité du crime parfait : celui qu'on commet de toute intention, crime mental. Notamment meurtre du père. Par ce dernier biais, Stendhal a de la haine une science infuse...

Hypothèse amoureuse que cette pseudo-haine ! Elle est modèle, prête-sens, non, mot, recours pour désigner d'en-bas la vision.

Mettons-nous à la place de Lucien ! Il est tombé, il interprète la lumière depuis la chute. L'immatérialité du sourire le frappe dès l'abord de sa possible ambiguïté : des yeux qui sourient ainsi, hors visage, presque sans regard, ne peuvent vouloir que deux choses : tuer l'autre ou l'aimer pour toujours.

Cette scène hors de l'ordinaire nous enseigne un traumatisme de la transparence. Le coup de foudre n'est pas un embrasement bruyant, mais une illustration mate et sans faille. L'amour n'est autre chose que la Mémoire cachée dans la surface ; la haine fictive déclare l'amour caché.

(Telle est bien, au demeurant, l'essence de la cristallisation : non une accumulation de qualités dans la durée, et qu'on suppose appartenir à l'être aimé ; non la simple illusion de plaisirs sublimés, mais le surgissement de la Mémoire dans l'instant intense. La cristallisation est en réalité réminiscence. Elle représente comme alchimie de l'imagination la joyeuse irruption de la Mémoire et le règne de l'origine. Les amants se parlent toujours de la première fois, vous savez : « in illo tempore ». La cristallisation nomme le roman de la première fois, accompagné de ses répétitions. Il y a deux scènes de chute dans L.L. : Lucien saura qu'il aime en tombant pour la seconde fois. La première chute ne prend valeur de signe qu'à être répétée).

Haine... croit-il, suppose-t-il. Haine : mot d'une langue approchée qui n'ose encore se souvenir de la sagesse d'amour, telle qu'elle dévaste déjà, depuis l'immémoriale jeunesse d'une femme, cet air d'en savoir trop caché dans la lumière, et que lui, le long cavalier chu, damoiseau exilé dans l'« abominable » Nancy, répute, à ne pas savoir les mots d'En-haut – qu'il répute dédain... Mots d'En-bas, bafouillis de la chute, pour ne pas voir encore la sagesse royale qu'elle lui tend à contempler jusqu'à en perdre le visage. Il n'a pas commencé à se souvenir, à oublier les mots d'En-bas. Le chevalier courtois va tout à l'heure dépouiller le cavalier tombé...

Admirable vision ! Quel écrivain de ce temps sut jamais mieux dire la transparence, la pureté, le cristal, et comment de la netteté d'un trait l'âme se fait musique ? L'axiome du bonheur, c'est la justesse, celle de Mozart et de Cimarosa ; l'amour est juste, touche juste, voit juste... Les éthérées romantiques, celles de Balzac ou de Hugo, sont plus ou moins poseuses : mise en scène du nuage, de la vapeur, du soupir. La mort rode, grande cérémonieuse, dame de compagnie et entremetteuse de vers ou de langueurs tourangelles. La vesprée est bavarde : doigts, exhalaison, pâmoison. Ils ont peint des femmes, féminisé la nostalgie, materné la muse. On est dans l'élégie. Or Stendhal évoque la dame. Qui n'est pas ce corps défaillant et vague par quoi les poètes retournent à la mère ; qui est cette sœur, dont l'âme virile s'adouble elle-même pour grandir. Mmes Grandet et d'Hocquincourt ont les charmes d'Eros, alors que Mme de Chasteller est conductrice d'âme.

La dame de Stendhal participe à la fois de Guenièvre et de Pallas-Athena : Guenièvre, la reine déjà mariée ; Pallas-Athena, la fille royale, l'inengendrée, la non-utérine, la venue-par-la-tête. Il y a un type social/sexuel que Stendhal ignore superbement : la fiancée. Or, c'est toujours la mère qui transforme la fiancée en mariée, qui livre sa fille à l'homme. Chez Stendhal, les mères d'aimées brillent par leur absence ou leur inexistence : filles de leurs pères, Mathilde et Bathilde représentent les deux Figures possibles, feintes depuis l'imago de « Métilde » ; l'une qui obsède, l'autre qui se dérobe ; la première qui s'impose, s'affiche, se compromet ; la seconde qui interdit sa porte et redoute de se trahir ; l'une qui surdétermine le signe d'amour, l'autre qui s'applique à le dissimuler. L'amant de Mathilde est un prisonnier, celui de Bathilde un fuyard. Mathilde est toujours sous les armes comme Pallas. Bathilde paraît à sa fenêtre comme Guenièvre à sa tour. « A sa haute fenêtre... », tant s'apparente cette Bathilde de Chasteller à la nervalienne Antérieure de « Fantaisie », dans le va-et-vient naissant d'une musique. « Le fait est qu'elle est haute comme les nues », dit la « bonne Théodelinde » à Lucien, qui la fait parler de sa dame (chap. 13).

De la courtoisie

Etrange retour à la mystique courtoisie, d'un roman qui s'évade du romantisme ! Si le bonheur existe, il naît de la contemplation et non pas de la possession. A peine Lucien aperçoit Mme de Chasteller, son âme en est « ranimée ». Dès lors, l'aventure amoureuse s'intériorise : il y a des visions qui sauvent et qui élèvent. L'âme se met en rupture de monde. Qu'est-ce que le monde ? Essentiellement, l'érotisme et le pouvoir : intelligibilité politique. Mme Grandet et M. de Vaize sont de même étoffe. En eux prévaut l'habileté tacticienne : savoir-faire dans le relatif, virtuosité du corps sexué. Vanité du monde ! Le charme de Mme de Chasteller vient de ce qu'elle ne le connaît pas. L'absolu est innocence.

Quand s'ouvre la fenêtre, l'âme de Lucien s'empenne et

se renfloue. Vision, annonciation, rédemption : désormais, l'errance est balisée. Le jeune homme sensible, et qui ne savait que faire de sa trop libre émotion, a maintenant l'Idée d'un bonheur promis. A cette neuve Idée comparés, le succès politique et le beau bras de Mme d'Hocquincourt pâlissent comme d'anciens reflets. Cette fenêtre courtoise, ce n'est pas celle du conquérant Sorel, celle qu'on escalade, qu'on vainc, qu'on investit, qu'on gravit comme la montagne ; ce n'est pas fenêtre qui appelle l'échelle : c'est le truchement du ciel, le cadre d'un bonheur vu. Celui-ci, ascendant certes, ne vient pas de conquête. Quand Julien Sorel gravit les degrés de l'échelle qui conduit à Mathilde, il se méfie et s'arme de pistolets : l'amour qui excite peut être le même qui tue. La chute de Lucien, au contraire, symbolise le déni des voies mondaines ; Lucien n'a plus, comme disent les protecteurs et les tuteurs, « le pied à l'étrier » : son humble position signifie que l'amour va juger. D'une certaine façon, Mathilde reste l'adversaire ; Mme de Chasteller est un juge — qui ne condamne pas, qui élit.

Mais, si Mme de Chasteller se donne en tant que vision, elle se refuse en tant que possession. Tel est le dilemme courtois : conflit entre les valeurs de la prise et celles du don. A la générosité de l'image idéale, s'oppose la frustration de la femme réelle. La fenêtre s'ouvre, le salon se ferme.

La dame est un peu moins la dame, en effet, toutes les fois que la femme va céder. « A peine madame de Chasteller fut-elle rendue à la solitude et au raisonnement qu'elle eut des remords effroyables de la visite qu'elle venait de permettre à Leuwen » (chap. 23). Elle a honte : il lui paraît qu'elle a manqué de pudeur et de retenue, qu'elle s'est « jetée dans ses bras ».

La contrariété du bonheur, chez Stendhal, se manifeste comme impossibilité de l'abandon : Julien, dans l'étreinte, n'oublie pas ce qu'il se doit ; Lucien et Bathilde vivent un amour qui leur interdit la tendresse. Chacun tend vers l'autre, mais ils ne peuvent tomber dans les bras l'un de l'autre : la tendresse se voit sacrifiée à l'amour. Car la première est un terme, le second un perpétuel recommencement. L'amour courtois se fonde sur une éthique de la distance. Foin du tactisme des épidermes ! Adage : tu ne m'aimerais, si je te cédais. Et l'amant, pour ne pas désespérer, a besoin d'une véritable éducation spirituelle. Il doit se pénétrer des antinomies courtoises, rendre au monde ce qui est sien et à l'idéal ce qui lui appartient, connaître que la félicité ne va pas sans une quête qui recule sans cesse le moment d'aborder son objet. La science du bonheur tient dans un porte-à-faux de l'âme. Le bonheur, ce n'est pas de combler le désir, mais de vibrer à une disparition toujours recommencée. Va-t-en loin, que je t'aime à revenir !

Mais l'amour, qui n'est pas du monde, vit aussi dans le monde. A tout instant, l'amant est tenté de perdre confiance. Alors, il interprète comme trahison et comme abandon la libéralité même de la dame conductrice qui, pour que vive l'amour, se refuse à l'abandon. Le phantasme de la traîtresse est l'envers mondain d'une passion mystique.

De même que ce qui est cherché dans la politique, c'est l'au-delà du politique, ainsi ce qui attache dans l'amour, et ravit, c'est l'au-delà d'une conjonction. Politique impossible, amour impossible. Bonheur impossible ? Non ! Car le bonheur est justement sa propre recherche, cette patience à supporter l'impossible. Heureux celui qui a le malheur d'aimer, ne cesse de répéter Stendhal.

Du bonheur

Si le bonheur n'a pas de signification à proprement parler mondaine, il n'est pas non plus, dans L.L., la toquade hallucinée d'un arrière-monde. L'étrange et irrépressible credo du bonheur, pour les âmes intègres, suppose le manichéisme autant qu'il le défie. Le bonheur, au jugement de toutes les puissances, s'est fait la réputation, méritée, d'un agent provocateur. Le fou du bonheur ne déserte pas le monde, il le brave. Ce n'est pas un combat sans merci, mais un duel amoureux. Moins contradictoire que paradoxal, le bonheur préfère, en effet, à l'absurdité de la foi, la patience d'une gageure : « credo » qui dit « je veux » et non « je crois », ou plutôt : qui ne croit que ce qu'il veut. Scepticisme actif. Savante naïveté. Ce n'est pas religion ; c'est art. En ce point, il rencontre l'égotisme et lui donne tout son sens.

Etre soi pour aimer le monde, voilà l'unique vérité. Le bonheur n'est pas monumental, il est énergétique ; il n'est pas théologien, mais entremetteur. Peu lui importe que ses dieux existent, pourvu que ses démons fomentent ! Le fou du bonheur se forge un moi démonique, c'est-à-dire décidé à l'amour. L'égocentrisme consiste en une économie de soi, alors que l'égotisme ne bâtit le moi que pour le jouer dans la partie du monde. « J'ai agi par humeur, au hasard », écrit Stendhal. Il est bien encore d'un égotiste, d'un fou du bonheur donc, ce propos initial des « Souvenirs », d'un homme qui avertit qu'il « sautera le bonheur », pour ne pas avoir à l'« anatomiser ». Et « Brulard » a beau sacrer Chateaubriand « roi des égotistes » (chap. 1), on ne voit pas Stendhal écrire des Mémoires « d'outre-tombe », faire longanimement le monument de sa vie pour le dresser en face de la béante éternité. Il n'a que des souvenirs, sa mémoire a des trous. Elle ne retient que ce qu'elle aime. Ses Mémoires à lui sont des Antimémoires, ce sont celles d'un touriste de vocation, d'un passant. Dans l'ordre de la prose inspirée par l'« ego », Stendhal est un fantassin léger. Rien d'aussi éloigné de lui que la somptueuse prose narrative du grand Narcisse breton. Chateaubriand travaille son image et prévoit ses effets. Henri Beyle jouit de la sienne.

Le bonheur suppose une raréfaction du monde en même temps que le développement, à sa place, de l'imaginaire. L'amant, du monde, ne garde qu'une trace de bonne vanité, passée dans le tempérament, pour corser l'amour et le civiliser. C'est cette mince différence, la vanité embellissante, l'enluminure des mots, des histoires et des aventures — bref, la cristallisation, qui fait chavirer la mystique du côté de la courtoisie. Car la mystique est muette, dans sa vocation sinon dans ses chemins ; taciturne, elle qui, attentive à une Réalité parousique, déménage de la temporalité. L'amour courtois, lui, parle ; il se nourrit de son propre cérémonial. Sa fin est sa méthode. Il aime à se raconter, dans le besoin où il est, de son propre écho. L'imagination ne déserte pas le monde, mais s'arc-boute contre.

La vision de Mme de Chasteller à sa fenêtre, quand se sont une fois ouverts les émouvants volets vert perroquet, transforme subitement la flânerie vaguement ennuyée de Lucien en quête amoureuse. Désormais, le monde est nu ; la beauté promise l'a décapé et ses appâts n'agissent plus. Il ne représente plus que l'ombre portée sur la nette image d'un amour. Le voilà simple dans ses complications mêmes. Lucien sait qu'on n'y fait qu'ourdir, machiner...

Certes, rien ne l'attire ni l'intéresse, qui ne lui parle de son amour. Oui, le monde, c'est la caverne. N'empêche ! Il sera lui aussi tenté. Non point de prendre, mais de se déprendre, non point de chercher — mais de partir.

V / DE LA MODERNITE COMME APORIE

« Rares moments »

Lucien Leuwen aime éperdument Mme de Chasteller ; il en est aimé. Au bal donné par la marquise de Marcilly, cet amour se déclare enfin. Regards enflammés, rougeurs, timidités ; tout est dit. Les amants sont seuls au milieu des élégants cotillons. Cet équilibre de distance et de proximité convient à merveille à un tel amour ; il satisfait la pudeur autant que la confiance. Alors le voile des malentendus se dissipe : rumeurs, ragots, soupçons s'évanouissent. Les mots peuvent mentir ; les yeux ne trompent pas. Un regard, une inflexion de voix − et tout est clair. Que ne dure-t-elle, cette heureuse transparence ! «C'est pour ces rares moments qu'il vaut la peine de vivre».

Voici un autre moment parfait : la promenade au «Chasseur vert». «S'ils n'eussent pas été dans une clairière du bois, à cent pas des demoiselles de Serpierre qui pouvaient les voir, Leuwen l'eût embrassée, et en vérité elle l'eût laissé faire. Tel est le danger de la sincérité, de la musique et des grands bois». Justement : la présence de tiers bienveillants, loin d'empêcher la rencontre, la favorise. La réalité et l'imagination, en de tels instants, s'accordent et se tempèrent. Trop de l'une ou de l'autre et l'amour périclite. Le bonheur ne va pas sans cet acte de confiance en ces «rares moments», où s'équilibrent merveilleusement la retenue et le don, la distance et la complicité, l'imagination et les sens, l'Idée et la réalité, la solitude et le social.

Cette délicate balance à vrai dire, dont la coquetterie est un vain simulacre, représente la sauvegarde de l'amour. Mme de Chasteller le sait d'instinct, qui écrit à Lucien une lettre d'amour quand elle lui a, la veille, fermé sa porte et le reçoit avec émotion si elle lui a écrit une lettre un peu froide.

Bal, promenade, lettres : c'est le bon côté du social, la bonne vanité. On l'a déjà dit, l'amour est une émotion civilisée. Mais voilà : un rien fait passer de la bonne à la mauvaise vanité, de l'imagination-cristallisation à l'imagination-trahison, de l'équilibre au dilemme. Du social comme piment au social comme poison.

Le piège

Quel est donc l'agent corrupteur ? Comment la distance courtoise devient-elle la distance tout court, irrémédiable ? De fait, à peine Lucien se sait-il aimé − il se croit trahi. La vérité de l'amour divorce d'avec sa réalité. Emportant dans son cœur la certitude ineffaçable de son amour, Lucien s'enfuit à Paris parce qu'il a vu de ses yeux la « preuve » de la trahison de Mme de Chasteller.

D'évidence, le responsable de cette méprise, c'est le docteur Du Poirier qui, avec l'aide de Mlle Bérard, abuse Lucien par une infâme mise en scène ; lorsque Lucien se présente chez Mme de Chasteller, malade, il entend tout à coup « les vagissements d'un enfant à peine né », voit le docteur portant le nourrisson. Comment récuserait-il si grossière évidence ? Donc elle le trahissait, elle avait un amant, elle en était enceinte... Ne se disait-elle pas malade ? Le piège fonctionne parfaitement, renforçant la preuve oculaire du retour des soupçons.

En vérité, tout se passe comme si le traquenard de Du Poirier ne faisait que donner réalité, en l'objectivant, à une tentation de méfiance inscrite en Lucien lui-même. Le piège ne réussirait pas sans la complicité inconsciente de la victime. Si on peut diviser les êtres, c'est que chacun porte en lui la division. Une chose, cependant, n'est pas cause de l'autre. La relation fonctionne de façon indéfiniment circulaire. Les distorsions du réel (le social et le politique) induisent des contrariétés en chaque homme ; mais inversement, les contrariétés qui déchirent l'individu augmentent celles du social. Du Poirier et Lucien sont donc, en dernière analyse, co-auteurs du piège que l'un machine et qui désespère l'autre.

Il y a plus : dans ce réel éclaté en « sites » contraires, Lucien n'a pas sa place ; il n'a pas de refuge. Totalement vulnérable, il se désigne comme victime, assumant finalement les contradictions de tous. Sa passivité (qui est aussi patience et passion) va de pair avec son indétermination. Figure littéraire de l'écartèlement, chacun le répute plus aisément suppôt qu'agent. C'est bien pourquoi les trois personnages qui gravitent autour de lui sont des Figures de tutelle : la Conductrice (plan de la courtoisie), le Mentor (plan du social), le Père (plan du politique). Du dilemme amoureux de Lucien, on est donc renvoyé à la prolifération des «sites» socio-pratiques.

Les tuteurs

Ce que Lucien éprouve singulièrement comme trahison se donne dans la généralité sociale comme contradictions. Le réel apparaît comme un manège insensé, une danse absurde où on tourne en rond («cet ignoble bal masqué qu'on appelle le monde»). Toutes les qualités qui, réunies, pourraient forger une franche humanité, gisent éparpillées. Chacun n'est et n'a qu'une partie du lot humain : inadéquat à lui-même, chacun est contraire aux autres. La distorsion majeure est celle du savoir et de la «praxis», de la contemplation et de l'action. D'un côté Leuwen père, de l'autre Du Poirier : les deux tuteurs «mondains» de Lucien. Chaque homme est un raté de l'Homme. Leuwen contemple, Du Poirier machine, Lucien spécule.

Il écoute les sirènes qui viennent d'un bord et de l'autre : conseils, monologues, exhortations. Voici une lettre de François Leuwen à son fils, qui le persuade d'être sage et calme, de voir et de voir-venir : «Le cheval fait plus de la moitié de l'homme... Studiate la mathematica et devenez profond». Epître de sceptique. Voici, à côté, l'envahissant Du Poirier, qui excite, enrôle, guette, milite. «Adieu, Monsieur, dit Du Poirier, je vois que vous serez bientôt des nôtres.» Je vois! Etrange inversion des valeurs du langage; c'est un «je vois» qui veut dire : «je ferai en sorte que...»

D'un côté l'activisme forcené; de l'autre une contemplation distinguée, évanescente ou intermittente, qui meurt dans le bel esprit comme une belle voix enrouée dans un menu filet.

Regardons-les de plus près.

Du Poirier d'abord. Par certains traits, il rappelle Vautrin, et il est sans doute le plus balzacien des personnages de Stendhal. Se dégage de sa personne, en effet, une

137

impression de force élémentaire qui ne va pas sans une sorte de grossièreté, due à l'acharnement — psychologique — et à la massivité (physique). Du Poirier incarne, chez Stendhal, une des deux Figures de la plèbe. Quand Stendhal dit «plébéien», il pense Du Poirier ou Julien Sorel. Tout se passe comme si une même énergie était convertie en deux attitudes que tout oppose. Julien est en quête d'une vérité humaine qui serait susceptible, tout en étant sienne et vécue dans l'exaltation, de transcender les classes. Le projet de Du Poirier, au contraire, est un projet de classe; il vise à s'intégrer dans la classe noble et, en se rendant indispensable, à se fondre dans une sorte de nuit sociale où tous les partisans de la légitimité sont gris.

C'est aussi, du reste, ce qui le sépare radicalement de Vautrin. Le poème, en vautrin, dépasse le type; la création la créature. Vautrin est un démiurge. Le social, pour lui, n'est pas une niche où se loger, mais une pâte à pétrir. Il aime la matière humaine, surtout quand elle a belle apparence; il l'aime comme la forme guigne l'argile. Rastignac et Rubempré sont ambitieux : voilà une pâte qui lèvera bien, qui ne sera pas paresseuse. Le Protée balzacien (forçat, abbé, policier) est un sculpteur, non un donneur de conseils. Notre Mentor, lui, a du bagout. Vautrin manigance moins qu'il ne transforme. Ce Pygmalion archaïque et robuste sait donner; Du Poirier ne peut que persuader. Il affiche la saine vulgarité du petit-bourgeois qui «en veut». Il a beau être infatigable — il manque absolument de ce qui fait Vautrin : cette façon de folie qui habite le génie.

Conseiller, factotum, âme damnée — tous ces titres conviennent au docteur Du Poirier. Il est malin, oui, mais brouillon. La sphère où s'expriment son «amour du travail» (sic) et son «besoin d'agir» demeure psychologique. L'intrigue ne seconde pas un grand dessein; elle paraît se suffire à elle-même et porter son tribut de jouissances. Tout est toujours à recommencer, car le complot est une manie qui prend sa source dans un caractère, non un mal nécessaire pour changer le monde. Du Poirier, au total, reste trop immanent au social pour s'élever au politique. Stendhal a peint un activiste sans grandeur, un demi-habile. Le portrait, en tant que tel, est admirable.

Du Poirier est contradictoire en ce qu'il fait vivre la légitimité en acclimatation juste-milieu : en l'espèce, dans le milieu de la machination et de l'intrigue. Du Poirier représente l'homme « idiotique » happé par la duplicité, l'homme extrême (ultra) et extrêmement simple, qui ne sent pas en lui la division parce qu'il l'expulse hors de lui, en l'agissant dans le social. Il a beau arborer un signe opposé (légitimité) au réel politique de l'heure, il n'en est pas moins comme électriquement attiré par lui, parce qu'il est aveugle. C'est l'action coupée du savoir : l'intrigue. Son « activité » (on n'ose dire : action) accueille en son sein le divorce, la duplicité, le tour et le détour, car elle tue dans l'œuf l'oscillation pratico-théorique. C'est pourquoi elle est, paradoxalement, intégrée par la rationalité, toute digestive, de la politique juste-milieu. Du Poirier agit juste-milieu pour le compte d'une pensée ultra ! Résultat : la « pensée » et l'« action » sont également dérisoires. Une tortueuse machination bricolée par un fanatique tout d'une pièce... Telle est la machination : une abstraite simplicité de la division.

A l'autre extrêmité, non moins enfermé dans son site, Leuwen père. Lui aussi a chassé hors de lui la division : l'anti-héros souriant, sceptique, fait pièce à l'anti-héros grimaçant et sectaire. Le banquier vit « accordé » : non qu'il soit dupe et se sente en harmonie avec le monde réel. Simplement, cet homme nuancé, complexe, a su produire en lui une simplicité de recours : manteau d'amiante interposé entre l'ambiance et le moi. Du coup, retranché en pleine comédie sociale, Leuwen père se constitue comme pur regard. Les accidents du monde extérieur viennent se briser ou s'éroder — s'égaliser — sur cette surface mate et dure, impénétrable. Le regard est un rempart. Sans Lucien, défaut de la cuirasse, Leuwen, qui a élevé le scepticisme à hauteur d'un art de vivre – d'un ton, serait absolument neutre. Car le banquier fait tout passer par l'étamine du regard, d'un regard qui démystifie d'un coup les hiérarchies, affadit les clinquants, désamorce les mauvaises actions, prévient les blessures. A peine le réel se prend-il à la glu incolore de ce froid regard, le voici versant dans l'apophtegme : les signes se balancent et se contrepèsent, s'inversent pour s'égaliser ; le regard de Leuwen compense. Par ce sens des échanges, cet art de la réversibilité et des substitutions de contraires, François Leuwen ramène au friselis d'un ton la science infuse du pouvoir bourgeois.

Il montre le pouvoir comme ce dont on s'empare, et donc comme ce qu'on peut perdre : ce qu'on arrache par violence (d'où le statut de la « morale » juste-milieu : le camouflage), la source unique, et illégitime, de toute légitimation (de là la nécessité et la normalité de la vénalité). L'absolu, sans sa spontanéité idéologique de croyance à son droit, s'inverse et exhibe en lieu et place la particularité injustifiable ; sur le plan politique : la partialité. Leuwen dégonfle les baudruches de l'absolu, frappe de nullité le « naturalisme » social ; avec lui, c'est le relatif qui juge, c'est-à-dire l'origine nue du pouvoir et des valeurs que celui-ci apporte dans son train. Aussi bien, la nuance singulière du scepticisme de Leuwen père n'est pas d'abord psychologique . il ne le faut pas chercher dans on ne sait quelle faiblesse ou résignation d'un aigri. Leuwen, le contemplateur-contempteur, incarne le pouvoir dans son origine, c'est-à-dire dans ses limites(1).

---

(1) L.L. renferme deux saynettes hautement révélatrices de ces deux metteurs en scène de signe contraire que sont Du Poirier et Leuwen père. Comme Du Poirier se révèle dans la mise en scène du faux nouveau-né de Mme de Chasteller, de la même façon Leuwen exerce son ironie et son humour aux dépens du pouvoir. Il met sur pied, dans une « chambre à part » de son appartement, une « Légion du Midi » composée d'une vingtaine de députés qu'il fait « voter gravement sur une question de peu d'importance ». Celle-ci, gagée

«Mon père me l'a souvent dit, et je comprends maintenant son mot si sage : «On dirait que tu n'es pas né gamin de Paris, parmi ce peuple dont l'esprit fin se trouve toujours au niveau de toutes les attentions utiles. Toi, tu crois les affaires et les hommes plus grands qu'ils ne sont, et tu fais des héros, en bien ou en mal, de tous les interlocuteurs. Tu tends tes filets trop haut, comme dit Thucydide des Béotiens.» Et Lucien répéta les mots grecs que j'ignore» (chap. 6). Le relativisme sceptique, au plan psychologique et mondain, est la formulation métaphorique de la dynamique du pouvoir et du conflit des classes. Leuwen qui n'agit pas (même s'il inspire au mieux de ses intérêts), qui ne fait que ménager les apparences, est le vrai personnage dynamique du roman. C'est lui, en effet, qui ouvre au roman son espace : il incarne le savoir non-agissant de la politique...

Le savoir du père dans la geste du fils

Si simples les sentiments et les idées qui le motivent, Du Poirier est de plain-pied avec la division et le compromis ; il agit hors de tout savoir du politique et le produit de son agitation n'acquiert jamais d'objectivité dans le monde. Il en est la source en même temps que le terme. A défaut de transformer les choses, il les brouille. L'illusion de l'activiste consiste à croire qu'une hirondelle fait le printemps, en l'espèce : qu'on peut changer l'ordre du monde en supprimant un homme.

Au contraire, Leuwen père porte en lui le savoir du politique. Oh! ce n'est pas une science : démonstrative et réfléchie. Non. Mais plutôt une science-infuse, pour

sur l'éloquence de son inspirateur, devient bientôt le groupe-clé de la Chambre, celui qui fait la décision. Le procédé est simple : manipuler en s'amusant une vingtaine de dupes, graves personnages, pour moquer la gravité de toute la Chambre ; porter le bélier du sarcasme contre les molles défenses du sérieux politique. Ou : comment déconsidérer l'importance à l'aide d'une bande d'importants hyperboliques...

ainsi dire passé dans le sang, affleurant comme le réticule des veines sous la peau fine. La politique, le banquier ne se la représente pas comme un ordre cohérent, mais la dilue dans ses sentences; il lui manque la distance; elle lui est bien trop prochaine et il la sent comme le mauvais temps les rhumatismes de bonnes femmes. Il n'agit ni ne formule. Sa contemplation ne sait que déléguer, c'est-à-dire «faire passer» de la proximité de son propre épiderme à l'existence de son fils. Leuwen père délègue au fils.

En ce sens, il y a dans L.L. une politique implicite, épidermique, qui se mue en roman d'éducation explicite. Ce qui ne se peut formuler dans un discours direct au compte du père passe dans l'«obliqua oratio» de la geste filiale. L'impossible présentation rectiligne du «savoir» se convertit dans l'incantation paternelle. L'admonestation de Leuwen est discrète et constamment «antiphrasée» (tu feras bien, à la fin, ce que tu voudras!); partant, d'autant plus persuasive. Par le subtil truchement d'un ton, le père frappe juste. Il insinue. L'âme filiale s'empare avidement d'un je-ne-sais-quoi — presque rien — pour en faire un comportement. Telle est, si l'on veut, l'habileté du père, qu'il offre clairement de ne pas tenir son rôle. Et d'autant plus s'en soutient... L'impuissance relative de Leuwen père — impossibilité, en même temps, pour l'auteur, de formuler une politique — est la matrice romanesque. Le roman de Lucien, c'est ce que Leuwen père ne peut pas, et c'est aussi ce qu'il sait : savoir qui ne peut se réfléchir, pouvoir qui tourne court. Et on a Lucien, le fils — celui qui est placé «sous le regard», produit de l'insurmontable contradiction du savoir et de l'action.

Autant Julien Sorel se comprend depuis le parricide symbolique réussi, autant Lucien Leuwen cherche vainement en avant sa propre paternité; mais il est pris dans le phantasme du père comme l'oiseau dans la glu. L'impossibilité du parricide le fait hériter de son père toutes

142

les puissances, d'abord l'argent — sauf une : la paternité, la puissance qui donne vie aux puissances, qui active et réalise. Lucien est un être virtuel — non viril. Le réel se refuse à la prise, du fait d'une double incapacité : incapacité de «tuer», incapacité d'aimer. «Lucien avait un grand remords à propos de son père. Il n'avait pas d'amitié pour lui, c'est ce qu'il se reprochait souvent sinon comme un crime, du moins comme un manquement de cœur... Il avait une honte intime et profonde à s'avouer, mais enfin il fallait bien qu'il s'avouât qu'il manquait de tendresse pour son père. C'était un tourment pour lui, et un malheur presque plus âpre que ce qu'il appelait, dans ses jours de noir, avoir été trahi par madame de Chasteller» (chap. 60).

La haine du père, franche et primitive, fait de Julien un lutteur. Partout et toujours, au contraire, Lucien est en souffrance de conflit : manque d'histoire, manque de haine. L'ironie du sort veut en effet que Lucien occulte son manque réel (manque de haine) par la représentation illusoire du défaut d'amour. Que ne peut-il réellement manquer au père, afin de ne pas se manquer lui-même! Julien sait bien ce qu'il se doit, lui : l'ego est fort, créé dans la violence. Lucien se leurre du manquement au père; c'est à lui (et de lui) qu'il manque. Son «tourment» provient de ce qu'on pourrait appeler l'absence du «contrat» œdipien : Leuwen père ne joue pas le jeu et Lucien se sent trahi. Dans la transmission de paternité, «papa» le paye en monnaie de singe : maternel ou amical' il ne joue pas le Père.

C'est la quête de Télémaque contre celle d'Œdipe, Télémaque qui remet ses pas dans ceux de son père, qui, derrière lui, refait le même chemin. Le modèle du «Rouge» : «Œdipe-roi», le père qui vient, à la fin, assister à la mort du fils, le père «tué» qui revient au fils meurtrier. Le modèle de L.L., c'est «L'Odyssée», ou mieux «Ulysse» de James Joyce. Œdipe-Julien tourne en rond en lui-même et finit par trouver sa vérité. Télémaque-Stephen-Lucien tourne dans l'espace paternel, la Méditerranée, la ville, c'est-à-dire dans le phantasme paternel : l'odyssée, Dublin, Nancy. Et le père se déguise ou se dérobe. Ulysse est déjà chez lui, au milieu des prétendants, déguisé en étranger ; Stephen finit (la nuit) chez Bloom, substitut paternel ; Leuwen meurt subitement et la banque fait banqueroute. Contre le tragique du fils parricide, l'errance du fils psychoïde, à la recherche d'une paternité.

Si « Ulysse » peut passer pour la forme accomplie de cette errance, c'est que le fils éperdu y réfléchit les substitutions : l'errance erre sur elle-même, de décalage en décalage, de masque en masque. De là l'étonnante méditation de Stephen sur la paternité, à propos de Shakespeare. Comment William Shakespeare écrit les tragédies, John Shakespeare étant mort, ayant cédé la place du père, étant même devenu fils de son fils... Quand William Shakespeare écrivit « Hamlet », « il n'était pas seulement le père de son propre fils, mais n'étant plus un fils il était et se savait être le père de toute sa race, le père de son propre grand-père, le père de son petit-fils à naître, qui, entre parenthèses, ne naquit jamais, car la nature, comme le comprend si bien M. Magee, a horreur de la perfection ». C'est le « tourment » et la « trahison » dont souffre Lucien que réfléchit son frère moderne, Stephen (« le Héros » !), quand son errante méditation lui souffle :

« La paternité, en tant qu'engendrement conscient, n'existe pas pour l'homme. C'est un état mystique, une transmission apostolique, du seul générateur au seul engendré. Sur ce mystère, et non sur la madone que l'astuce italienne jeta en pâture aux foules d'Occident, l'Eglise est fondée et fondée inébranlablement parce que fondée, comme le monde, macro et microcosme, sur le vide. Sur l'incertitude, sur l'improbabilité. « Amor matris », génétif objectif et subjectif, peut-être la seule chose vraie de cette vie. On peut envisager la paternité comme une fiction légale. Est-il père aimé comme tel par son fils, fils comme tel par son père?... Ils sont séparés par une honte charnelle si catégorique que les annales criminelles du monde, souillées de toutes les autres catégories d'incestes et de bestialités, rapportent peu de manquements à cette répulsion de la chair. Fils avec leurs mères, pères avec leurs filles, sœurs lesbiennes, amours qui n'osent pas dire leurs noms, neveux et grand-mères, gibier de prison et trous de serrures, reines et taureaux primés. Le fils à naître gâte la ligne : né, il amène le chagrin, divise l'affection, accroît les soucis. C'est un mâle : sa croissance est le signal du déclin du père, sa jeunesse, son père la jalouse, son ami est l'ennemi de son père.

C'est dans la rue Monsieur-le-Prince que j'ai pensé cela.

— Dans la nature, qu'est-ce qui les lie? Une minute d'aveugle rut.

Suis-je père? Si je l'étais?

Main hésitante, recroquevillée. »

Cet « état mystique », Leuwen ne peut le transmettre, Lucien ne peut le recevoir. Il est entre eux. Cet entre-deux, c'est le roman moderne : roman inachevé, parodie du héros, retrait du réel, trahison de l'histoire et de la femme, politique introuvable. La patience du bonheur est une écriture d'avortement.

C'est pourquoi Leuwen père est finalement autre chose et plus que l'envers de Du Poirier : autre chose que le savoir opposé à l'activisme, autre chose que la sagesse confrontée à la véhémence partiale du mentor. Il est le principe du roman, la métaphore de l'écriture en sa répétition. Ainsi délègue-t-il au fils. A proprement parler, il lui demande l'impossible. Démiurge retiré dans ses maximes, ses plaisirs et ses (bons) mots, homme suffisant d'être le savoir de l'insuffisance et le garant vivant de l'incomplétude, Leuwen sacrifie son fils. Qu'attend-il de lui? Une répétition de lui-même? Qu'il fasse mieux que lui? Qu'il se place dans le monde? Sa propre banqueroute posthume et son mépris des jeux bancaires

145

répondent : il n'attend rien. Il phantasme : Lucien est mis en scène par son père.

Sacrifié Lucien ? Ainsi interprète-t-il lui-même, en tout cas, Jésus : par analogie avec lui et en jouant sur le mot de passion. Leuwen lui demande d'avoir une grande passion pour Mme Grandet :

« – Quoi ! mon père, une grande passion ! Avec ses assiduités, sa constance, son occupation de tous les moments ?

– Précisément.

– « Pater meus, transeat a me calix iste ! » (chap. 47).

Il faut toujours lire L.L. à l'envers. Le texte, vidé d'histoire, est rempli de sa vérité. Le fils ne sera jamais père, le réel ne s'épousera jamais en justes et heureuses noces, l'Histoire ne pâmera jamais dans les bras du souverain bien. Le bonheur est transhistorique ou n'est pas. Lucien, jeune homme trop doué, cueille nos vérités fragmentaires et les fait choir dans son panier percé.

La modernité de Lucien Leuwen

Revenons un instant, pour finir, à nos frères opposés, Julien et Lucien : le premier intemporellement tragique, l'autre l'incarnation ennuyée – déjà – du drame moderne. A eux deux, ils brûlent, chacun à son bout, la même chandelle. Faux ambitieux, faux « talents » (oh ! que le talent est haïssable à toujours trouver emploi !), ces jeunes gens, pleins du génie du bonheur, se prennent à un leurre sans lequel il n'est pour l'homme ni dignité ni grandeur. Seul a droit de dire non à l'histoire – et c'est un impératif éthique de le faire – celui qui n'en protège pas sa vie, y inscrit son combat, y situe sa passion.

Sans doute, pourtant, l'énergie de Julien est-elle encore pleine de dieux, noirs comme Osiris, cruels et archaïques comme Baal, humblement rayonnants comme le Christ. Sa mythologie veut l'âpreté : il aime Danton, qui a payé sang contre sang, et Napoléon, du sang des autres

146

si peu avare. Son Histoire est faite de sacrifices et de violence.

Mais le ciel qui couvre cette once de spleen dont s'ombre Lucien Leuwen est vide. Et c'est le nôtre. La politique, chers enfants creux, c'est de l'Histoire minuscule, de l'histoire sans les dieux. Ceux-ci ne tiennent plus la traîne de Clio. Le parcours de Stendhal, de Julien à Lucien, est celui de la déception du sacré.

L'ART

« Prima la Musica »

> *« Car, ce n'est pas de sonorités élémentaires par les cuivres, les cordes, les bois, indéniablement mais de l'intellectuelle parole à son apogée que doit avec plénitude et évidence, résulter, en tant que l'ensemble des rapports existant dans tout, la Musique. »*
>
> *(Stéphane Mallarmé)*

> *« Stendhal — qui avait peut-être les oreilles et les yeux les plus pensants de son pays et de son siècle. »*
>
> *(Nietzsche, « Le Gai Savoir » (§ 95)*

Dernier acte : l'espoir est consommé, reste la folie. Aucun Julien ne décrassera jamais l'homme de sa carapace de plomb. L'homme est un gisement bien enterré, un rêve à l'envergure brisée. En tout temps, un frère de Lucien Leuwen attendra vainement d'un gouvernement qu'il se règle au battement de l'histoire. On voit ceci d'étrange dans « La Chartreuse de Parme », que l'espoir change de sexe et, pour ainsi dire, se travestit. Toutes les viriles raisons de croire sont mortes : l'avenir de l'homme se réfugie dans une vertu déraisonnablement femme : l'espérance. Après l'essai, le pari. Julien était un titan ; Fabrice est un élu. L'âme fait bande à part et prend congé d'un monde qui ne consone jamais avec

149

ses vibrations : autour de Julien Sorel, tout est prématuré ; le monde est révolu auprès de Lucien Leuwen. La force de Fabrice, c'est qu'il n'attend pas après cet hôte cavalier, qui ne vient jamais à l'heure. « La Chartreuse » conte la paradoxale chronique d'un temps immobile : Fabrice, seul, échappe à la Réaction comme à la Révolution.

La politique n'est pas son affaire. Pourtant, elle s'insinue partout, dans les amours et dans les familles — et jusque sous le lit de Ranuce, qui n'a pas besoin d'avoir lu Machiavel et Montesquieu pour savoir que le tyran fait l'assassin comme la pluie d'Août le champignon. Si la politique n'émeut guère Fabrice, elle ne cesse, par ses effets, de bouleverser sa vie. Exilé ou enfermé, traqué ou prédicateur à la mode, Fabrice vit politiquement. Son destin dépend de la partie qui se joue entre le prince et son ministre, autant dire entre Rassi et Gina, leurs souffleurs respectifs.

On n'a jamais vu dans un héros de Stendhal si grande passivité politique. La vie de Fabrice, c'est la politique des autres. Elle gouverne les péripéties, impose la fuite ou la cachette ; mais elle n'atteint pas l'être intime. Meurtrier par accident, emprisonné par méprise, fuyard sur ordre de Gina — Fabrice conserve en tout cas sa virginité politique. Voici une existence ballottée dans une incertaine Italie (celle des petites cours fastueuses et fragiles, dont les princes, inféodés au gendarme autrichien, font les Louis XIV au petit pied), que les politiques du Congrès de Vienne ont vouée à l'exil ou à l'apostasie.

Or, Fabrice n'est un proscrit s'il s'en va, ni un traître quand il revient. Il lui faudrait un passé ; il n'en a pas. Stendhal a peint un être neuf dans une très vieille Europe. L'action se passe au XIXe, mais on sent bien que l'époque ne compte pas. Octave, Julien et Lucien sont, chacun selon son génie, des « enfants du siècle » ; ils souffrent de l'infirmité du « trop tôt » ou du « trop tard ». L'époque agrippe leurs fibres et ne les lâche pas.

Dans l'impuissance d'Octave comme dans la raideur de Julien, le XIXe siècle impose sa vérité. Fabrice, lui, a beau sortir d'un vieux manuscrit italien et faire un tour à Waterloo : il ne date pas. Il n'appartient pas plus au siècle de Metternich qu'à celui des Farnèse et des Borgia. Il fait faux bond à Julien Sorel aussi bien qu'au jeune Alexandre Farnèse. Le premier n'est pas un vrai frère, le second est un faux modèle. Fabrice est ailleurs. Où? La réponse étonnera d'abord : dans la musique !

Balzac voit juste qui, dans le fameux article de «La Revue Parisienne», note que «La Chartreuse» ressemble à une transcription musicale du «Prince». On dirait que la politique rompt le dialogue avec l'histoire, pompeuse et mensongère, pour se tourner vers des «maîtres» qui ne trompent pas. Comme Machiavel décape le discours politique de ses semblants, de la même façon la musique exige un art vrai, dépourvu de ficelles et d'artifices rhétoriques. Machiavel et la musique enseignent également la clarté. Comme toujours chez Stendhal, la politique se trouve où on ne songe pas à la chercher. Peu à peu, en s'attaquant aux «mensonges des historiens», en moquant la grandiloquence des «premiers talents du siècle», Stendhal, à la recherche d'une écriture qui répugne à l'effet, s'aperçoit qu'une telle quête enveloppe d'elle-même une politique. Or, de même que la musique signifie une politique, inversement la politique ne consiste pas en signifiés susceptibles de composer une doctrine. Elle n'est pas thématisable, puisque, comme la musique, elle tient dans une certaine qualité de l'émotion. Aussi bien la question politique de «La Chartreuse» se confond-elle totalement, au commencement, avec le sentiment, qui croît en conviction, qu'il n'est pas d'art vrai qui ne prenne la musique pour son modèle.

I / L'ART VRAI

Dans la carrière de Stendhal, je remarque d'abord que la musique a le premier mot — et le dernier. Henri Beyle se découvre écrivain, sans trop s'inquiéter du plagiat, en « traduisant » (« Vie de Mozart ») et en signant des biographies de musiciens. Il dicte en cinquante-deux jours son dernier et plus pur chef-d'œuvre, « La Chartreuse » (1838) ; trente ans ont passé. On a le sentiment que, si le goût de la musique l'amène à écrire, et sans doute lui révèle sa vocation de romancier, l'écrivain quinquagénaire, après avoir exploré les ressources de son art et exténué ses dernières illusions, est enfin parvenu au point de rencontre de la littérature et de la musique. Une consonance, qu'il a dû chercher toute sa vie, lui est enfin livrée dans une inspiration grâcieuse.

Curieusement, chaque fois qu'il se fait copiste, Stendhal est en quête d'une musique ou du ton juste. On dirait que le geste de copier agit comme incantation : approche quasi corporelle de la mélodie(1). Paradoxalement, lorsqu'il se campe en imitateur, c'est alors qu'il est occupé de l'origine, du modèle inimitable.

Justement : il y a une ambivalence de l'imitation. Bonne et féconde quand elle se nourrit du modèle, s'en pénètre pour transposer, elle dégénère en singerie dès qu'elle s'applique, littéralement, à en reproduire les dehors. La bonne imitation? La musique, qui tire son langage de l'émotion. La mauvaise, c'est l'histoire, que Stendhal répute mercenaire et qui lui semble un tissu de mensonges, dont la fonction ultime est de fournir à

(1) La « Vie de Haydn » et « La Duchesse de Palliano », que sépare un intervalle de trente ans, s'apparentent au plus secret d'une même passion mimétique : le voyageur qui séjourne à Vienne en 1808, interroge la vie et l'œuvre de J. Haydn, soucieux d'y découvrir à l'état naissant la « véritable symphonie » ; ainsi, beaucoup plus tard, le chroniqueur tentera de restituer l'authenticité de la « passion italienne » (« La Duchesse de Palliano ») ou encore « l'originalité italienne » (« Vittoria Accoràmboni »).

la force, c'est-à-dire au pouvoir, la mythologie nécessaire à son maintien.

Il n'y a donc pas d'imitation innocente. Tout artiste, dès lors, est en droit de s'interroger : suis-je un menteur qui, sous couvert de l'art, se sert de la représentation, l'utilise à des fins extérieures ? Plus radicalement : qu'est-ce donc que je produis ?

Une poétique du vrai

La question renferme un piège. Une tradition s'est conservée, héritée de Platon, qui assimile l'art au mensonge parce qu'il repose inévitablement sur l'imitation (« mimesis »). L'idée même d'un « art vrai » n'implique-t-elle pas contradiction ? Reprenons brièvement la problématique platonicienne.

« Produire » s'entend en trois sens. Le Démiurge produit le Lit, autrement dit l'Idée du lit, le modèle. Le menuisier, lui, construit, s'il le veut, un grand nombre de lits en travaillant le bois avec ses outils ; mais sa compétence professionnelle trouve sa limite dans le fait qu'elle a besoin de se régler d'après le modèle. Au sens rigoureux, l'artisan est donc le premier imitateur, puisqu'il se borne à reproduire l'original en autant d'exemplaires qu'il le souhaite. Quant au peintre, il a perdu tout commerce avec l'original : il imite une imitation. C'est un imposteur, car il ne produit qu'apparence. Il vêt le néant d'un semblant d'être. Au moins l'artisan, qui occupe la position intermédiaire entre le Démiurge-créateur et l'artiste-menteur, est-il gardé, par son humilité même, dans les limites d'une certaine réalité...

Or, il se trouve que, par un singulier paradoxe, le déni platonicien des « poètes » a sans doute inspiré les meilleures « Poétiques » de l'art occidental — du « naturel » des Classiques aux « petits faits vrais » de Stendhal, en passant par le somptueux prosateur qui écrit la « Lettre à d'Alembert sur les spectacles ».

153

Il n'y a sans doute pas de véritable artiste qui n'en soit venu, un jour, à mépriser l'«art» (Pascal, Rousseau, Tolstoï, Valéry etc...). Telle est la position souffrante de l'art par rapport à la vérité, son platonisme impénitent, que de vivre en plein mensonge une passion véridique(1). L'art poursuit sa propre mise à mort, s'expose à la dénudation et, acharné contre sa rhétorique, en vient à risquer sa matérialité et sa communicabilité : la recherche de l'absolu s'est enfermée dans la plus fragile apparence. Loin des poètes-menteurs qu'évoquait Platon, et comme pour racheter éperdument le péché originel des fous d'imitation, l'artiste moderne assume avec passion la contradiction de l'art, d'être une grande philosophie manquée : plus vraie, pourtant, que la Philosophie comme genre rhétorique. Lecteur des Idéologues, Stendhal a fait son œuvre soutenu par la conviction qu'un «petit fait vrai» en dit plus que toutes les idéologies rassemblées.

Il y a plus. Si l'atavique schéma platonicien se conserve au fond de toute conscience d'artiste, si le modèle inaccessible continue d'en imposer, faisant lever la vocation entre l'humilité du métier et le vertige de la contre-façon, la fable du Démiurge (ou d'un dieu «naturant») a cédé sa place à une grande et vide fiction : l'Imagination.

L'artiste, naguère paria de l'Idée, est fasciné par la création elle-même. Il entretient avec son génie propre une relation démonique, comme s'il s'inventait un médium pour communiquer avec sa puissance créatrice. Le modèle n'est plus l'Idée, mais l'imagination pure, et l'artiste aime à croire le modèle en lui, vivant à son insu

---

(1) La volonté de purger l'art de l'art, l'espoir insensé d'atteindre le naturel par le renforcement du travail, se trouvent à leur paroxysme chez un écrivain comme Flaubert, cathare de cabinet, qui fait une loi au mal d'écrire de n'être, comme on dit, jamais content. Achevant «Madame Bovary» après cinq ans de labeur, il écrit à Bouilhet : «Ç'a été un grand mécompte, et il faudrait que le succès fût bien étourdissant pour couvrir la voix de ma conscience, qui me crie : raté». On peut penser que l'épreuve du «gueuloir» offrait à l'écrit le moyen d'être partiellement rédimé par l'oral, plus proche de l'«authentique».

au plus libre de l'émotion touchée par le monde. Au terme de l'odyssée du modèle, le Démiurge s'est fait musique — ton et timbre inimitables. La musique signifie pour Stendhal un rapport libre et comme dématérialisé à l'imagination productrice. Aussi désigne-t-elle moins un art que cette sorte d'au-delà de l'art dans tout art, où Stendhal reconnaît l'imagination heureuse.

La musique comme imagination pure

Sous ce rapport, « La Vie de Haydn » renferme quelques-unes des plus belles pages de Stendhal. Parmi, celle-ci :

« Arrivé à l'âge de composer, l'habitude du travail était prise : d'ailleurs le compositeur de musique a des avantages sur les autres artistes ; ses productions sont finies quand elles sont imaginées. — Haydn, qui trouvait des idées si belles et en si grand nombre, sentait sans cesse le plaisir de la création, qui est sans doute une des meilleures jouissances que l'homme puisse avoir. Le poète et le compositeur partagent cet avantage ; mais le musicien peut travailler plus vite. Une belle ode, une belle symphonie n'ont besoin que d'être imaginées pour répandre dans l'âme de leur auteur cette secrète admiration qui fait la vie des artistes. — Le guerrier au contraire l'architecte, le sculpteur, le peintre, n'ont pas assez de l'invention pour être pleinement satisfaits d'eux-mêmes ; il faut encore d'autres fatigues. L'entreprise la mieux conçue peut manquer dans l'exécution ; le tableau le mieux inventé peut être mal peint : tout cela laisse dans l'âme de l'inventeur un nuage, une sorte d'incertitude du succès, qui rend le plaisir de la création moins pur. Haydn, au contraire, en imaginant une symphonie, était parfaitement heureux ; il ne lui restait plus que le plaisir physique de l'entendre exécuter, et le plaisir tout moral de la voir applaudie. Je l'ai vu souvent, quand il battait la mesure de sa propre musique, ne pouvoir s'empêcher

155

de sourire à l'approche des morceaux qu'il trouvait bien. J'ai vu aussi, dans les grands concerts qui se donnent à Vienne à certaines époques quelques-uns de ces amateurs des arts, à qui il ne manque que d'y être sensibles, se placer adroitement de manière à apercevoir la figure de Haydn, et régler sur son sourire les applaudissements d'inspirés par lesquels ils témoignaient à leurs voisins toute l'étendue de leur ravissement. Démonstrations ridicules! Ces gens sont si loin de sentir le beau dans les arts, qu'ils ne se doutent pas même que la sensibilité a sa pudeur ».

Ce texte est extrait de la Lettre III sur Joseph Haydn, datée du 24 Mai 1808, à Vienne. Elle porte une épigraphe de l'Arioste, qui en corrobore le platonisme : « Natura il fece e poi ruppe la stampa » (la nature le fit, et puis brisa le moule). On y reconnaîtra aisément les trois degrés du schéma platonicien : d'abord le bonheur créateur, comme libre imagination, comme production ; puis le « sourire » de Haydn « à l'approche des morceaux », où s'indique la relation mediumnique de l'artiste avec sa création, et qui, si peu que ce soit, « matérialise » en la re-produisant l'Idée-imagination ; enfin la singerie (la mauvaise mimesis) de ceux qui se placent « adroitement », afin de « régler » sur le sourire du musicien leurs « démonstrations ridicules ». A la triade platonicienne (Démiurge, artisan, peintre), fait écho la triade stendhalienne : émotion, pudeur, vanité.

Par une sorte de contagion figurative, Stendhal en vient à superposer la figure de Haydn, « le créateur de la symphonie » à toute émotion créatrice. Et l'interprétation platonicienne, « céleste », qui s'ensuit, conduit à constituer la musique comme le transcendantal de tout art : « Ce Haydn tout de feu, plein de fécondité, si original, qui, assis à son piano, créait des merveilles musicales, et, en peu de moments, enflammait tous les cœurs, transportait toutes les âmes au milieu de sensations délicieuses ; ce Haydn a disparu du monde. Le papillon dont

156

Platon nous parle a déployé vers le ciel ses ailes brillantes, et n'a laissé ici-bas que la larve grossière sous laquelle il paraissait à nos yeux» (Lettre I, 5 Avril 1808). Dès cette époque, Stendhal a l'intuition, qui ne le quittera plus, que la vérité d'un art se mesure à la musique qui l'anime et le «transporte». Dans l'ordre de l'écriture, le paradigme anti-rhétorique de cette musique est la clarté.

Dans une note ajoutée en 1817 à son «Haydn et Mozart», Stendhal écrit : «Il me semble que la première loi que le dix-neuvième siècle impose à ceux qui se mêlent d'écrire, c'est la clarté». Qu'est-ce que la clarté? Une imitation de bon aloi, qui consiste à «rappeler par des paroles» «cet art enchanteur» qu'est la musique. Dans «La Chartreuse de Parme», Stendhal, devenu à son tour le merveilleux Haydn, souriant intérieurement à sa jouissance créatrice, chassant le dernier «nuage», parvient au cœur de son art : sa «production» est «finie quand elle est imaginée». De là la dictée, qui dissipe les fatigues assombrissantes de l'exécution, met l'écrivain en état de grâce et l'affecte infiniment de sa propre puissance. J'y vois, autant le dire tout de suite, le secret de «La Chartreuse». On peut penser, qu'à l'instar de Haydn «imaginant une symphonie», Stendhal, lorsqu'il écrivait l'histoire de Fabrice, «était parfaitement heureux».

Une politique dans la musique

«Henry Brulard» nous apprend que Stendhal aimait la république parce qu'il n'aimait pas son père. Toujours, chez lui, le politique se soutient des émotions premières. Pareillement, il aime tout aussi peu Lulli que la monarchie. La «Vie de Haydn» oppose la linéarité dominatrice des ouvertures de Lulli, où «la partie de violon contenait tout le chant» et «où on sentait la monarchie», à la polyphonie orchestrale de Haydn qui, au lieu de réduire en esclavage les instruments et de les asservir au seul violon, dégage la mélodie d'une harmonie sonore faite pour toucher les «cœurs sensibles». La musique est le miroir du politique : comme la monarchie se réfléchit dans Lulli, ainsi la musique de Haydn renvoie la libre image d'une république heureuse.

Après Jean-Jacques (que la lettre IV compare au jeune Haydn, pour les années difficiles), et bientôt dans les mêmes termes, Stendhal s'en prend à Rameau et à son « art barbare », à « la secte des musiciens » de Paris, « produit naturel de beaucoup de patience réunie à un cœur froid » (Lettre II). Lulli n'était que l'historiographe sonore d'un règne, l'imitateur du mensonge monarchique. La France et le roi ont perdu cet Italien de naissance. C'est un leitmotiv chez Stendhal : l'Italie est la patrie de la passion et de la musique, comme la France est le bastion de l'Histoire pompeuse et Paris la foire de toutes les vanités.

La Gaya Scienza

Au moment où il écrit les « Chroniques » et « La Chartreuse », où il se tourne décidément vers cette patrie italienne qui chante en lui depuis longtemps sur tant de cordes, Stendhal en a fini avec l'histoire. Le Napoléon de « La Chartreuse » n'est plus le César vainqueur, maître d'énergie, mais une douloureuse figure qui s'en va : acteur qui s'éclipse après la dernière scène. Ratée.

Pour dissemblables que soient « Le Rouge et le Noir » et « Lucien Leuwen », ils signifient tous les deux une certaine Imitation de la geste napoléonienne. Derrière le personnage, Henri Beyle essaie vraiment de constituer la Figure de l'histoire, comme récit rédempteur dont la cohérence finale parviendrait à résoudre les contradictions du réel présent. Car il sent bien que la politique qu'il observe est quelque chose d'instable, à mi-chemin du commerce et du discours, qu'elle est à l'histoire ce que la cuisine est au beau. Cette histoire salvatrice, Lucien Leuwen, faute de la mimer héroïquement comme Julien, la poursuit comme un fantôme à travers les miasmes de la « cuisine politique ». Mais il ne parvient pas à élargir et à épurer le magma toujours difforme et embryonnaire qu'est le gouvernement des hommes. L'histoire, qui en serait la sublimation différée, une sorte de consolation imaginaire compensant la misère qu'il faut souffrir (tous les jours) pour bâtir la légende, ne « lève » pas : la pâte est congénitalement lourde et rien ne l'aère. La politique, toujours en manque d'histoire, ne sait que se reproduire elle-même. L'histoire est un interminable avortement.

Au moins la grandeur impériale, mesurée à la petitesse des régimes qui la suivent, offre-t-elle à Stendhal le recours d'un beau mensonge. Jacobin esthète, il s'engouffre dans l'épopée du jeune conquérant qui, s'il confisqua la liberté, fit du moins trembler les trônes. L'histoire est donc finie ? Il fallait naître plus tôt. Cette impasse donne deux grands romans, où s'exprime le regret de l'histoire morte. Mais c'est un deuil, non une foi.

Il n'y a plus une once d'histoire dans « La Chartreuse ». Paradoxalement, il n'y a plus que du politique. Mais ce politique, ce n'est pas d'abord un tableau, la description ou le portrait d'un gouvernement et d'un régime situés, qui appelleraient l'approbation ou l'opposition, diviseraient les opinions et révèleraient les humeurs. Dans « La Chartreuse », la démystification radicale de l'histoire, qui ne peut même plus se prévaloir de son panache, libère l'essence du politique. Il y va cette fois d'un dévoilement, non du ressassement triste des écueils de la politique : gaîté cruelle de la vérité, quand même elle incise l'illusion. Le comte Mosca, premier ministre, agit comme tel et n'en pense pas moins. On l'entend dire à « la femme qu'il adorait » : « Notre politique, pendant vingt ans, va consister à avoir peur des jacobins, et quelle peur ! » (I, chap. 6). Ce « futur historique », pour qui doit trancher de l'aujourd'hui, fait tout Mosca : inutile Cassandre dans un patient ministre. Voilà un sage qui sait d'abord se comporter comme un fou. Plus d'illusion : la fine couche des bonnes raisons a été grattée. Reste la politique — tragique, pantelante d'une discorde essentielle.

159

On le voit : cherchant dans la musique la vérité de son art, Stendhal place sa création sous le signe d'une clarté exterminatrice, qui ne fait grâce ni à l'histoire ni à la rhétorique obscure. Décidé à faire la lumière, il aperçoit qu'un art lourd, gorgé d'histoire, enveloppe un mensonge politique. La lutte est manichéenne à souhait : d'un côté Machiavel et la musique italienne, de l'autre l'histoire et les «rhéteurs» qu'elle «entretient». Nous voici sur le champ de bataille; observons les opérations, la méthode guerrière.

II / METHODE

Les grandes «Chroniques italiennes» s'ouvrent par un prologue, dont la fonction paraît être d'abord de préparer le lecteur aux «rudes vérités» des XVe et XVIe siècles italiens. Réunies, ces «ouvertures» forment une tapisserie de thèmes et d'images, répétés avec insistance, où je ne suis pas loin de voir comme le «discours de la méthode» du roman leur contemporain(1). Ce n'est pas diminuer les «Chroniques» que d'y chercher l'essai réitéré, la répétition du plus grand chant que l'Italie ait inspiré à Stendhal, «La Chartreuse de Parme». On sait, du reste, qu'en lisant l'histoire de la famille Farnèse, Stendhal projetait d'en tirer une nouvelle dans la veine des «Chroniques» : «To make of this sketch a romanzetto. 16 Août 1838».

La république contre la démocratie

«L'Abbesse de Castro» réclame une attention particulière. L'accès au politique y est le même apparemment,

_____

(1) «L'Abbesse de Castro» s'interprète aisément comme le passage d'une sagesse à une fiction, soit comme la dramatisation d'une sapience. Le mensonge, thème explicite dans le prologue, est constitué en ressort dramatique de la nouvelle. D'abord dénoncé, il est ensuite exhibé comme instrument de mort...

que dans l'«Utopie» de Thomas More : le fléau des brigands. Et puis les voies bifurquent. Tout se passe comme s'il existait deux voies antithétiques pour rompre avec l'évidence d'un état de chose politique donné.

Pour More, la prolifération des voleurs et des gibets n'est pas une cause, mais un effet : le symptôme d'une tare foncière. Tant que le mal radical de la propriété privée restera dans le corps social, aucune médecine ne sera assez forte pour en ôter les phénomènes morbides. La multiplication des voleurs et des déclassés, le déchaînement de la violence sont des réponses de l'organisme social tout entier à cette nouvelle pression de la propriété privée, connue sous le nom de politique des «enclosures». L'utopie propose donc un redéploiement du politique moins la propriété privée. Plus de brigands à Londres et sur les chemins, si etc... D'une certaine façon, l'utopie fonctionne comme une axiomatique.

Il en va tout autrement dans «L'Abbesse». More inversait des hypothèses; Stendhal, lui, ironise toutes les politiques. Il trouve la violence dans la plus auguste institution et, à l'inverse, comme un semblant de code dans les règlements de compte par voie d'assassinats. «On peut dire en général que ces brigands furent l'opposition contre les gouvernements atroces qui, en Italie, succédèrent aux républiques du Moyen Age». Entendons : s'opposer, c'est se retenir d'assassiner; assassiner ne plus pouvoir se retenir de s'opposer. Dans ce va-et-vient, la politique brûle tous ses vaisseaux.

Faut-il alors condamner toute violence, au nom de la civilisation? Ce n'est pas si simple, car une vertu sans puissance est une chimère, le rêve des tyrans. Bien plus : une civilisation, où les hommes renoncent à exercer leur puissance, expulsent la violence hors de leur cœur et de leurs actions, se détruit elle-même et cède la place à un troupeau d'esclaves. De là la contrariété, établie dans la suite du texte, entre l'art, issu de la puissance (de la virtù) et les manières à la française, sorties de l'impuissance. L'honneur, par exemple, « ce préjugé assez ridicule », consiste « surtout à sacrifier sa vie pour servir le maître dont on est né le sujet et pour plaire aux dames ». De Madame de Sévigné aux belles parisiennes du XIXe, la conséquence est bonne : les femmes décident des valeurs civilisatrices et s'érigent en juges du mérite des hommes. « Alors naquit l'esprit de galanterie, qui prépara l'anéantissement successif de toutes les passions et même de l'amour, au profit de ce tyran cruel auquel nous obéissons tous : la vanité ». Impuissance, vanité, froideur, servilité : voilà les traits d'une civilisation domestiquée et efféminée. Il ne faut pas beaucoup forcer le texte stendhalien, pour y découvrir une interprétation, nietzschéenne avant l'heure, de la culture comme domestication et « démocratisation » par le truchement de la Femme et de l'Opinion.

« L'esprit de galanterie », pauvre caricature de la courtoisie médiévale, fleure la ruse ; on y sent l'astuce des tyrans pour faire aimer l'obéissance à la faveur de la captation féminine. L'opinion, dans la démocratie américaine objet du mépris de Stendhal, vient couronner ce procès, dont elle dégage la forme la plus abstraite et la plus subtilement anonyme, puisque l'Opinion ce n'est « personne ». Elle renferme en une instance aussi pesante qu'introuvable tous les vieux modes de la séduction.

On comprend alors que la Figure du démocrate soit, pour Stendhal, une Figure servile. Tyrannie sans tyran, médiée par l'opinion moyenne, la démocratie américaine trahit la république ; elle est à la passion républicaine ce que, dans Platon, le peintre est à l'Idée. Elle égalise et poursuit sa propre utopie dans l'idéal d'uniformité qu'elle affirme ; contre-idéal, puisque le « meilleur » est le plus « moyen ».

Au contraire, la république n'a de sens qu'élective et veut qu'on ait le courage de sa passion. Dans la rigueur des mots, la république suggère toujours à Stendhal une aristocratie du cœur. La démocratie consiste dans l'opinion, la république dans une passion vive. On ne peut pas plus s'habituer à l'amour qu'à la liberté ; c'est comme réduire la musique à un fond, pour se livrer à des choses graves, à côté.

On peut simplement douter que cette république ait une existence empirique. Il n'y a d'amour heureux ni de république durable. On vient toujours à se mentir, à un moment ou à un autre, sur sa passion. Le temps et l'habitude, qui confortent la démocratie, font les amours convenus : les «liaisons». Mentir conduit à accepter l'œuvre du temps, à substituer les souvenirs à l'émotion actuelle.

Ni Machiavel ni Stendhal ne sont donc parvenus, et pour cause, à ériger en image contournable et en objet de croyance ou d'espoir cette fiction de république passionnée qui eût valu, à la condition de mentir cette fois sur le mensonge − c'est-à-dire de nier l'histoire − comme la solution finale de la «Politeia». De là cette clarté énigmatique du «Prince», qui n'a cessé, des siècles durant, de déconcerter et de décevoir les amateurs de solutions finales. Or «Le Prince», pour ne livrer aucune politique, dit, en désespoir de cause, ce qu'est la politique. La science de Machiavel, gaîment désespérée, est ainsi le bonheur du mensonge évité.

Reste que, pour ce qui est de Stendhal, cette république d'hommes véridiques, qu'il imagine dans le temps du mythe, maintient l'artiste dans la vivacité de son désir. Elle lui sert d'argument pour juger et d'exemple pour aimer. Toute l'œuvre italienne, d'ailleurs, se place sous le signe de ces brigands magnifiques, qui témoignaient de la liberté et avaient pour eux, nous dit le texte, «le cœur des peuples». Ferrante Palla, poète-brigand, incarne à merveille la politique rêvée de «La Chartreuse» ; j'y vois la réplique italienne et féérique de Danton(1).

(1) On remarquera que les grandes œuvres de Stendhal peuvent, sous un certain éclairage, passer pour le développement apologétique d'une sentence. Elles se construisent autour d'une phrase ou autour d'un visage. Dans «Le

De la chronique

Chroniqueur spontané, pour qui l'histoire est un peu trop belle (pour être vraie), le peuple aime les brigands et la république, parce que, étranger aux langues officielles (écrites), au récit uniforme, il a conservé parmi sa verve orale à cent voix la passion des histoires. « Ce qu'il trouve d'héroïque dans ces histoires ravit la fibre artiste qui vit toujours dans les basses classes, et, d'ailleurs, il est tellement las des louanges officielles données à certaines gens, que tout ce qui n'est pas officiel en ce genre va droit à son cœur ». Le peuple forme le chœur de la chronique.

Une chronique de Stendhal garde quelque chose d'une sentence d'Héraclite, voire — et le rapprochement pourra surprendre — des fables les plus cruelles du bon La Fontaine. Les histoires font la part belle au stylet et au poison violent ; les femmes sont farouches et d'une fidélité à l'émotion première qui fait peur : on le sent encore dans la manière du récit, incisive, aphoristique, où la litote parfois s'élève à l'art de tuer. Voici un ton qui colle à la république ; c'est tout juste si on ne voit pas en transparence cette belle infidèle de la politique.

Autour de la chronique, rude et d'un éclat bref, s'organise la résistance contre l'histoire. La chronique bat le rappel des Figures républicaines. La vérité, légère et même un peu provocante, s'élance à l'assaut de l'épais mensonge ; et ce sont autant de duels : la passion contre la gravité, la virtù contre l'honneur, la liberté contre la sujétion, le courage contre la peur, la clarté contre la rhétorique, la parole contre l'écrit, le populaire contre l'officiel, le serment contre les liens du sang... Jamais, peut-être, un texte de Stendhal n'a été aussi près de

Rouge » : « la vérité, l'âpre vérité » (phrase plus visage) ; dans « Lucien Leuwen » : « Tu tends tes filets trop haut ». Le visage de Ferrante Palla, dans « La Chartreuse » est doublement poétique : c'est une image poétique de poète. Il vaut comme sentence doublée d'humour. C'est une Figure de désistement.

réfléchir sa forme dans le contenu d'un récit. Le thème et le ton sont un : «L'Abbesse de Castro», qui commence par une charge contre le «mensonge des historiens», raconte un mensonge qui tue.

Et la chronique va rapidement, entêtée de sa hâte polémique, pressée d'en découdre et d'arracher le voile. Le temps n'a pas de prise sur des êtres sans complication, puisque le cœur ne s'use. Il n'y a pas d'«éducation sentimentale», avec ses espoirs, ses attentes ou ses impasses, ses hésitations; avec son adret et son ubac, l'embrasement et le désamour. Qu'on aime est ici l'axiome de la première ligne — et le dernier mot («elle avait la dague dans le cœur»). L'amour et la mort passent l'un dans l'autre. Ce sont là, Stendhal le sait bien puisqu'il en «demande pardon», de «rudes vérités». Acharnée à détruire l'ordre de l'histoire, la chronique se refuse à narrer ce carroussel de chimères et de faux-pas qu'on finit toujours, de guerre lasse, par nommer «une vie», et où le vide et l'illusion pèsent autant que le plein. Elle extirpe le noyau dur des êtres, l'atome de rigueur dissimulé dans l'argile humaine; et chacun d'aller d'un trait buter contre l'amor fati. Stendhal, avec les chroniques, découvre que le vrai peut être dit dans l'art : un peu brutalement. Il lui restera à apprendre — mais ce sera grâce et non conquête, qu'il peut aussi être charmant.

Le mensonge historien

«La première chose à faire, lorsqu'on veut connaître l'histoire d'Italie, c'est donc de ne point lire les auteurs généralement approuvés; nulle part on n'a mieux connu le prix du mensonge, nulle part il ne fut mieux payé.» On alléguerait bien d'autres morceaux de cette veine. Toujours revient le thème des «prudents mensonges» des historiens, loués par «la littérature routinière des académies»...

Les «Chroniques» enferment de la négation, car elles

représenter un moment critique de l'art de Stendhal. En témoigne la sécheresse voulue de l'écriture. Le soupçon que l'écrivain fait peser sur le genre «histoire» gagne de proche en proche toutes les écritures. On le sent en quête d'une beauté libre, dépourvue d'affectation, caressant le rêve d'un art sans artifice, d'un texte sans rhétorique.

La phobie de l'histoire et la haine de l'affectation finissent d'ailleurs par se confondre : l'écrivain devine que le mensonge politique et la vanité littéraire ont une même racine. Et une même victime désignée : l'émotion vraie. Dans les pompes de l'histoire comme dans les grimaces du gendelettre, il flaire l'afféterie utile. Qui servent-ils ? Le prologue de «La Duchesse de Palliano» répond : «Pour me faire quelque idée de cette passion italienne, dont nos romanciers parlent avec tant d'assurance, j'ai été obligé d'interroger l'histoire ; et encore la grande histoire faite par des gens à talent, et souvent trop majestueuse, ne dit presque rien de ces détails. Elle ne daigne tenir note des folies qu'autant qu'elles sont faites par des rois ou des princes». L'histoire apparaît comme le discours (délégué) du prince ; c'est la sanctification symbolique du fait de pouvoir, la sublimation trafiquée du coup de force.

On a vu que Stendhal persécute le «talent». Pourquoi donc(1) ? Parce qu'il navigue presque toujours dans les eaux territoriales de l'histoire ; parce qu'il cherche à s'employer et à faire reconnaître ses services ; d'un mot

(1) Le premier chapitre de la «Vie de Napoléon» s'ouvre par cette phrase : «J'écris l'histoire de Napoléon pour répondre à un libelle. C'est une entreprise imprudente, puisque ce libelle est lancé par le premier talent du siècle contre un homme qui, depuis quatre ans, se trouve en butte à la vengeance de toutes les puissances de la terre. Je suis enchaîné dans l'expression de ma pensée, je manque de talent et mon noble adversaire a pour auxiliaire tous les tribunaux de police correctionnelle». Le «noble adversaire», ainsi secondé par la police, désigne Mme de Staël, qui venait d'écrire, je cite Stendhal, «un livre habituellement puéril et souvent brillant» contre Napoléon et qui «regarde l'aristocratie anglaise comme la perfection des gouvernements».

un peu rude : parce qu'il est à la botte. Henri Beyle, c'est dit, n'aime pas le talent, il le sent aussi zélé qu'infidèle. Prêt à se vendre au plus offrant, c'est-à-dire à celui qui, pour le moment, décide des valeurs et des places. Ce qu'il faut d'amnésie pour bien écrire l'histoire ! C'est toute une science de l'oubli, (un tact de l'omission propice), qui est supposée là — dans ces subtils arrangements de signes, en foi de quoi le prince régnant, parce qu'il règne, est lavé de la violence. Pour Stendhal, l'histoire est une amnésie bavarde.

Aussi bien rétablit-il d'abord, dans les « Chroniques », la vérité de la violence, qui consiste dans sa dissémination. Là où l'historien s'emploie à la canaliser pour en faire le désordre naturel des gouvernés, contre quoi s'efforcerait l'œuvre du prince, toute de pacification et de civilisation, le chroniqueur, généalogiste des cultures, ramène cette violence à sa source intarissable et multiplie : le(s) désir(s) — ou, comme dit Stendhal : la passion. Qui se prétendrait sans-passion ? Justement : l'historien ! Son mensonge tient beaucoup moins aux faits déformés, aux omissions et au panégyrique des puissants, qu'à l'abdication de son désir propre au profit d'un discours neutre, bien fait pour cacher, en le « naturalisant », la nudité du pouvoir — comme ce qui se conquiert ou/donc se perd, comme ce qui se conserve ou/donc se dilapide. L'histoire est donc toujours la fable du présent gouvernement.

En ce sens, l'illusion historienne est sans illusion (sur l'homme) ; et la vanité comme « gravité » suit de la vanité comme néant. Ce que Stendhal aperçoit, au fond de l'histoire, c'est le nihilisme, puisqu'elle est la croyance de ceux qui n'en ont plus. Le mensonge sème la mort et en procède. La pompe énonce toujours la mort.

Quelle est donc la position de Stendhal ? Encore une fois, c'est celle du désir. Que la république (passionnée) soit une « cause », ou mieux : une Idée, pour laquelle les hommes meurent, prouve que c'est là le meilleur gouvernement — et qu'il n'existe pas. On ne meurt pas pour Louis-Philippe, gouvernement réel, mais faux-roi et fausse-république. Le désir comme la foi suppose l'idéalité. Or « Juillet » représente le gouvernement sans foi ni loi, qui capte le désir (des barricades) et trahit la foi (des royalistes). Il faut donc conclure que Stendhal est pessimiste en politique ? Sans doute. Toutefois, le pessimisme de Stendhal s'oppose radicalement à celui des historiens. Il exige un gouvernement à la réalité duquel il ne croit pas ; l'historien croit à un gouvernement sans rien exiger de lui...

Comment semblable démystification de l'histoire s'opère-t-elle ? Stendhal fait d'abord apparaître sa superficialité : l'Etat magnifié désigne la surface chimérique des groupes. L'histoire officielle glisse sur cette pellicule monotone, elle se compose d'arguments, ignore le réel et néglige (ou refuse) d'enregistrer le matériau multiple que la croûte dissimule et réprime. La chronique, à l'opposé, perce le glacis « historique », sous lequel elle trouve les mille ogives croisées de la culture. Voici que les paroles gelées se mettent à bruire : le souterrain s'aère, et c'est alors que se déclare la culture vive, luxuriante, dans son volume et sa diversité. La civilisation n'est jamais une intention du prince ; si l'Etat « civilise », c'est bien malgré lui : en exaspérant les désirs, et d'abord celui de ne pas souffrir l'oppression. Le mensonge de la violence instituée produit ainsi comme effet-en-retour les plus beaux défenseurs de la liberté. Loin d'être absurde et vaine, la violence de leur passion maintient la vérité de l'homme et l'exigence d'une politique qui lui serait accordée. Au fond, l'avenir politique est toujours rêvé quelque part dans la culture, même si cet à-venir n'a pas de signification immédiatement chronologique. A défaut d'une politique future, qui apaiserait le désir en meublant la croyance, Stendhal esquisse, dans le jeu des cultures, des temps et des lieux, quelque chose comme une politique intempestive, affranchie de l'uniformité et de la linéarité historiques. Le premier devoir politique d'un homme — et il est simple et constant, puisqu'il ne dépend pas des circonstances — consiste à ne pas (se) mentir sur sa passion. La politique de Stendhal n'a pas de terre promise. Mais elle a son peuple élu.

Par un singulier paradoxe, le bois ou la forêt, loin d'abriter des « sauvages », apparaît comme le lieu d'élection (lieu mobile) de la culture, le refuge de la liberté et de la passion, le laboratoire farouche de la politique du cœur. On verra plus tard Fabrice en souci du lieu intense (d'amour et de mort), de cette terre promise intérieure ; or la petite troupe de Ney donne aussi peu l'idée de la grande bataille où croule l'Empire, que Marietta du grand amour. On sait que tous les chemins de la recherche conduiront Fabrice dans la prison.

Pour le moment, la chronique multiplie la fondation de lieux excentriques, foyers effleurés, possibles, de cristallisation : une ville, un manuscrit, un dialecte, une forêt, Rome ou Naples, la Sicile etc... Stendhal s'emploie à réveiller la pluralité des voix de culture, qui ont été jusqu'alors couvertes par le ton monocorde de l'histoire des Etats. Sous la grande Histoire de Rome, il perçoit le bruissement de la forêt de la Faggiola[1]. Il y a comme une ubiquité de la république passionnée ; on ne la trouvera pas sur la pénéplaine « histoire », mais plus sûrement dans la géomancie des lieux vifs, flamme sicilienne, forêt circumurbaine ou manuscrit padouan, omniprésente et insaisissable, dense et pulvérisée dans l'essaim culturel.

Or les lieux et les temps s'éclairent à se frotter l'un contre l'autre : évoquez l'Angleterre des dandies, et vous verrez mieux Palerme au XVIe. La ruine de la logique historienne laisse donc le champ libre à des questions

(1) « Lorsque, par malheur pour la félicité publique, pour la justice, pour le bon gouvernement, mais par bonheur pour les arts, les républiques du Moyen Age furent opprimées, les républicains les plus énergiques, ceux qui aimaient la liberté plus que la majorité de leurs concitoyens, se réfugièrent dans les bois » (« Ab. de Castro »).

intempestives, qui apparaissent comme autant d'approches de l'art vrai, comme les symboles prismatiques de la quête éthique et politique de Beyle, signes discontinus, dont la miraculeuse réunion fera le chant de « La Chartreuse de Parme ».

De la chronique au roman

Chaque lieu suggère une manière inimitable d'agir, d'aimer, de chanter, de tuer. « Les paysages, comme les passions, comme la musique, changent aussi dès qu'on s'avance de trois ou quatre degrés vers le Nord » («Duch. de Pal.»). Stendhal relève que la passion italienne, naguère répandue dans une infinité de mélodies, aujourd'hui indéchiffrables, s'« éteint » en l'an 1734, lorsqu'un Bourbon, don Carlos, « si ennuyé, et si passionné pour la musique » vient régner à Naples. Le roi, le régime, la musique : tout se correspond. «On sait que pendant vingt-quatre ans le sublime castrat Farinelli lui chanta tous les jours trois airs favoris, toujours les mêmes. »

Dans la singularité des lieux et de leurs mélodies, Stendhal guette le fantôme de sa république passionnée. «Ne sommes-nous pas convenus, répète l'auteur, dans «La Duchesse de Palliano », que les passions varient toutes les fois qu'on s'avance de cent lieues vers le Nord?» — A quoi fait écho l'Avertissement de « La Chartreuse » : «D'ailleurs il me semble que toutes les fois qu'on avance de deux cents lieues du midi au nord, il y a lieu à un nouveau paysage comme à un nouveau roman.»

Un mot diffère : roman.

La quête des signes «républicains», tout dans la tradition de Rousseau, jusqu'ici fragmentaire et discontinue, paraît soudain s'élargir en une langue possible, inspirée, à la fois une et plurielle, si superbement intempestive, elle, qu'on la sent libre de toute négation. Alors que les

« Chroniques » agressaient le siècle(1), le « nouveau roman » se place dans le pur univers du chant. Y résonnent tous les lieux d'Italie, tous les temps de l'histoire. Dans « La Chartreuse », Stendhal éprouve, tel Haydn le Symphoniste, la réunion du vrai et de l'art, de la liberté et du charme. Il ne sent plus le déchirement du cœur et de ses symboles imitatifs : la passion peut être écrite, et la république vécue, même dans la solitude. L'hypothèque de la rhétorique est définitivement levée, la maladie de l'homme seul est épargnée au Musicien. La plus pure mélodie communique immédiatement avec la philosophie la plus profonde. Le « nouveau roman », dont la promesse peu à peu s'est enseignée dans l'effeuillage des vieux manuscrits, s'établit enfin dans l'interstice des temps et dans l'écart des lieux : intempestif aussi bien qu'atopique. La vérité, relation de toutes les relations, est musicale. Voici le sens stendhalien du verbe « romancer » : un miroir sur une route, une portée pour des notes. Le lieu des lieux, c'est la musique, symbole du temps. A chercher la vérité des temps, Stendhal finit par trouver le Temps comme vérité. « La Chartreuse », c'est « Le Temps retrouvé » de Stendhal.

Or, il appartient, au contraire, à la conscience historienne, de rêver la fin de l'Histoire dans l'apothéose des croyances du siècle. Tout siècle tendant à se croire le dernier, et, si j'ose dire « pressé d'en finir », celui de Stendhal n'a guère prêté l'oreille au plus avisé et au plus silencieux de ses prophètes, et notez comme en ce Stendhal toujours contemporain, que nous essayons aujourd'hui d'approcher, se rassemblent étonnamment deux voix, discordantes selon le siècle : celle de Rousseau et celle de Nietzsche.

(1) Le lecteur lira, s'il le souhaite, la « Note » renvoyée à la fin du présent essai : « Ecriture et romantisme ».

III / ATTAQUE

Si élogieux que fût l'article de Balzac sur « La Chartreuse de Parme », il contenait cependant quelques reproches, en particulier celui de commencer le roman par l'enfance de Fabrice. La Poétique de Balzac, appuyée sur une progression dramatique conduisant à un dénouement inéluctable, restait, finalement, tributaire de la sacro-sainte règle classique des unités. A cela rien d'étonnant, si l'on pense à tout ce que le personnage balzacien doit au caractère du théâtre, lui-même issu du masque. L'unité d'action s'inscrit dans la logique d'un personnage à peine dégagé du caractère qu'anime, comme l'écrit Malraux, une passion majeure et constante, et dont les comportements sont prévisibles. Pour prodigieuse qu'elle soit, par sa dimension comme par sa force persuasive, la création balzacienne s'impose au lecteur dans une évidence normative : le récit, c'est-à-dire la fiction narrative, corrobore, et réciproquement, une défense et illustration de règles, où il pense assurer son universalisme. Un roman de Balzac se retourne sur sa propre méthode : il est à la fois canonique et génial, catégorique et singulier. Il en va bien différemment de Stendhal, qui, dans sa réponse à l'illustre confrère avoue que « faire un plan (le) glace ». Il plaide coupable : il ne connaissait pas les règles...

Dans le fait, si Balzac a fait école, et tout de suite, Stendhal a fasciné à terme. Son œuvre ne tient qu'à lui : le ton y est tout. Le premier a introduit en littérature l'esprit géométrique ; le second l'esprit de finesse. Dans un roman balzacien, l'enchaînement dramatique robuste suscite et maintient l'intérêt ; le charme qui nous attire, chez Stendhal, et nous emporte, tient à la façon de commencer. J'en sais que rebutent les pesantes entrées en matière de Balzac : c'est qu'il procède à la façon du géomètre, qui parcourt ses hypothèses avant d'entamer la démonstration. A Balzac, il faut laisser le temps. C'est un autre aspect du plaisir de lire. Stendhal, improvisateur né, excelle à débuter. D'entrée, il chante juste. Une phrase lui suffit, la première, voici le lecteur gagné. Stendhal, certes, l'intéresse à l'action ; mais surtout : il en fait un stendhalien. « Longtemps, je me suis couché de bonne heure. » C'est par cette anacrouse que Proust prépare et annonce les arabesques de « La Recherche ». La phrase vaut moins par ce qu'elle signifie en elle-même, que par la volonté dont elle sort et le charme qu'elle promet ; elle veut dire : Je vais créer. Elle matérialise la mince limite entre une existence que les signes submergent et la trame encore vierge où ils seront tissés. La signification le cède à l'incantation : prière joyeuse. La main a couru sur le papier avant l'idée.

Cette manière, que je sache, vient de Stendhal.

Aurore

On n'oublie pas la première phrase de « La Chartreuse de Parme » : « Le 15 mai 1796, le général Bonaparte fit son entrée dans Milan à la tête de cette jeune armée qui venait de passer le pont de Lodi, et d'apprendre au monde qu'après tant de siècles César et Alexandre avaient un successeur. » La voix est placée. Le registre du chant s'établit entre le bulletin et l'épopée. Et quelle légèreté ! Quelle gaîté dans cette « jeune armée », qui rend Milan à la vie et réveille « un peuple endormi » ! Quel bondissement sur ce pont de Lodi ! Il faut entendre cet « allegro con brio » ; son éclat transcende toute introduction narrative. Ce n'est pas le commencement du roman : c'est le commencement tout court, le son du commencement. Le lecteur se sent ravi et revigoré ; il est saisi par l'entraînement des matins. C'est ici la seule sagesse à laquelle le vivant ne saurait longtemps rester sourd : celle du génie, de la naissance, de l'aurore.

L'empereur, vieil astre invisible à Fabrice en son couchant, qu'il aperçoit sans le reconnaître à Waterloo, retourne éternellement le général de Lodi, qui, à vingt-sept ans, «passait pour l'homme le plus âgé de son armée». La légende dissipe l'histoire, comme jadis l'armée d'Italie chassait les grenadiers de l'archiduc. L'empereur disparaît pour revenir Bonaparte.

La Figure de Fabrice, n'en déplaise à Balzac, se dessine dans cette atmosphère de naissance. Ce n'est pas que Stendhal tienne à raconter les enfances de Fabrice, sur lesquelles, on l'accordera, il passe bien vite. A la lettre, on voit poindre Fabrice.

Vers le milieu du premier chapitre, Stendhal «avoue» avoir commencé l'histoire de son héros «une année avant sa naissance». Cette façon de retard du récit par rapport au ton me semble tenir au plus élémentaire de la création stendhalienne, à cet art de différer, si caractéristique du «Brulard», que l'auteur a su élever à la dignité d'une écriture. Avant Flaubert (et tout autrement), Stendhal subvertit le récit (balzacien) en subordonnant la convention dramatique à la contagion d'un ego qui, généreux de sa jouissance créatrice, glisse mélodiquement, se répand en métamorphoses, avec cette libre opiniâtreté, indifférente à la censure (rhétorique) comme à la mode (du «talent»), avec ce naturel souverain qu'on n'opprime ni ne flagorne — où Stendhal pressentait le génie(1).

Il n'appartient pas à cette famille d'écrivains qui s'arrangent toujours, d'une manière ou d'une autre, pour avertir le lecteur; comme pour lui dire, en somme : attention, œuvre d'art! On m'objectera que Stendhal a multiplié préfaces et avertissements. C'est bien vrai : trois préfaces pour «Lucien Leuwen», sans compter l'adresse au «lecteur bénévole»! Mais les avertissements de Stendhal, loin d'enseigner le lecteur supposé naïf, contiennent, au contraire, un aveu d'ingénuité de l'auteur.

En réalité, nul ne sait mieux que lui par où il est inimitable. Il ne sait pas, comme un Hugo, manier les masses,

_____

(1) «Hélas, écrit-il dans la «Vie de Henry Brulard», rien n'annonce le génie, peut-être l'opiniâtreté serait un signe» (chap. 4).

les faire lever d'un souffle; il est bien loin derrière Balzac pour la construction du drame, il n'a pas sa puissance analytique, sa rigueur et sa patience; et même, on le sent parfois pressé de se débarrasser d'un morceau qui l'ennuie, d'expédier un moment de l'action qui ne lui dit plus rien; il est incapable, comme George Sand, d'exploiter tout au long une veine et de s'y tailler une maîtrise; il n'a pas la fureur religieuse d'un Flaubert, occupé de bâtir son temple à l'Art-Baal en se déchirant les entrailles; non — il ne veut ni ne peut montrer un savoir-faire, afficher le genre de son talent; il sait qu'il doit s'abandonner à la pente de son génie, aller à sa fantaisie; il sait surtout qu'il est bon dans les attaques.

Sans doute eut-il rapidement conscience de cette hardiesse du naturel, et qu'il ne choisissait pas la voie facile. Il avança bien le terme d'égotisme, afin de signaler, au moins à quelques bons entendeurs, le bel avenir de toutes ces impuissances. En 1840, il est seul et singulier. Le plus prestigieux de ses pairs lui rend, et avec quelle générosité, un juste hommage. Mais Balzac, entêté de son œuvre monumentale, loue dans « La Chartreuse » ce qui serait balzacien; presque toutes ses réserves, en revanche, morigènent poliment la vraie manière stendhalienne. Seul un créateur peut montrer, à l'endroit d'une autre création, cette lucidité dans l'aveuglement. En somme, le bel article de Balzac est à l'envers : il n'est que de le remettre sur ses pieds!

Le soleil du mont Janicule

Le génie de Stendhal est militaire et musical ensemble : une fois qu'il a donné l'assaut — « allegro assai » ! —, il ne manque pas de prolonger l'attaque. Fabrice se tire de Milan en fête comme les vifs souvenirs du « Brulard » débouchent de cette matinée d'octobre 1832 sur le mont Janicule baigné de soleil. « Je me trouvais ce matin, 16 Octobre 1832, à San Pietro « in Montorio », sur le

175

mont Janicule, à Rome, il faisait un soleil magnifique. »
Ce qui suit découle à foison de l'enchantement premier,
abonde de la magie des noms romains. Je vois dans cette
ouverture du «Brulard» comme la maquette de toute
la création stendhalienne, dans la diversité de ses tons
et de ses registres. Ce lever de soleil est un lever de
rideau : toutes les actions littéraires de Stendhal se pressent et se donnent la main. A peine si les règles du bon art
tolèrent, en un si mince espace, une page et demie, une
telle affluence de villes, de monuments et de patronymes
splendides, une semblable densité de possibles, une si
grande concurrence de rêves et de chemins ouverts. On
peut s'étonner de cette bousculade, de la part du plus
apollinien des écrivains. C'est à la fois mémoires de
touristes, souvenirs militaires, notes d'amateur d'art,
prière à la Renan, évocation d'un lointain passé – comme
lorsque Chateaubriand, dans «L'Itinéraire», fait revivre
«les jours du Pirée» –, prosopopée, méditation, journal !
On dirait que cent livres cherchent à forcer l'exiguïté de
la page ; et que tous les genres auxquels s'est essayé Stendhal s'y croisent. Ces interférences troubleraient, partout
ailleurs que dans une autobiographie littéraire.

Je vois bien Henri Beyle écrire cette page d'une plume
décidée, s'arrêter peut-être pour la relire, la regarder et
se persuader que c'est un livre qui a commencé, et pas
au hasard ; que ce livre sera plein de tous les autres, déjà
écrits et à venir, qu'il sera le livre-témoin, la répétition
d'une existence et d'une création, l'une plantée dans le
vif de l'autre ; se dire qu'il n'y mettra pas plus d'art que
dans les autres, peut-être moins, qu'il ne cessera pas, ce
qui est son plaisir et son génie, de recommencer, de différer ; qu'il le fera, cette fois, d'autant plus librement qu'il
n'a pas de lecteur à avertir ; je le vois doutant si c'est le
soleil du Janicule qui lui a suggéré cet assaut avec toutes
les troupes, cette œuvre où, tout de suite, sont venues se
précipiter les autres. La page initiale du «Brulard» est

un commencement à tout, la création comme commencement. C'est ainsi que j'imagine la germination du roman de Fabrice. Un certain ton a pris l'initiative. Venu des «Chroniques», il a d'abord brisé, par un silence (au sens, si on peut dire, musical), l'élan connu du «romanzetto»; il est allé de son côté se grossir d'images, il s'est fait sa part entière; et puis soudain il se déclare, dans les fanfares françaises qui font danser Milan. Autant le procès Berthet forme toute la base du «Rouge», autant la «Chartreuse de Parme», réunion de tous les keepsakes stendhaliens, vient de la fusion entre les héroïnes des vieux manuscrits padouans ou florentins et le perpétuel jeune homme, le «Ioulos» de toutes les moissons : vague de cristallisations, amorcées dans tous les lieux de l'imagination et finissant par se souder ensemble un certain 15 mai 1976 sur la première page d'un livre.

Et je crois qu'en regardant bien le texte, on peut découvrir quelques traces des jointements où deux rêves, d'abord distincts, ont fondu l'un devant l'autre comme des amants à la rencontre. On devine assez bien comment le roman est sorti de sa chrysalide, à l'hésitation de Stendhal à choisir le «foncteur» dramatique. Qui est le «héros» du livre? [1] Fabrice, naturellement! Aucun paradoxe ne viendrait à bout de prouver le contraire. Pourtant, il n'est pas sûr que nous puissions facilement nous identifier à Fabrice; il n'attire guère la sympathie du lecteur, qui sent qu'on n'a pas besoin de lui. De Fabrice se dégage, en effet, une impression de suffisance, qui déçoit un peu nos élans de cœur. Il n'est pas, comme Julien, gourmand de notre estime. Regardez-le à Waterloo : il cherche indistinctement l'amour des hommes, un milieu d'a-

[1] Nous n'avons pas à balancer quand il s'agit de «Lucien Leuwen» ou du «Rouge». Sans doute l'«héroïsation» avorte-t-elle dans Lucien, ce qui est cause d'un autre intérêt et d'une autre écriture, tandis qu'elle réussit pleinement avec Julien. Il n'en demeure pas moins qu'ici comme là une intention héroïque a présidé à l'élection d'un personnage-pivot et à la concentration sur lui de l'active sympathie du lecteur, qui s'identifie à Julien et fraternise avec Lucien.

mour qui le nimberait ; il n'a ni ami ni camarade. Le ressort habituel de l'identification romanesque s'en trouve brisé. Il faudra tout à l'heure chercher autre part la nature de l'intérêt que nous portons à Fabrice...

L'auteur lui-même, d'ailleurs, a dû éprouver l'affranchissement de son personnage, au moment même où celui-ci « venait de se donner la peine de naître » (il y a déjà, dans ce trait, toute la grâce de Fabrice, l'élu). Il ne le gouverne pas, il le trouve en chemin. Et il le présente au lecteur, non sans quelque afféterie réjouie : « Ce personnage essentiel n'est autre, en effet, que Fabrice Valserra, « marchesino » del Dongo, comme on dit à Milan. »

« L'Avertissement », pourtant, aurait pu ravir à Fabrice la place centrale. Daté du 23 janvier 1839, il propose l'« histoire de la duchesse Sanseverina » comme une « nouvelle » écrite « dans l'hiver de 1830 », depuis une relation orale entendue lors d'une veillée chez des amis, à Padoue. Pas un mot de Fabrice ! C'est, à l'évidence, la manière des « Chroniques », dont on retrouve les ingrédients : l'héroïne éponyme, un conteur de rencontre, un manuscrit, une ville où passe l'écrivain et la (fausse) précaution oratoire : « J'ajouterai que j'ai eu la hardiesse de laisser aux personnages les aspérités de leurs caractères, etc... »

« La Chartreuse de Parme » est le roman de Fabrice ? L'« histoire de la duchesse Sanseverina » ? Je dirai, pour ne pas me dérober : l'un et l'autre. Mais j'incline à sous-entendre : ni l'un, ni l'autre ! Je suis tenté de m'en remettre à la tautologie : le héros de « La Chartreuse de Parme », c'est « La Chartreuse de Parme » !

Parme, déjà ! Le mot sonne comme charme. La ville du Corrège éveille en nous les puissances du rêve. On sent bien que ce lieu n'appartient pas au même univers que Verrières ou Nancy. L'écrivain aurait pu situer l'histoire de Julien dans une autre ville de province et envoyer Lucien Leuwen dans une autre garnison du Nord ou de l'Est ; rien n'eût été changé. Alors que l'enchantement de « Parme », qui tient à la sonorité du mot comme au halo d'images et de sensations qu'il évoque, nous persuade de la nécessité de l'espace symbolique. Parme, dans le fait, est beaucoup plus qu'un décor de roman ; c'est une pépinière de créatures émouvantes, une aire de consonances, où s'harmonisent sites et personnages.

Le Corrège

Peut-on pénétrer les arcanes de cet espace, surprendre sa confection ? L'érudition des stendhaliens a permis, sans aucun doute, de repérer la plupart des éléments, parfois disparates, qui concourent à la construction du roman. La source essentielle, on le sait, est un récit italien contant « l'origine de la grandeur de la famille Farnèse ». Le thème : comment le jeune Alexandre Farnèse, adonné au vice et à la débauche, accède à la papauté ; comment, plus généralement, une famille s'élève à la grandeur « par le moyen de la prostitution de Vandozza Farnèse », tante d'Alexandre. En marge de récit, Stendhal a noté : « Voici la famille Farnèse, qui fait fortune par une catin : Vandozza Farnèse. »

On ne voit rien là, d'abord, qui diffère de l'esprit des « Chroniques ». Une fois de plus, Stendhal transpose depuis un canevas dramatique. Il garde l'ossature, sans doute, mais il métamorphose complètement les personnages. Alexandre, Vandozza, Cléria, il les sème en route. Plus il croit s'en inspirer, mordre à leur chair de modèles, plus il note et noircit ses marges — et d'autant il les annule, les oublie. Il garde tout, presque tout, les anecdotes, les petits faits qui font vrai, des mots, une enfilade de péripéties ; les âges, les parentés, jusqu'aux réputations : Vandozza, cet « aimable volcan », était, en beauté, la « reine de Rome » — la duchesse Sanseverina sera reine de Parme ; il décalque, il copie ; et puis là, intercession de la grâce, musique ! Fabrice point, tout neuf. Et Gina, cette active nuancée, personnage qu'il dit, dans sa réponse à Balzac, « copié du Corrège », est aussi loin de

179

Vandozza (qu'on imagine, si je peux dire, d'une pièce, la presque banale idole du plaisir d'homme, bien marquée de sa chair et de ses appâts, mère de nombreux enfants, en somme une belle femme aimant la vie et le lit, et avec le sens de l'éclat) que la tendre Clélia de la Cléria du manuscrit, noble dame avec qui Alexandre «prit son plaisir pendant de nombreuses années», aussi loin que les «nuances suaves et tendres» du Corrège de la matière première.

D'une façon générale, j'observe qu'à la simplicité païenne du manuscrit italien, Stendhal a substitué une simplicité chrétienne. Aussi n'est-il pas indifférent que la réponse à Balzac fasse mention du Corrège : Stendhal a vu ses personnages à travers cet art chrétien qu'est la peinture, les transportant dans le climat sublime du peintre parmesan ; à la suite du maître, il a cherché le secret de la grâce dans la pureté du mouvement et la transparence des coloris. Stendhal a trouvé dans le Corrège un peintre de l'élévation, de la torsion des lignes, de la spirale chantante (de la «cantilena lineare») ; il a reconnu en lui le plus musicien des peintres. Comme lui, l'écrivain a saisi ses personnages à l'oblique, dans la consonance de leurs lignes ; il les a exclamés d'une même vision montante. Comparez avec les originaux — si on peut dire : le trait est lourd, les personnages sont vus de face, chacun s'abîmant, à part des autres, dans ses limites de chair et poursuivant sa voie. Nulle perspective, aucune profondeur. Nous sommes dans la gravure, une gravure un peu fruste : dans le plat. L'amoralisme libéral des Farnèse proclame le triomphe de «Physis» sur «Antiphysis». En somme, Stendhal a dû se dire : voilà de beaux specimens d'humanité, ignorant l'affectation et la cagoterie. De beaux païens de la Renaissance. Mais sans âme. Comme est d'une autre venue l'amoralisme de Fabrice, de Gina et de Mosca, et même, d'un certain côté, de Clélia! Dépourvu de naturalisme, il confine, par-delà la morale, à une spiritualité innocente. Fabrice cherche l'amour comme on cherche la vérité ; il finit par trouver que l'amour est la vérité de tout. « Entre ici, ami de mon cœur », lui dit Clélia. Je ne veux pas dire, pour le moment, sous réserve de revenir sur cette spiritualité-là, autre chose que ceci : l'art de « La Chartreuse » est un art chrétien, non pas de croyances et de dogmes chrétiens, non plus que de vertus chrétiennes. Mais de souveraineté chrétienne. Comment dire ? Ce qui étonne d'abord dans cette énigme en quatre personnes, c'est que la passion se réfléchit si profondément dans l'individu, s'assume si pleinement, qu'elle finit par séduire la loi elle-même et l'intéresser au désir. Celui-ci va son chemin, sans loi ni modèle, lié à la seule justice de l'émotion. Nous assistons ici même au dépassement du symbolique, toujours traumatisé, réfreiné, coupable, par la spiritualité musicienne — symbolique pure, anoedipienne.

Et c'est pourquoi il est si difficile, peut-être vain, de thématiser « La Chartreuse », de la faire rétrocéder dans l'ordre du discours ; elle ne se laisse pas ravaler au phrasé discontinu des signes concurrents et conflictuels. J'ai cherché, donc, à épouser l'impression première qui suggérait : d'abord la musique ! J'ai entendu le seul interdit de cette création : ne pas céder un pouce d'inspiration, ne rien accorder à la « creatio naturata », aux historiens, aux érudits, aux docteurs, aux documents, aux sources et aux théories ; tâcher, au contraire, d'accompagner la « creatio naturans », de sympathiser avec son libre surgissement. Au commencement était la Musique.

Et si je tenais à rendre tangible cette symphonie de quatre vies, quatre rythmes passionnés, je mettrais, quitte à simplifier un peu, des noms sur les mouvements ; je dirais : Fabrice est « Allegro vivace », Gina « Scherzo », Mosca est « Andante » et Clélia « Adagio ». Mais c'est le même souffle qu'ils respirent : création continuée des dieux, des mélodistes ou des rares peintres capables de couvrir d'une fresque une coupole octogonale. Art chrétien, vous dis-je, et foncièrement amoral,

181

que cette Passion enfermant sa raison, que rien ne réprime ni ne fascine, que rien n'a refoulée et qui ne sera pas sublimée, qui est sublime d'elle-même et loge à l'enseigne de l'individu souverain, pure intériorité spirituelle. Et croyez bien que ce n'est pas l'emportement de natures abondantes, à qui le temps apporte la sagesse, mais la passion qui pousse à être, lucide, centrale. Nul conflit entre l'entendement froid et la passion surchauffée ; il n'y a plus de morale, à vrai dire, parce que la conscience passionnée projette partout sa lumière rayonnante.

Stendhal, en écrivant « La Chartreuse », dut éprouver la parfaite synonymie de trois verbes : créer, commencer, continuer. C'était déjà ce qu'il guettait, écrivant de Haydn, ce qu'il entrevoyait à l'horizon proche en affrontant le mensonge historien. Imitation et violence, l'histoire était l'anti-musique, un ordre signifiant qui persuade par des enchaînements forcés, qui fait de la syntaxe le supplément du sens volé. La musique (où Mallarmé verra le modèle d'une pure intelligibilité, exténuant jusqu'aux limites du possible les supports rhétoriques et les cadres syntagmatiques) transcende les énoncés discursifs, frappés au coin du traumatisme œdipien et du déchirement historique. Peu importe alors qu'il se trouve dans « La Chartreuse » des « faiblesses » d'écriture, qu'un juge aperçoit s'il isole les détails ; c'est l'ensemble qui chante. Musique encore l'âme de Fabrice, qui n'a pas connu de réels conflits, qui s'invente ses problèmes et ses scrupules : de là son amoralisme foncier. Stendhal lui-même, (se) dictant son livre, a joui de la loi qu'il s'est imposée. Il n'a pas cherché une forme pour un sujet, ni tâcher d'ajuster un sujet à une forme. Il a trouvé les deux d'un coup. Il a trouvé, comme disent et font les mélodistes purs. Il a dicté !

Fête

La fête bat son plein à Milan comme dans le cœur du « trouveur », du trouvère. Nous sommes le 15 mai 1796 ou quelque part en l'an de grâce 1838. Le chapitre premier («Milan en 1796»), ouverture et prologue, évoque une liesse populaire et, comme dans un certain théâtre, présente les personnages. Le récit semble se dégager peu à peu d'une grande clameur initiale : celle d'une communauté qui, dans ses chants et ses danses, abolit ses inhibitions et déruit ses entraves.

Voici revenir nos brigands des «Chroniques» et l'écrit maléfique qui les couvre d'opprobre ; mais les Français ont tôt fait, cette fois, de démentir publiquement une réputation de poltrons encanaillés fabriquée par «un petit journal» à la botte, «grand comme la main, imprimé sur du papier sale» qui les désignait aux «fidèles sujets» de Sa Majesté Impériale et Royale comme un «ramassis de brigands». Et la fête éclate comme un grand coup de vérité. Le peuple fraternise avec les soldats. Les «idées anciennes» s'effondrent dans le ridicule et l'odieux ; on était dans la «nuit profonde» du despotisme, voici qu'on se trouve «inondé de lumière». Chassé l'occupant autrichien, on accueille dans le soldat républicain l'hôte et le frère. Le patriote cisalpin fait fête au libérateur transalpin, qui lui rend courage et confiance, lui restitue son identité : ce patriotisme-là n'a pas de frontières. L'arrivée imprévue des Français, entrant dans Milan auréolés de victoires et de marches «éclair», efface en un instant des siècles de vexation. La passion, si longtemps étouffée, contrainte au silence ou à la dissimulation, renaît au grand jour. Le temps ne compte pas. Le bruit des chaînes s'évanouit immédiatement dans les fanfares joyeuses, la science de la liberté, longtemps censurée, se retrouve, intègre, ce qu'elle était hier ; les régiments autrichiens fondent sur place, la joie du peuple exulte sans délai, cette joie qui, se déclarant dans tous les lieux, proclame l'avènement des Lumières. «Bientôt surgirent des mœurs nouvelles et passionnées.»

Toutes les valeurs s'inversent. Il suffit d'une caricature croquant l'archiduc, laissée par Gros sur la table d'un café, pour effacer le panégyrique officiel; de l'irruption de « ces Français si pauvres » pour balayer les prestiges du lucre et de l'argent. Bien mieux : « la masse de bonheur et de plaisir », qui entre alors en Lombardie à la suite des Français, est en raison inverse de la richesse et de la possession. C'est que, comme l'avait vu Rousseau avant le Marx des « Manuscrits parisiens », l'argent, médiateur universel, détruit la communication concrète entre les hommes; symbole abstrait de l'échange social, il « incarne la domination totale de l'objet aliéné sur l'homme » (Marx); le moyen devient une fin en soi et déchaîne l'idolâtrie. Le souci de l'argent engendre la gravité et multiplie les solitudes. La fête(1), au contraire, suspend l'ordre social, rompt le sérieux du temps linéaire, fondant une communauté instantanée et transparente où la passion communique directement avec la passion; parce qu'elle se symbolise elle-même dans l'exultation et l'ivresse, la fête disqualifie du même coup les signes abstraits et les truchements sociaux.

Dans la ville, un peuple se livre à sa gaîté insouciante, tandis que les champs alentour font naître de charmantes idylles : « Dans les campagnes l'on voyait sur la porte des chaumières le soldat français occupé à bercer le petit enfant de la maîtresse du logis, et presque chaque soir quelque tambour, jouant du violon, improvisait un bal. » Mais, comme aucune communauté ne peut assurer sa cohésion sans chasser ses indésirables, qui emportent au loin ses malheurs, on devine que l'envers de cette allégresse, c'est l'isolement plus ou moins forcé des riches familles nobles, qui ont profité de la domination autri-

(1) Noter l'inspiration rousseauiste du chapitre. Les danses et les chants des soldats de Bonaparte rappellent ceux du régiment de Saint-Gervais, spectacle dont Rousseau (« Lettre à D'Alembert ») dit avoir été frappé dans son enfance. Même liesse improvisée : officiers et soldats confondus entrent dans la danse où les femmes les entraînent, et ce n'est plus qu'un seul peuple, qu'un seul cœur, qui sait s'amuser de riens. Je ne peux mieux faire que de renvoyer le lecteur au beau livre de Paule-Monique Vernes, qui commente abondamment ce texte : « La ville, la fête, la démocratie » (« Rousseau et les illusions de la communauté »), Payot 1978.

chienne et sur lesquelles maintenant pèse la contribution exigée par Bonaparte. La plupart, boudant la fête, s'en sont allées. Le marquis del Dongo, par exemple, attend la revanche au fond de sa maison de campagne. Stendhal laisse ainsi supposer qu'il n'y a pas d'épuration politique, puisque les austrophiles se mettent spontanément en quarantaine. Le partage des êtres, décidément, a lieu dans les profondeurs de la culture (des «mœurs», dit Stendhal), et non dans la surface politique des choses. C'est pourquoi : a) il ne suit pas exactement l'intérêt évident : «On a pu citer de vieux marchands millionnaires, de vieux usuriers, de vieux notaires qui, pendant cet intervalle, avaient oublié d'être moroses et de gagner de l'argent»; b) il passe, en revanche, à l'intérieur des familles, au mépris des solidarités de patrimoine : «Les chefs des grandes familles étaient remplis de haine et de peur; mais leurs femmes, leurs filles, se rappelaient les joies du premier séjour des Français... » Cette fête, autrement dit, ne modifie pas le gouvernement des hommes; elle change radicalement l'homme lui-même. Libre aux vieux que l'argent n'alourdit plus de rajeunir, aux femmes de choisir la liberté plutôt que l'atavique obéissance conjugale. La fête a ancré ses racines dans Milan; quand même les Autrichiens reviendraient, ce qu'elle a semé grandira et renaîtra.

Car la temporalité de la fête est celle de la répétition, ou mieux : du retour. Elle fait sortir l'homme du temps historique pour l'établir dans le temps de la passion : patience joyeuse que n'entament la résignation ni l'habitude. Fabrice est apporté par ce temps-là, entre Lodi et Marengo, entre l'arrivée et le retour des Français.

Robert, comte d'A***

Fabrice, en effet, naît dans la culture, non dans la politique; de là, en lui, cette liberté quasi congénitale, produit de la fête et non de la conquête, qui ne connaît

185

pas la négation. Le neveu de Gina incarne la fête (de la) liberté ; son âme fleure la liesse populaire, dont elle est comme l'expression sublimée. Fabrice, c'est la communication faite homme. Paradoxe ? N'éprouve-t-il pas au contraire, partout où il passe, le défaut de communication ? Lui qui est amour se désole de n'aimer pas — d'être, qui sait, incapable d'amour ; il s'inquiète, lui tout effusion, de ne pas savoir gagner l'amitié des soldats qu'il croise à Waterloo. Son cœur serait-il fermé à l'affection ? Son visage antipathique ? Trop clair pour l'opaque humanité, il se méprend lui-même sur sa trop solaire nature. Il ne voit pas que le manque vient du répondant, que sa lumière à lui étonne et offusque. Il se heurte, apollinien, à des fantômes qui, dans la caverne humaine, communiquent par ombres interposées. Son itinéraire, en somme, est swiftien : parce qu'il ne sait parler que la langue de l'intelligible, il s'expose à l'incompréhension. Parce que l'élan de son âme directement s'adresse à tous, il n'est entendu de personne. Fabrice, finalement, manque des manques qui font l'échange social.

Il manque d'abord de père. Il manque même son père peut-être, le lieutenant Robert, devenu le général comte d'A*** (mais comme ce «peut-être» est lourd de sens !), et son modèle (Napoléon), qu'il croise à Waterloo sans les reconnaître. On voit tout le parti, qu'une fois de plus, Stendhal sait tirer de son cher phantasme de naissance illégitime. Autant celle-ci paraît invraisemblable dans «Le Rouge et le Noir», où il faut, au contraire, que Julien soit le fils réel du charpentier Sorel pour que nous croyions à son élévation «hermétique» ; autant elle semble probable ici. Et pourtant la suggestion, cette fois, est beaucoup moins appuyée : on dirait même que sa vertu persuasive croît en proportion inverse des moyens rhétoriques qui la soutiennent. Dans «Le Rouge», l'équivocité de la naissance corrobore le phantasme au service duquel elle se place ; au contraire, dans «La Chartreuse», les blancs du texte apparaissent comme autant de preuves que Fabrice n'est pas le fils du marquis, et qu'il est...

Voici l'occasion de vérifier que l'art de Stendhal, pour libre qu'il soit (et où l'est-il plus que dans « La Chartreuse » ?) n'est jamais gratuit. Le personnage du lieutenant Robert, devenu à Waterloo le général comte d'A***, au profit de qui les soldats réquisitionnent le cheval de Fabrice après l'avoir prestement désarçonné, est un personnage épisodique. J'irai jusqu'à dire qu'il est bien fait pour être oublié : une première lecture du texte, une lecture cursive, passe sur lui sans le voir. Ce qui ne veut pas dire, il s'en faut, qu'elle n'en retienne rien. Robert, oublié et retenu, est, au fond, porté au crédit de Fabrice ; il n'existe pas tout seul ; il n'existe que comme défalqué de Fabrice. On sent quelque chose en Fabrice qui est Robert, quelque chose qu'on ne sait pas nommer, que Stendhal n'a pas voulu que nous nommions. Robert passe dans la réminiscence du texte, il anime, de sa cachette, la singularité de Fabrice, tout en nous interdisant de lui donner un titre, trop de convention : bâtard, fils de l'amour ou ce qu'on voudra. Robert l'obscur aide au charme inexpliqué de Fabrice. Ne dîtes pas de Fabrice qu'il est son fils, qu'il est le fruit des amours fugaces de la marquise del Dongo et du lieutenant de Bonaparte ; vous en dîtes trop. Vous voyez bien que c'est vrai, mais ça n'est pas réel, ça ne se dit pas. C'est possible. Sans doute nécessaire. Mais ça ne se dit pas. Stendhal ne le dit pas. C'est encore trop dire, qu'il le suggère : c'est moins que cela. L'effet a beaucoup plus de force. Il faut que nous ayions à nous demander, à hésiter ; et même à oublier l'hésitation. Je vais ici à l'encontre de l'art, je « psychanalyse » le texte ; je retourne en arrière pour regarder ; je décide de donner à Robert toute mon attention. Je lis en récurrence. Mais je réclame en même temps qu'on n'en fasse rien, qu'on lise tout droit. Fabrice, vous dis-je, est le fils de Milan en fête.

On objectera : le lieutenant Robert est pourtant bien présent dans le premier chapitre, celui de la fête justement ; admettons qu'à Waterloo son apparition soit si fugitive qu'elle se dissipe presque aussitôt dans la mêlée des hommes et la confusion de la bataille ; soit donc ! Mais à Milan en 1796 ?

Je réponds que le lecteur le plus attentif, dans l'ignorance encore de ce que l'écrivain fera de Robert, peut très bien ne voir en lui que le symbole, résumé en sa personne, de l'armée française tout entière. Ne l'y aide-t-on pas ? « Par exemple, un lieutenant, nommé Robert, eut un billet de logement pour le palais de la marquise del Dongo ». L'existence concrète du lieutenant, traversée par le paradigme, pèse trop peu pour nous intéresser ; nous sentons bien qu'elle n'est pas assez hasardée. L'exemple obnubile savamment le personnage : pas un fait qui ne soit un signe. De même, plus tard, se souvenant de ses aventures à Waterloo, Fabrice évoquera le maréchal Ney et... « l'autre général », c'est-à-dire : non pas le général comte d'A***, mais celui-qui-n'était-pas-le-maréchal-Ney. Le lieutenant Robert disparaît dans le texte : on le sent là, comme une absence, comme l'endeçà du nom. Il porte à conséquence et il ne porte pas de nom. Il est cette inexistence subtile du vrai père, qui fait tout Fabrice. Terme évanescent, il demeure au principe de toutes les relations ; il autorise, sur des bases non-perverses et non-sociologiques, l'amour de la comtesse Pietranera pour son « neveu », l'hostilité du marquis et d'Ascagne à l'endroit de leur « fils » et « frère ». Le clair-obscur énigmatique de Robert, allusif et passager, subvertit la platitude « familiale », annihile dans l'œuf toute interprétation psycho-sociologique du roman(1). A***, c'est l'« Autre », que nous, lecteurs, savons mais n'éprouvons pas, que Fabrice ignore absolument.

---

(1) Lucien, œdipien, valorise son père ; Julien, anti-œdipien, valorise la haine de son père, la constitue même comme son devoir-être : il sera, il se fera le non-père (le Fils « hermétique » et suffisant), il sera en tant qu'homme le meurtre-du-père. Fabrice lui, est parfaitement anœdipien.

On voit alors comme la forme ramène au sens; et réciproquement. Nos quatre passions ne se font jamais face dans le plan; elles correspondent dans le volume. Par exemple, c'est l'action de la comtesse Pietranera qui avoue son amour, non une bouche demandeuse ou implorante. Chacun retentit des autres, mais nul n'est à charge aux autres. A la limite, le drame n'existe pas, parce qu'il n'y a pas d'engrenage.

On ne peut pas trouver dans « La Chartreuse » cette mécanique des passions où Balzac excelle. Qu'est-ce en effet que le dénouement, sinon le désengagement à froid de passions surchauffées et intriquées, le retour à l'existence analytique, l'inertie brutale après la fièvre, après l'état critique, l'arrêt causé par l'accumulation des frottements au-delà d'un certain seuil? Le drame est comparable à une machine qu'on pousse et dont les pièces frottent les unes contre les autres. Le roman balzacien ressemble à une machine qu'on construirait pour le plaisir de la voir détraquée. Chaque être entame l'autre, l'affecte et l'impressionne, l'use et est usé par lui. La vie romanesque consume et consomme les êtres(1).

« La Chartreuse de Parme » constitue l'exception à cette loi du genre. Il y a un épilogue, non un dénouement. Les passions semblent inaltérables. C'est d'abord qu'elles ne se trouvent jamais directement en contact, qu'elles ne s'enclenchent pas mécaniquement l'une dans l'autre. Il faut, par exemple, un code à Fabrice pour communiquer avec Clélia : l'amour invente son langage et fait fi des anciens tropes. Les personnages stendhaliens savent d'instinct que l'amour finit dans une familiarité morne, où l'on ne peut plus se parler. L'amour vit tant qu'il parle. Dans l'énigme, la distance et le désis-

---

(1) Alors que l'usure, chez Balzac, est franche (à la fin, ça casse), elle devient avec Flaubert le thème du roman. Les « Education sentimentale » traduisent en deux versions opposées l'usure d'amour. Henry se fatigue d'Emilie parce qu'il vit avec elle. Frédéric se lasse d'aimer Mme Arnoux parce qu'il est certain qu'il ne la possèdera jamais.

tement. Or, il n'existe aucune familiarité, j'allais dire :
aucune «familiarité» entre les quatre personnages essen-
tiels de «La Chartreuse».

Cette mince distance sonore, qui s'interpose entre eux
et nimbe la passion d'une vague curiosité contemplative
(particulièrement chez Mosca, qui aime-regarde Gina),
c'est l'œuvre de Robert, l'effet de son absence. Robert,
pseudo-personnage, est l'oblation du texte : il n'est rien
que la libre co-existence des passions, l'énigme permanente (qu'on aurait tort de réduire à l'équivocité de la
naissance), par quoi nul n'est tenu de coïncider avec un
rôle ou une parenté, un discours sentimental ou une
limite sociale. Par Robert disparaissant, chacun s'offre
le luxe de soi. Ainsi s'ouvre à chaque ligne un texte
qu'aucune dramaturgie ne forclot, parce que, compre-
nez-vous, Gina est et n'est pas la tante, est et n'est pas
l'amoureuse, etc... La passion suit le vouloir, non le
vouloir-vivre. Elle est décision, non insistance. Vous ne
trouverez pas ici l'âpreté (toujours un peu vulgaire) des
passions embrassées. Chacun est entier — et pudique. Cet
univers est bientôt leibnizien, où de vives monades
s'entr'expriment sans se toucher, expriment Robert, clé
manquante de quatre rêves harmoniques. Et tout ça
finit comme la musique finit : par le silence.

IV / LA CHARTREUSE COMME POETIQUE

La fête milanaise donne, on l'a vu, le climat de l'œuvre,
puisqu'elle décide de son attaque, musicalement parlant. En même temps, elle symbolise le rêve intense de
ce que j'ai appelé la république passionnée, «lieu» du
désir stendhalien où s'équilibreraient la liberté, l'émotion et la puissance. Le vrai doit donc être dit dans
l'art qui, pour Stendhal, enveloppe une politique en
souffrance, du moins en gestation : non pas, bien sûr,
celle de demain, mais plutôt de l'an trois mille. Parce que

celle-ci n'a pas encore de visage, elle ne réside pas dans le contenu du roman, mais dans sa forme ; elle se confond, autrement dit, avec la poétique de « La Chartreuse », parcours de « lieux charmants » (le lac, Waterloo, la prison) qui annoncent et toujours diffèrent la promesse. Aussi le présage est-il le principe de cette création.

Le présage

« Ainsi l'abbé Blanès n'avait pas communiqué sa science assez difficile à Fabrice ; mais à son insu, il lui avait inoculé une confiance illimitée dans les signes qui peuvent prédire l'avenir. » A aucun moment, l'affinité qui lie le vieillard « fou d'astrologie » et le jeune sauvage ne se constitue en transfert didactique. Fabrice, au demeurant, est un fort mauvais élève, réfractaire, Stendhal y insiste, à tout enseignement en règle. Sa formation, si c'en est une, est d'un jeune noble : courses à cheval, expéditions nocturnes sur le lac de Côme à la tête d'une armée de polissons. Aucune discipline n'a jamais pesé sur Fabrice, qui croît sans surveillance, loin de toute sollicitude éducative réelle. Vivant au milieu de femmes qui l'adorent et l'admirent (sa mère, la comtesse Pietranera, ses sœurs), il n'a jamais senti la contrainte ; on ne lui a pas appris à forcer sa nature.

Si grâcieux qu'il soit, d'ailleurs, si délié de tournure, il n'en garde pas moins une sauvagerie impulsive qu'un rien peut déchaîner. Dans un café de Genève, il se jette, poignard brandi, sur un jeune homme coupable de l'avoir regardé, croit-il, « d'une façon singulière ». Julien, lui, avait son point d'honneur : une affaire de café le mène à se battre en duel avec le chevalier de Beauvoisis ; le rituel et le bon goût qui entourent la rencontre, à la faveur de quoi il peut rivaliser de noblesse avec un adversaire contagieux, l'enchantent ; les règles ont du bon si elles affirment l'honneur... L'idée du duel n'effleure pas Fabrice. Il se pense outragé ; il songe d'abord à supprimer l'ennemi. Le sang ne fait qu'un tour, l'autre est un homme mort. L'honneur, au contraire, veut la réparation, il cherche un dédommagement symbolique : il lui faut du temps, du discours et des témoins. Le duel, qui est une preuve, respecte absolument des règles contingentes. Julien accueille d'enthousiasme cette façon de démonstration, qui convient à merveille à l'hypothèse de son âme noble. Or, à la différence de Julien, Fabrice, lui, ne vit pas « sous le regard » et n'a rien à prouver. Aussi ne daigne-t-il pas voir de qui vient l'insulte. Stendhal, on le remarquera, a toujours placé son héros en situation de lutter à mort. Fabrice, à Waterloo, tue « son » Prussien ; plus tard il tuera Giletti. Certes, dans la scène du café évoquée rapidement, Fabrice est l'assaillant. N'importe ; elle est prémonitoire de ses aventures : il ne connaîtra pas d'adversaires, il n'aura que des ennemis.

On doit conclure de là que la puissance de Fabrice (sa vertu) ne procède pas de l'intériorisation des règles. Elle se dépense généreusement, même un peu « à la diable ». Parce qu'il n'a pas été enseigné, il ne cherchera pas non plus à s'accomplir (comme Julien), c'est-à-dire à réaliser une certaine idée de l'homme.

Fils de la fête, Fabrice incarne et symbolise la pure possibilité d'une civilisation de la liberté, sans contraintes et sans malaise. Il transcende, du même coup, les contradictions, puisqu'il existe merveilleusement ce qui, dans l'ordre logique, donne lieu à deux enchaînements de raisons, l'un de l'autre exclusif. Celui d'un désir intègre, qu'on ne peut scandaliser ni détourner ; celui d'une communauté qui, bien loin de souffrir de l'individualité souveraine et passionnée, s'en nourrit et s'y conforte. Fabrice réconcilie si bien le désir et la loi, les entremêle si radicalement, qu'ils en deviennent imperceptibles : il se croit sans amour et n'aperçoit aucune règle. En vérité, l'amour est la loi de son être et l'identité réalisée du désir et de la loi obnubile les deux termes. Sous ce rapport, l'écriture romanesque trouve, une fois de plus, sa légitimation métaphorique dans le sens même de l'œuvre, car Fabrice ignore les règles (socio-culturelles) tout comme Stendhal, ainsi qu'il l'écrit à Balzac, celles du roman. Je ne sais qu'un dialogue platonicien pour exhiber si parfaite réflexivité. Fabrice, c'est le chasseur chassé. Stendhal interroge Fabrice, qui interroge l'amour. L'œuvre est son propre miroir.

Loin de reproduire les valeurs, d'inscrire tant bien que mal une passion dans la combinatoire sociale, Fabrice, né dans le profond de la culture, en saisit ingénument les virtualités les plus inconciliables et surgit, neuf et sans bagage, ni conforme ni révolté, dans le bond de son enfance. Gardé dans son ignorance même, où il puisse la force de rompre, Fabrice affirme un pari d'homme en train de dépouiller la triste humanité ressassante et piégée. C'est pourquoi il n'a pas et ne peut pas avoir, à la différence de Julien Sorel, ce qu'on appelle un destin.

Julien accomplit son destin en assumant les modèles, car le destin suit normalement de la logique du modèle. Il essaie, forcené docile à l'éducation, de promouvoir une forme finie de l'homme. Son entreprise cependant, pour titanesque qu'elle paraisse, rencontre sa limite pathétique dans son principe même : Julien est porté par une tradition et sa chute ramène à l'ordre ancien. Il ne triomphera au plan des signes qu'à condition de perdre dans la réalité, bref : de sacrifier son existence, de la gager contre un symbole. La sémiologie du modèle (ou du destin), oraculaire, est une symbolique de l'antériorité.

Les signes de Fabrice, à l'inverse, appellent depuis l'avenir. De là son errance, qui contraste avec la rectitude du chemin de Julien. A la vérité, l'amant de Mathilde est une Mémoire : il porte sur son dos l'humanité entière. Il ne peut faire un pas qu'il ne reconnaisse, identifie, retrouve. Fabrice, à l'opposé, invente le signe dans le temps qu'il le déchiffre : lecture constituante et non réminiscente. Le présage apparaît d'abord comme un anti-modèle et la sémiologie de « La Chartreuse », fondée sur le présage et la promesse, se donne comme une symbolique de la création.

I luoghi ameni

Au point de vue sémiologique en effet, le présage confirme la musicalité du livre. Sur lui repose la transitivité du texte, c'est-à-dire le passage modulé d'un état à un autre. De là, d'abord, l'impossibilité d'articuler le roman depuis la représentation d'un plan ou d'un projet. Dans le fait, la condensation métaphorique de l'œuvre (sa concentration programmatique) s'avère ineffectuable. L'Idée régulatrice de l'œuvre est ineffable, pour la bonne raison que c'est l'imagination créatrice elle-même. Autrement dit, ce qui fait défaut, dans « La Chartreuse », c'est précisément le thème, le plan, l'Idée. Cette dernière, à la limite, échappe à l'objectivation d'un discours, elle ne tombe pas dans la surface de nomination. Si le roman méconnaît la règle des unités (de temps et de lieu), c'est qu'il ne débouche ni sur un récit, ni sur un monde, ni sur une thématique. Stendhal ignore ces conventions rhétoriques, en tant qu'il n'écrit que (de la) la création. Le monde romanesque est, comme tel, inconsistant et la créature d'elle-même instable. Il n'y a que des « lieux » et des passions, dont l'unité n'est jamais directement représentée. Les lieux, en effet, n'appartiennent pas à un espace romanesque (un monde) ; les passions ne s'intègrent pas à l'intérieur d'un drame. J'ai montré que l'unité des passions trouvait son principe dans une absence, algébriquement nommée « Robert ». Il est aisé de faire voir qu'il en va de même des lieux.

Peut-on inscrire dans un même espace scénique Milan, Waterloo, Naples, Parme, la prison, le lac de Côme ? Y a-t-il, en d'autres termes, une géographie de « La Chartreuse » ?

194

La réponse est négative, car Waterloo et la prison, par exemple, sont des lieux à la fois homogènes et hétérogènes; je veux dire : plus semblables qu'il n'y paraît et plus différents qu'on ne le croit. Bref, l'unité «spatiale» n'est pas topique, mais poétique. Cela signifie que l'unité, invisible, qui transcende la mondanité, ne peut se déployer comme une scène ou comme un décor, car elle réside dans la création et non dans le monde créé. L'espace où s'inscrivent originairement les «lieux» de «La Chartreuse» n'est autre que la Poïesis comme telle, autrement dit l'imagination créatrice. Au demeurant, il n'est que de lire; Stendhal le dit dans l'épigraphe de l'Arioste :

> Gia mi fur dolci inviti a empir le carte
> I luoghi ameni
> (Sat. IV)

(Jadis des lieux charmants m'ont inspiré des vers)

Nous touchons ici à la caractéristique cruciale de l'art de Stenchal, dont «La Chartreuse» nous donne sans doute la plus belle illustration; cet art qui se cherche et déjà se réfléchit paradigmatiquement dans le «Haydn», qui se dote de contreforts méthodiques dans les «Chroniques», engendre sa métaphore avec le «Brulard». Le voici maintenant devant nous, réel. Comment échapper au mensonge imitatif? Comment concilier l'art et le vrai? Nous avons la réponse en acte : pour que l'œuvre d'art ne perde pas son commerce avec l'Idée (avec l'Authentique, le modèle inimitable), c'est-à-dire avec l'imagination productrice de Figures, il importe qu'elle ne délègue jamais sa vertu synthétique à la surface mimétique, à l'ordre du représenté (aux personnages et au décor), qu'elle maintienne l'unité comme le «hors-d'œuvre» au lieu de la bricoler dedans. L'art de Stendhal est sans ficelles et sans chevilles, parce que l'unité de l'œuvre est poétique et non rhétorique. L'intérêt qui nous saisit, alors, ne se soutient pas de l'illusion romanesque, de la convention narrative; le texte ne tolère le lecteur qu'à la condition expresse qu'il se fasse (re)créateur de l'œuvre.

De là cette singulière connivence dans la sympathie créatrice, où se marque la générosité de Stendhal (comme sa pudeur), et qui fait du lecteur amoureux le seul juge du beau. L'art de Stendhal illustre le mot de Nietzsche, lui-même commentaire lapidaire du « Phèdre » de Platon : « Seul l'amour doit juger ! »

La mélodie

On comprendra, dès lors, la vanité d'un texte sur « La Chartreuse » qui s'efforcerait à un rassemblement métaphorique du thème. Créant Fabrice, Stendhal n'a fait que créer un créateur ; il a redoublé, continué la création, dans le sein mouvant de laquelle, toujours, la créature retourne. Aussi bien le texte qu'on est en train de lire, et qui ne prétend qu'à l'accompagnement, ne pouvait-il partir que d'une Figure métaphoriquement nulle : celle de la musique. L'Idée de la musique n'est pas celle d'un roman, c'est celle de l'art ; et c'est le thème réel de « La Chartreuse », roman du roman.

Encore fallait-il figurer cette ineffable Idée, montrer tout au long cette création trop intimement ordonnée pour se présenter « avec ordre ». Or, de même que l'absence d'ordre (rhétorique) des « Pensées » de Pascal signifie en creux un ordre supérieur et méta-discursif, ainsi l'évanescence dramatique de « La Chartreuse » laisse pressentir l'ordre différé de la mélodie.

Ordre de la création, de la musique. Ordre métonymique, donc. A travers le présage, qui d'ailleurs garde ouvert le roman, le texte est recréé à chaque instant ; c'est une suite. Qu'on n'aille pas supposer, cependant, une simple enfilade oublieuse d'elle-même, une route éperdue qui anéantirait son tracé au fur et à mesure ! Le roman ne se réduit pas à une succession d'instantanés. Loin que les présages, nerfs de l'itération musicale, s'entre-chassent linéairement, bien plutôt chaque nouveau signe se renforce harmoniquement des précédents. Le présage, en somme, est chargé d'un *conatus* romanesque, d'une certaine vitesse symbolique, d'abord imperceptible, gonflant et amplifiant la spirale mélodique, dont la pointe extrême — la prison — demeure comme immobile et omniprésente dans l'excès de son intensité vibratoire. A quelque étape du devenir romanesque que nous décidions, comme par hypothèse, de nous fixer, nous trouvons que celle-ci est définie par un présage et qu'il est flanqué de deux contrepoints : en aval, les présages déjà croisés ; en amont, le présage des présages, consonant virtuellement en chacun d'eux — la prison. Chaque lieu romanesque est ainsi à la fois un accord et un passage.

Telle apparaît la dynamique symphonique où loge l'ordre immanent de « La Chartreuse de Parme ». Pour peu qu'on veuille schématiser dans le statique ce mouvement s'entretenant de ses vagues, c'est alors l'image d'un emboîtement qui s'impose. Le lac de Côme, à lui tout seul, est une réserve de présages, un ensemble mélodique cohérent : un miroir aussi, dans lequel Gina et Fabrice se réfléchissent et interrogent leur vérité. « Le langage de ces lieux ravissants (« luoghi ameni ») et qui n'ont point de pareils au monde, rendit à la comtesse son cœur de seize ans. » Par son intensité symbolique, le lac de Côme, véritable « activeur » romanesque, rend la passion à elle-même, révèle aux héros leurs parties de chant, les obligent à une initiative du cœur. C'est en se « tournant vers le lac », comme pour l'interpeller et le questionner, que Fabrice remarque un aigle « à une hauteur immense » : l'oiseau de Napoléon se dirigeait vers la Suisse « et par conséquent vers Paris ». Fabrice rejoindra donc l'Empereur, c'est dit. Mais ce passage romanesque demeurerait figé et vide de sens — lettre morte —, s'il ne tressaillait au toucher de ses deux contrepoints qui l'activent, le dynamisent et le pressent en un accord frémissant.

En aval : Fabrice est allé interroger son marronnier :

« Si mon arbre a des feuilles, ce sera un signe pour moi. Moi aussi je dois sortir de l'état de torpeur où je languis dans ce triste et froid château. » On notera la simultanéité de l'invention et du déchiffrement du sens. En amont : « Gare la prison ! » Chaque moment du roman recèle ainsi trois strates de symboles : le symbole actuel, qui assure la poursuite de la mélodie (principe d'itération); le symbole passé, sans le renfort duquel le premier serait inopérant et indécidable (principe de mémorisation et de surdétermination); enfin le symbole consubstantiel à la totalité mélodique, à la fois passé et à venir, qui témoigne de la permanence d'une langue et de son unité (principe d'écriture ou de codification) : la prison, lieu des lieux. Les deux premiers symboles construisent la syntaxe de l'écriture : dans l'exemple choisi, c'est le rappel du marronnier qui constitue l'aigle comme signe pertinent et bien placé; le dernier en livre la sémantique : le roman de Fabrice se comprend comme recherche inconsciente de la prison, source et refuge de l'amour.

Et ce trinôme se répète en s'amplifiant. A Waterloo, la prison menaçante devient prison réelle, laquelle à son tour fait signe vers la future tour Farnèse. Dans cette musique de « La Chartreuse », l'écho se fait entendre en arrière et en avant. Nous sommes à tout moment comme au bord d'un fleuve, dans la coulée duquel nous identifions le net suintement d'une source et le tohu-bohu de l'embouchure.

V / ALLEGRO VIVACE

On vient de voir comment le présage fonctionne. Mais que signifie-t-il? D'abord un ordre de route. Fabrice est mobilisé, convoqué à Waterloo. Le présage est vectoriel. Et comment ne pas noter l'ironie, substitut du destin, qui préside aux rencontres de lieux et de personnes? Fabrice rencontre Clélia et son père, le général Fabio

Conti, au moment où celui-ci, fûtur geôlier du jeune marchesino à la tour Farnèse, risque d'être... arrêté ! Clélia remarque la « nuance d'enthousiasme » avec laquelle Gina s'adresse à son neveu ; ce sera tout à l'heure au tour de la Sanseverina d'être jalouse. A Waterloo encore, Fabrice se fait prendre son cheval par son... par qui vous savez ! Mosca, qui rêve d'épouser la comtesse, la marie au duc Sanseverina ; le même Mosca envoie celui qui a pensé lui ravir sa place de premier ministre, Fabio Conti, au commandement de la citadelle où Fabrice entre prisonnier. Etc... Mais c'est encore sur le champ de bataille de Waterloo, ou du moins dans le petit réduit qui nous en est montré, que se manifeste de la façon la plus nette cet échange subtil et ludique des valeurs et des termes (lieux, temps, personnages, sentiments). Dans la longue errance de Fabrice jusqu'à la prison bienheureuse, maison de Clélia et abri de l'amour, l'épisode de Waterloo représente un moment décisif. J'y vois la répétition générale de la quête, en son souci du « locus amoenus ».

Waterloo

En qualité de répétition-anticipation du bonheur de la prison, ce premier essai — essai de soi, essai d'un lieu, essai de soi dans un lieu — ne saurait être que manqué ; il tombe à l'épopée ridicule. Il y a dans ce Fabrice-là du Candide et du Simplicius. Tout n'est pas si simple pourtant, et l'explicite référence à la « Jérusalem délivrée », évoquée pour faire saillir un peu plus la friponnerie des troupiers et la naïveté de notre « héros », n'installe pas la dérision à demeure. Au contraire. A l'instar de Fabrice, nous ne perdons pas courage, nous savons que l'enchantement reviendra et qu'il aura le dernier mot ; bref : que le mal (et jusqu'à la défaite française, il faut bien le dire) relève de l'incident de parcours. Car la tonalité dominante du morceau, à n'en douter pas, est celle

199

du bonheur fou ; et Giono a bien saisi l'essence de la stendhalienne Italie en donnant ce titre à l'une des chroniques d'Angelo, qui se perd aussi dans les batailles.

Qu'est-ce donc que ce bonheur fou ? Ensemble un plaisir extrême (maintenant) et un bonheur cherché : non celui dont on jouit, mais la fête qu'on fait au bonheur dès là qu'on le sait possible, si loin qu'il faille aller pour l'attraper, l'enthousiasme qui salue les signes du bonheur. A Waterloo, Fabrice ne trouve pas le bonheur, mais son appareil. « Sur le midi, la pluie à verse continuant toujours, Fabrice entendit le bruit du canon ; ce bonheur lui fit oublier tout à fait les affreux moments de désespoir que venait de lui donner cette prison si injuste. » Etrange inversion de la prémonition : plus tard le bonheur sera dans une prison. Le positif s'annonce dans le négatif : le bruit du canon, signe du bonheur, signifie à la fois la fin de cette prison-ci et le commencement de cette prison-là, de la prison juste, de la prison du bonheur. Nous retrouvons notre trinôme : dans le maintenant de Waterloo, consonent, en aval, la « joie folle » de Milan et, en amont, la tendresse passionnée de la prison. Waterloo est ensemble une reprise « polémique » de la fête et l'anticipation chaotique, maladroite et manquée, du séjour béni auprès de Clélia.

On le voit, le « locus amoenus » n'a pas vraiment de résidence temporelle ; c'est le « in illo tempore » qui, animant les temps réels, se place indifféremment en avant ou en arrière du moment vécu. Aussi bien, malgré les méprises, les humiliations que doit subir Fabrice, tour à tour volé, emprisonné, trahi, l'émerveillement d'être dans la bataille, le ravissement de participer à cette communauté d'hommes, à ce groupe en fusion, emplissent définitivement son cœur. Pour attirer la bienveillance des soldats, étonnés par les façons du blanc-bec, Fabrice offre à boire à la cantonnade. L'extrême plaisir qui accueille cette largesse lui fait croire qu'il est « l'ami intime de tous les soldats ». On est désormais dans le

Tasse ou bien l'Arioste. «La façon dont on le regardait maintenant mit notre héros au comble du bonheur.»

Nous voici sur l'arête du bonheur fou : l'ivresse. L'atteindre, c'est déjà s'exposer aux violentes protestations de la réalité, quand la griserie n'opère plus et que le mirage est dissipé. Ces accrocs du réel, qui ne parviennent pas toutefois à tuer son courage, Fabrice en subit à chaque pas la brutalité. A plusieurs reprises même, il perd la conscience de la situation. Le voici qui s'endort dans le fourgon de la vivandière, après de longues tribulations dans la bataille introuvable, emporté par la seule «volonté de son cheval». «Ai-je réellement assisté à une bataille? se demande-t-il. Il lui semblait que oui, et il eût été au comble du bonheur s'il en eût été certain.»

Comment fixer la passion dans une réalité ferme, pour empêcher que le bonheur ne dégénère en folie? Car le bonheur fou exprime l'ambiguïté de la passion, qui fait et défait le Soi, singularise ou aliène. La question «gestuelle» de Fabrice, mimée par son errance : comment vivre la passion, non comme un songe, comme une dépossession et une déambulation éperdue, mais bien comme l'ancrage véridique d'une subjectivité souveraine dans la réalité? L'épisode de Waterloo, aussi bien, nous montre à la fois la puissance première de l'illusion et l'effort intense de Fabrice pour dépasser l'enchantement dans un bonheur réel. Le songe d'abord grignote la réalité. Fabrice n'est pas un vrai soldat, mais tout de même un militaire de comédie. Quant à la bataille, elle s'éparpille partout et nulle part; elle est simplement induite d'un spectacle discontinu et d'une action intermittente.

Aussi bien voit-on Stendhal multiplier les indices de l'aliénation de Fabrice : il ne s'appartient pas et ne possède rien qui soit vraiment à lui; à preuve : qu'on le vole si facilement. A Waterloo, Fabrice est fait d'emprunts. Son «identité» d'abord : il voyage sous le nom de Vasi, marchand de baromètres; on le prend pour un espion et le voilà en prison; un peu plus loin, il se présente aux soldats comme « frère de la femme d'un capitaine ». Bref, il n'est pas crédible ; on ne le pense pas vraiment dangereux non plus. Insolite et déplacé, il n'est personne. Lorsqu'il s'emporte, il parle italien ; le naturel est le plus fort. Veut-il se faire adopter, être aimé, il essaie de former une belle phrase en français. De toute façon, il déconcerte. Cherchant éperdument la proximité des soldats, il ne cesse de les éloigner par son comportement ; il est en porte-à-faux. Que dire de ses costumes successifs ! Le costume marque toujours l'intervention d'une femme tutélaire, qui coud, rétrécit, ajuste — et surtout cache : non seulement les napoléons dans la doublure du manteau, mais d'abord et surtout celui qui porte l'habit. Mais le costume, qui est fait pour protéger Fabrice en le dissimulant sous l'uniforme, le déguise. Au fond, où qu'il aille, Fabrice est condamné au costume, parce qu'il vit sous la protection des femmes : la belle geôlière flamande, après avoir caché Fabrice chez elle, l'habille avec l'uniforme d'un hussard mort ; de même, après la bataille, Fabrice blessé est soigné par les filles de l'aubergiste, qui lui confectionnent un habillement complet. Il s'agit d'abord de passer pour un militaire, ensuite de passer pour un bourgeois. Plus tard, Gina ne laissera Fabrice entrer à Parme, après quatre ans d'études théologiques à Naples, que revêtu des bas violets du « Monsignore ». Le costume fonctionne comme une sauvegarde, en tant qu'il banalise la silhouette et dissimule la vraie personnalité. A Waterloo cependant, le costume s'adjoint une connotation picaresque : il ne cache qu'en travestissant. Il ajoute à la dispersion de l'être. On songe évidemment, comme par contraste, à la mise du lieutenant Robert arrivant à Milan : des souliers sans semelles, des vêtements en loques, parfois dépouilles de l'ennemi. Tout proclame le héros, que ses hardes mêmes identifient, le brave qui sort tout juste du combat. Fabrice, au contraire, fait tout ce qu'il peut pour y entrer. Cherchant la bataille, le feu, il commence par mimer le soldat en adoptant l'uniforme ; il espère, à force d'imiter ce qu'il voit, s'en pénétrer. L'argent, qu'il distribue ingénument, exhibe ou offre, symbolise la distance qui sépare ce qu'il est du rôle qu'il veut tenir. A la lettre (et, paradoxalement, sans cesser d'être grâcieux), Fabrice est emprunté. Combien de chevaux achète-t-il ? L'échange ou la perte du cheval finit par devenir le souci vital du soldat improvisé : la bataille le fuit comme le perpétuel cheval fait faux bond. Fabrice se cherche au milieu des hommes et il retourne indéfiniment à la femme, à la mère (la geôlière, la cantinière, Aniken) qui lui dit : « Enfant ! » Sûr qu'il a sa place dans ce carrousel de poudre et de boue, il ne sait pourtant que tourner en rond ; le seul costume qui lui tienne à la peau intimement est celui de l'enfance. La grande bataille, la bataille des autres, est pour lui labyrinthe.

L'impossibilité de se réunir, de fixer fermement sa passion dans le sol de Waterloo, s'affirme encore dans l'évanescence de la bataille. Où est le feu ? Où se bat-on ? Qui a la décision ? Fabrice, perdu dans une multitude indistincte d'hommes, de chevaux et de champs boueux, ne peut, à aucun moment, se représenter l'affrontement. Il ne voit pas l'unité, masquée par une poussière d'épisodes. C'est la surprise ou la débandade. Il perd la cantinière, puis la retrouve. Panique. Survient un escadron de cosaques. Fuite. On se disperse. Fabrice fait, en chevalier, don de son cheval à sa protectrice. Et hue ! Les hommes passent et repassent. Où vont-ils ? Où est l'ennemi ?

La bataille cherchée se disloque en escarmouches, escortes, courses affolées. Aucune masse. L'art de Stendhal est ici science du reflet. Hugo, traitant le sujet dans « Les Misérables », déchaîne une tempête de mitraille, jette des hordes de cavaliers les unes contre les autres. On croit à la bataille parce qu'on croit aux géants, aux orages et aux cataclysmes. Stendhal fait tout le contraire : il se met dans la conscience intermittente de Fabrice ;

il montre la bataille à travers les «petites perceptions» de son héros, choisissant l'infinitésimal contre l'énorme. De cette supposée bataille, nous n'aurons que l'écume. Voici qu'un petit coin s'anime, puis un autre un peu plus loin. L'espace ne groupe pas; il n'y a pas de structures. Ce ne sont que des essaims de points. Partout c'est la même cécité à l'ensemble. Et parce qu'il n'y a pas de mire à cette bataille, l'ennemi finalement est moins à craindre que «les nôtres». Fabrice en fait l'amère expérience : la blessure qu'il rapporte de Waterloo indique l'infamie d'un fuyard, non la marche à l'ennemi. Les troupes d'en face restent invisibles; au plus sent-on planer une adversité abstraite. On voit les Français se défaire et non être défaits. Bref, le mal intestin de la guerre perdue escamote la bataille.

Frédéric Moreau déambulant au milieu des barricades en 1848, pris entre «deux masses profondes», la ligne et le peuple, a lui aussi le sentiment «d'assister à un spectacle»; «fasciné d'ailleurs et s'amusant extrêmement», il garde assez de sang-froid pour «trouver le peuple sublime»! Mais Flaubert, justement, le place au centre de l'action. Frédéric jouit du point de vue absolu du contemplateur; il ne prend aucune part à l'action, il ne choisit pas même son champion. S'il trouve le peuple sublime, c'est comme on juge, au théâtre, qu'un comédien s'acquite bien de son rôle. Le regard du curieux, délivré des viscissitudes du réel, éprouve une satisfaction désintéressée, il embrasse la scène et ne perd rien du jeu. Tout autre l'attitude de Fabrice. Ni acteur ni spectateur, il tue sans se battre et regarde sans voir. L'ennemi échappe au «soldat», et l'Empereur à son admirateur se dérobe. Fabrice ne sait charger le fusil, non plus que voir par la lorgnette de Ney. Floué comme acteur, il impose, contemplateur frustré, sa présence aléatoire à un ensemble saturé, qui ne se donne pas même la peine de le rejeter, qui l'oublie sur place. Il n'est ni l'«ami» des Français, ni l'ennemi des «hommes rouges ». Fabrice, en un mot, est gullivérisé.

Comment Stendhal crée-t-il l'atmosphère d'enchantement, qui enivre son héros et lui ravit sa proie ? Par l'itération d'un module, varié et légèrement déformé à chaque fois, un peu comme on suggère le mouvement de la main en dessinant plusieurs mains côte à côte, chacune montrant au repos une phase de l'unique torsion. Fabrice traverse différentes places de l'espace ; on dirait pourtant le même lieu, à peine modifié, avec son pré et le chemin en contrebas. Le groupe élémentaire, avec la cantinière, le énième cheval (plus tard le caporal Aubry), bousculé par les soubresauts incohérents de la bataille, a tendance à se reconstituer périodiquement autour de Fabrice, en vertu d'une sorte de tactisme. Stendhal joue de l'opposition entre un fond vaporeux, happé par le néant, et ce segment de matière dense, nettement dessiné, qui semble à la poursuite de lui-même. On dirait que l'écrivain s'est inspiré de la manière de Watteau qui, dans l'« Embarquement pour Cythère », peint un cortège en décomposant la progression dansante d'un homme et d'une femme. Stendhal connaissait-il les scènes militaires du peintre, et notamment la « Recrue allant joindre le régiment » ? La gravure représente une ligne de huit soldats suivant un cavalier : la torsion des corps, le dessin des souliers et des chapeaux évoquent un personnage unique qui, en partant du bord droit de la gravure, tournerait lentement sur lui-même pour se rétablir à gauche dans le sens de la marche, indiqué par le cheval. La toile ou la gravure, au lieu d'enfermer un monde clos, figure un passage (le soldat rechigne, tournant d'abord le dos au recruteur). Watteau a peint la féerie de la transition. Le lieu nommé par le tableau (Cythère ou le régiment) n'est, si on peut dire, qu'une destination morale.

Pareillement, Stendhal ne s'intéresse pas à la bataille en elle-même. Fabrice ne « remplit » aucun des lieux par où il passe ; on ne le verra à demeure qu'en prison. Il se cherche d'abord dans l'agitation de la bataille ; il se trou vera dans le repos. Waterloo est ainsi à la tour Farnèse ce que la Fausta est à Clélia, le son à la musique, la copie à l'original, l'appareil du bonheur fou au bonheur réel. Pour lors, Fabrice va, d'un cœur alerte, à travers les apparences, déjouant de son désir renaissant le piège de l'illusion.

« La chasse de l'amour »

La passion de Fabrice n'investit vraiment que trois lieux, ou plutôt trois degrés du même « locus amoenus » : le lac de Côme, Waterloo et la tour Farnèse. Les villes (Naples, Bologne) où l'exilé perpétuel séjourne temporairement, haltes et refuges, restent dans l'ombre : lieux muets de l'attente, ils matérialisent l'intervalle entre deux lieux intenses, marquent l'aboutissement d'une fuite et la méditation du retour. Fabrice pourtant y passe des années, tandis qu'il ne peut demeurer plus de quelques heures à Waterloo, à Grianta (sur le lac) ou à Parme (degré élargi de la prison Farnèse). C'est que dans les « luoghi ameni » rôde le danger. Pas d'amour qui ne prenne le tison par où il brûle.

Aussi, en courant « à la chasse de l'amour », Fabrice expose-t-il cent fois sa vie. Il faut le cadavre de Giletti pour persuader « notre héros » de son sentiment pour Marietta ; c'est la mort malencontreuse du furieux qui met le mot amour par-dessus cette petite chose de rien ; et voici comme un enfantillage, par meurtre interposé et supposé, produit de graves conséquences politiques : la menace d'un renversement de ministère. Et naturellement, Fabrice ne sait s'il aime, ni que ses amours, les trop vite nommés, font de la politique. Il essaie le sublime vocable à la petite comédienne, puis à la grande cantatrice ; si le manteau leur en va, ce sera alors qu'il a trouvé l'Amour. Il ne se fait pas faute de chercher, de braver, de provoquer, mais pour une maigre moisson.

Décidément, l'Amour taille trop large et lui reste sur le

cœur, accusant son impuissance. On n'évite pas, que voulez-vous, le mot, si l'on n'est pas plus royaliste que le roi ; et Fabrice se dit, à l'occasion, prenant à témoin son échec : Nature m'a fait monstre, il me manque quelque chose... Que lui manque-t-il ? D'aimer qui il doit ; entendez : la duchesse ! Au lieu de quoi il s'échappe dans l'aventure, fuit droit dans les simulacres : Marietta est un moment grandie du danger de sa conquête ; la Fausta, cantatrice à la mode, n'a pas pour moindre appât la jalousie qui la garde. Précieux jaloux — qui enluminent ces portraits de femmes, dont on n'admirerait pas les originaux ! Le désir défaillant, en ces rencontres, se soutient du désir d'un autre. Otés Giletti et l'amant en titre de la Fausta, les personnes du sexe, que cette mainmise réhaussait, ne sont plus guère préférables « à une promenade sur un joli cheval inconnu ». Fabrice ne se dupe qu'en suscitant le rival. L'exaltation du danger pouvait temporairement passer pour le sublime amour. Mais sitôt la proie conquise, voici revenir le tourment. Chez un être comme Fabrice, en qui le social ne parle pas, la vanité — « misérable pique » — n'a qu'un temps. A quoi s'ajoute que la mauvaise foi « amoureuse » rencontre très vite sa limite aristocratique : l'ennui.

Et là, plus possible de mentir. Fabrice peut bien se jeter à cœur perdu dans l'illusion, il est congénitalement incapable de (se) mentir. La vie renâcle. L'ennui est un signal, un démon négatif qui dit : Impossible d'aller plus loin ! Aussitôt l'illusion traduite en mensonge, la fausse féerie du Tendre s'abîme. Adieu les amours de théâtre ! On peut faire des folies pour des actrices, non jouer le rôle d'une passion éternelle. On peut se tromper dans son désir — non tromper son désir.

Fabrice fait les gestes de l'amour, risque sa vie comme s'il aimait à la passion, s'entoure d'une sorte d'appareil « objectif » de l'amour ; la moindre chance d'aimer doit être courue ; qui sait si la passion vraie ne touchera pas de sa grâce le myste scrupuleux qui, à sa façon, aura joint les mains et fléchi le genou ? La « chasse de l'amour » ne va pas sans le volontarisme.

Certes, l'amour n'est pas affaire de vouloir, Fabrice le sait bien ; sinon il aimerait celle à qui son amour est dû, la duchesse. Il ne cherche donc pas à substituer la volonté au désir. Bien plutôt, il veut désirer jusqu'au point où le désir rendra le vouloir superflu. La volonté, en même temps qu'elle poursuit sa propre abolition dans la passion, apparaît alors comme une ruse du désir. La vie est aiguillonnée par un vouloir-aimer qui, procédant du désir, l'active et lui interdit de renoncer. La volonté atteste qu'elle est prête à sa ruine, pourvu qu'il soit aimé autant qu'elle veut. Le volontarisme du désir en état de quête, d'un désir qui s'ignore et s'aliène dans le tourment de son manque, — qui est d'autant plus désirant qu'il se croit plus manquant de désir — remplit donc deux fonctions : désigner l'occasion et maintenir la soif ardente. La volonté, en somme, poétise la rencontre et légitime le hasard, afin que le désir soit toujours plus souffert, afin que ce manque souffert par le désir empêche le manque du désir.

L'illusion se met alors au service de la passion, qui préfère la folie et l'égarement aux demi-vérités. Mieux valent les chemins détournés qu'un faux port d'attache.

L'« impuissance » de Fabrice prend, sous cet aspect, tout son sens de mythe utile à la puissance d'aimer. Fabrice ne peut pas aimer moins qu'autant qu'il le peut, autrement dit : infiniment. On est bien loin du babilanisme d'Octave, qui tourne au « taedium vitae ». Octave n'a pas le moyen d'aimer et Fabrice ne peut pas aimer moyennement.

Les simulacres de l'amour (Marietta, la Fausta) contiennent donc, d'une certaine façon, sa vérité. L'illusion se prête au jeu de la vérité. Comment ? En occasionnant des effets réels d'une cause imaginaire, qui rapprochent Fabrice, à son insu, du lieu où cède tout semblant : la prison. C'est l'Amour qui envoie Fabrice à la tour

Farnèse, en se servant de la rencontre inopinée de trois facteurs : le semblant de sentiment pour Marietta, la mort accidentelle de Giletti et l'exploitation politique qui en est faite (fausse lettre de la Raversi, qui attire Fabrice dans un piège). Semblant, accident, piège : les voies de l'Amour sont impénétrables ! Comprenons bien : ce n'est pas le destin. C'est une logique ; la logique la plus logique, celle du délire ; c'est la mania : c'est « Eros » !

Il y a plus. L'imaginaire produit du réel. C'est une chose. En voici une autre : il figure en filigrane la vérité climatique de l'amour. Fabrice commet des imprudences pour une femme qu'il n'aime pas, s'exposant autant que s'il aimait. Or, s'il n'est pas vrai qu'il aime Marietta, il est vrai qu'il n'y a pas d'amour hors du danger. Voilà ce qu'enseigne, bien malgré elle, Marietta. La vérité est toujours là, à demi cachée, à demi montrée. Les risques encourus font illusion sur l'amour en lui offrant pour sienne l'exaltation que Marietta ne peut pas soutenir par elle-même ; mais aussi, ils découvrent que l'amour est un risque, une grâce qui n'échoit qu'à l'homme capable de préférer l'amour à la vie.

La prison, tout à l'heure, joindra la réalité et la vérité ; l'amour se lèvera, réel, du fond de la détresse. Pour le moment, Fabrice ne voit pas d'abord l'amour, parce qu'il en est enveloppé. Quelle est donc cette atmosphère ? Stendhal le dit, et Fabrice avec lui, à maintes reprises : c'est le sublime.

Le sublime comme miroir de l'amour

« Nous nommons sublime, écrit Kant, ce qui est absolument grand. » Ainsi, mathématiquement parlant, le sublime désigne une « grandeur qui n'est égale qu'à elle-même ». On sait, de surcroît, que, pour l'auteur de la « Critique de la faculté de juger », la nature peut être dite sublime, dynamiquement, quand elle nous présente le spectacle effrayant d'une force, auprès de laquelle notre faiblesse physique est immense, mais qui, cependant, déclenche en nous une résistance puisée dans le sentiment de notre destination supra-sensible et dans le mépris des périls encourus en tant qu'êtres physiques. Ainsi entendu, le sublime implique une confrontation : à la faveur d'une menace (l'exhibition de forces naturelles proclamant, dans leur incommensurabilité, notre propre anéantissement), nous nous élevons au-dessus de la nature aveugle en nous posant comme indépendants d'elle. L'expérience du sublime traduit une peur possible en dédain, puisque la force propre de la conscience, constituée en savoir intime, affirme une souveraineté d'autant plus libre et sûre d'elle qu'elle réfléchit la mort (physique) comme négligeable. Le sublime est la preuve de l'âme. « Levez-vous vite, orages... »

Or, Fabrice se place d'entrée à la hauteur du sublime. Mathématiquement d'abord. Il cherche l'amour en-deçà de sa puissance d'aimer : dans le comparable, c'est-à-dire dans le langage. Il est nominaliste, faute de savoir nommer l'absolu qui vit en lui; comparatiste, autant que ce qu'il sent est incomparable. Le relativisme linguistique (ce serait donc ça qu'on appelle aimer?) fait écran à l'identification de l'amour et du sublime. L'«impuissance» témoigne ainsi paradoxalement du sublime, comme ce «en comparaison de quoi tout le reste est petit». Parce que sa puissance d'aimer est absolument grande, Fabrice confond l'inqualifiable avec l'inexistant. «Impuissance» par excès de puissance. Le sublime en effet surpasse infiniment la langue comme «système de différences» et ordre des comparables et débouche dans la musique. L'âme de Fabrice est isomorphe à la musique.

Dynamiquement ensuite. Sans doute l'amour est-il la vérité ultime du sublime, en tant que puissance infinie, bouleversante et métamorphosante, en tant qu'identité advenue du vivre et du créer. Mais, dans l'ordre du paraître, pareille expérience ne se peut découvrir qu'en

210

dernier lieu. Les « on-dit » de l'Amour obnubilent sa vertu in-objectivable. Ainsi voit-on, dans « Le Banquet », Socrate-Diotime prendre la parole à la fin et donner la chasse aux « qualités » élogieuses qui ont empâté le démon. De lui, indique Diotime, on ne peut dire ni ceci, ni cela. Il faut quitter l'objectif, refuser le principe d'identité et la logique (le langage) qu'il induit. « Eros » n'est pas ce qu'il est. Voilà la première vérité. Pour le reste, dit Socrate, écoutez son histoire ! D'« Eros », il n'y a point de science réputée savoir, pas de tradition. On ne met pas fin au scandale. « Eros » : la seule révolution qui n'ait jamais été trahie... A la fin, donc, on sait que ça ne se « sait » pas dans les mots. Pas de bien-connu ! Le mathématique est bouché par le langage, l'Amour empêtré dans sa littérature doucereuse qui lui fait trop de compliments. Attendons ! Reste le dynamique : c'est-à-dire le spectaculaire. Dans certains lieux en effet, l'amour (se) donne (en) spectacle. Il montre sa puissance tout en celant qui il est. Amour le danger ? Amour la nuit ? Amour la guerre avec les héros du Tasse ou de l'Arioste ? Oui, sans doute. Et non.

Fabrice est renvoyé de l'être au phénomène. Seule la rencontre décisive de Clélia mettra fin à cette circularité, à ce jeu de miroirs qui fait toute son errance.

A un certain moment, toutefois, il semble qu'il va rompre le cercle magique, le jeu de glaces dans lequel il s'agite et s'interroge : il se fait débarquer nuitamment et clandestinement à Grianta, sur le lac de Côme. Il n'y demeurera que quelques heures, tantôt en méditation sur le lac, tantôt caché chez l'abbé Blanès. Qu'est-ce qui l'a poussé à ce périlleux retour aux sources, sinon le besoin de s'orienter ? Il retrouve donc le lieu de sa naissance, l'abbé et le lac — sans oublier son arbre, symbole de sa vie. L'abbé Blanès prononce une parole cruciale : pour « un homme tel que toi », dit-il à Fabrice, « la force sera un jour sans (t)a conscience ». Que lui montre son marronnier ? Les orages ont brisé quelques-unes de ses bran-

211

ches; mais cette amputation, prix d'une exposition sans retenue aux éléments, loin de causer la ruine de l'arbre, l'a revigoré; il est maintenant d'une «venue superbe». Que lui dit le lac? Que le bonheur est à portée, tout près, sous ses yeux. Jamais Fabrice n'a été si proche de sa vérité; jamais il ne s'est avancé aussi profond dans la conscience de ce qui se joue en lui. Il s'en faudrait d'un rien pour l'illumination. L'heure n'est pas encore venue — heure de Clélia, de la prison; de la conscience comme sentiment de soi et passion souveraine.

Sublime pourtant l'heure présente — où la mort est tenue pour rien en comparaison de cette beauté, de cette exaltation («Je ne vaux réellement quelque chose que dans certains moments d'exaltation»); il ne manque à l'amour que de passer de la puissance à l'acte. Et alors plus besoin de ce spectacle, qui n'est qu'attente. Sublime encore l'eau nocturne où vient se mirer la vie. Lorsqu'il interroge le lac miroitant, Fabrice aperçoit les autres miroirs; il saisit dans le miroir le va-et-vient de sa vie d'un miroir à l'autre. Alors il dépose un instant son tourment, met l'amour entre parenthèses, doute; et voici que la levée de l'hypothèse «amour», du mot avec son bien-connu, fait mieux paraître le bonheur; librement. «Puisqu'il semble que je ne dois pas connaître l'amour.../... je voudrais, avant de mourir, aller revoir le champ de bataille de Waterloo, et tâcher de reconnaître la prairie où je fus si gaiement enlevé de mon cheval et assis par terre. Ce pélérinage accompli, je reviendrais souvent sur ce lac sublime; rien d'aussi beau ne peut se voir au monde, du moins pour mon cœur. A quoi bon aller si loin chercher le bonheur, il est là sous mes yeux!» (chap.9). Tout cela, certes, est la vérité; et même plus qu'on ne saurait dire. Mais une vérité réfléchie dans le miroir, non dans la conscience : une vérité étale, non (encore) intériorisée.

La signification dernière du «locus amoenus(1), en sa traingulation sublime, peut désormais être dégagée : un lieu en trois, dont deux sont «fléchis», comme on dit dans les mots. Un lieu radical et deux présentations de celui-ci. «Waterloo» : l'être est au plus loin du phénomène; Fabrice éprouve le hiatus qui disloque le spectacle en chaque grain de sa texture et le dilapide en une poussière d'apparences; il subit le déchirement du paraître et du sens, du manifeste et du caché. Waterloo représente le miroir nu, la surface, la pure semblance : l'image non réfléchie dans un autre miroir, le degré zéro de l'imaginaire. Lieu amnésique, lieu du père, où celui-ci disparaît dans et par la puissance du fils symbolisée par le cheval. Le père s'enfuit sur le cheval du fils et le fils crie à la «trahison» et au vol. Etait-ce si «gai»?

«Le lac de Côme - Grianta», ensuite. Lieu du départ et du retour, lieu de Gina, l'amante-mère (l'amita). Le spectacle de Waterloo était dispersion; celui du lac est, on vient de le voir, rassemblement et ressourcement. En le quittant, Fabrice court derechef à son errance, à l'ordre disséminé du père absent : il s'enfuit sur un cheval, volé sur la route à un valet. Le lac est l'autre pôle de l'imaginaire, le second degré spéculaire. Toutefois, il n'est pas seulement un miroir, l'un des deux ; il est le miroir des miroirs, la vérité miroitante des miroirs. Fabrice s'approprie la puissance de son père en s'enfuyant sur le cheval volé; ou plutôt : il récupère ce qui lui appartenait et neutralise en le répétant le rapt où il était victime. Exorcisme du lac. La réflexion inverse les valeurs. Trahison égale gaîté (dans le souvenir).

(1) A en croire F. Martin («Les mots latins» groupés par familles étymologiques, Hachette, Paris 1941), le mot «amoenus» (agréable, charmant) vient de amare (aimer) et plus lointainement de amma ou mamma, la mère. «Amita» désigne la tante paternelle. Je n'ai pas besoin de dire ce que de tels rapprochements suggèrent, tant dans le général qu'à l'usage de notre étude. Le rôle équivoque que joue Gina, l'amita amoureuse, dans la quête et la définition du «locus amoenus» dispense d'une lourde analyse des transferts.

Impuissance égale puissance. L'Autre (Robert) égale moi (Fabrice). Lieu de la mémoire comme (bonne) nature, le lac de Côme garde et réfléchit la puissance de Fabrice.

Enfin « la prison Farnèse » : lieu de l'intériorité. De la conversion du sublime imaginaire, spectaculaire et spéculaire, en conscience de soi passionnée. Lieu de l'authentification du sublime comme amour. Lieu de la reconnaissance, voire de la réminiscence qui réordonne tout le passé et le re-voit dans la bonne perspective. Passage de la puissance à l'acte, de la force comme vie à la force comme conscience. La vie n'est plus seulement ce qui peut ; mais aussi et d'abord ce qui veut.

Trois moments, dis-je, trois ingrédients pour faire une musique : le silence, le son et le chant... « Allegro vivace » ! Car, de toute façon, Fabrice est vif, c'est-à-dire vie.

VI / SCHERZO

> *« Il avait passionnément aimé dans la première ardeur de sa jeunesse les vierges tourmentées du Corrège, dont les corps voluptueux épris du ciel ont des yeux qui désirent, des bouches qui palpitent et appellent douloureusement l'amour. »*
>
> Marcel Schwob (« Lilith »)

Gina, duchesse Sanseverina, occupe, dans l'odyssée de Fabrice, une place prépondérante fondée sur l'ambiguïté. Vraie amoureuse, pseudo-tante et substitut maternel virilisé, elle monopolise et dynamise la vie de Fabrice en la constituant comme quête amoureuse ; mais elle résiste, dans le même temps, contre les effets d'une telle énergie, parce qu'ils doivent finir par prononcer sa propre exclusion. L'amour qu'elle enseigne n'est pas pour elle. De là, d'abord, le côté pathétique de la duchesse, toujours luttant contre elle-même, qui fait d'elle, sans la moindre contestation, le grand personnage romanesque de « La Chartreuse de Parme ».

De madame-veuve Pietranera
à la duchesse Sanseverina

Tout le long du roman, Gina s'efforce, par tous les moyens, de faire son deuil de ce Fabrice qu'elle a vu naître et aime passionnément. Or, c'est l'amour lui-même qui lui donne le courage de travailler pathétiquement à renoncer à Fabrice. Soit qu'elle se représente, je cite le texte, l'« horreur de l'inceste », soit, lorsque Fabrice est pris et enfermé, qu'elle feigne l'indifférence ; soit encore qu'elle s'honore scrupuleusement de sa fidélité envers le comte Mosca — serment par lequel elle entend se défendre d'aimer Fabrice, et qui contraste singulièrement avec la légèreté amoureuse que nous pouvons, sur quelques indices, lui supposer dans les premiers chapitres, entre la mort de son premier mari, le général Pietranera, et la puberté de Fabrice.

Et qu'on n'aille pas dire qu'elle s'évertue à feindre l'indifférence pour, en rusant, sauver Fabrice des mains de Rassi et du prince ! Le mobile de sa fidélité n'est pas non plus (d'abord) l'estime et l'affection pour Mosca. Chez Gina, l'action n'a pas de buts représentés froidement ; elle s'enracine dans l'émotion, dont elle forme l'exutoire et le prolongement. Il se peut faire, certes, que l'ordre du réel et la tactique de la passion se joignent ; et c'est vraisemblablement ce qui a lieu, lorsque Gina : a) se met en devoir de s'appliquer à l'indifférence ; b) mime le cœur froid et prépare, pour ainsi dire techniquement, l'évasion de Fabrice. Reste, en dépit qu'elle en ait, que Gina n'arrive pas réellement à faire son deuil de son « neveu ». La privation de Fabrice, à la fois étranger et partie d'elle-même, est toujours remise en cause, parce qu'elle n'est qu'imaginaire et ne s'enracine pas dans l'irrémédiable de la réalité. La duchesse, autrement dit, phantasme son deuil sur le fond d'un espoir insensé, plus fort que la mort : tant qu'il vit, se dit-elle, il est toujours possible qu'il m'aime. Tel est le conflit qui constitue l'âme de Gina.

Chaque retour de Fabrice est occasion à le découvrir sous un jour nouveau. «A son retour de France, Fabrice parut aux yeux de la comtesse Pietranera comme un bel étranger qu'elle eût beaucoup connu jadis. S'il eût parlé d'amour, elle l'eût aimé; n'avait-elle pas déjà pour sa conduite et sa personne une admiration passionnée et pour ainsi dire sans bornes?» — Dévoré par la jalousie, Mosca remarque de son côté que Fabrice paraît à Gina — non plus «l'enfant qu'elle avait vu naître» (syntagme qui revient à plusieurs reprises), mais comme «un autre homme» (souligné par Stendhal). Le conflit, partant, se trouve sans cesse relancé par l'ambivalence, puisqu'il est permis d'aimer un étranger, impossible d'adorer un neveu qu'on a vu naître...

Or, le deuil imaginaire de Gina cherche à dissimuler ce conflit ambivalentiel. En réalité d'ailleurs, c'est la mélancolie qui est première : réaction, non pas à la mort d'un être, mais à une perte d'amour. Gina résiste aussitôt, de toutes ses forces, contre l'invasion de la mélancolie. Elle lutte, elle agit, transformant la secousse en cérémonie. Elle prend l'initiative d'un deuil, détourne et camoufle sa frustration amoureuse dans la perte imaginaire d'un être. Produit d'une substitution, le deuil apparaît du même coup comme un artifice psychologique.

Le décisif chapitre sixième est le théâtre de cette mutation psychologique de Gina : on la voit, secondée par l'opportune présence de Mosca, convertir sa mélancolie menaçante en un deuil esthétisé. Avec quelle intelligence le ministre fait, auprès d'elle, assaut de courtoisie! Gina plaît et inspire la passion; elle retrouve jeunesse et beauté. Quel éclat! Le chapitre s'ouvre sur la mélancolie de «madame Pietranera» (ô la splendide pietra nera! Est-ce qu'on peut céder à la mélancolie, quand on porte le nom de la grande Mère de Pessinonte?) et se clot par ce mot de la duchesse Sanseverina au comte : «Vous faîtes mon bonheur.» Cet homme, qui l'«examine» avec transport, l'amuse; elle trouve son regard «beau et bienveillant»; elle lui concède «de la grâce». Ce n'est pas le coup de foudre, l'admiration qui incendie le cœur; elle le lui dira. En tout cas, elle se sent «attachée à cet homme». Les voici amants. C'est dit, Gina s'installera à la cour de Parme. Mosca la marie à un duc, qui a le mérite d'être inexistant; il lui faut en effet un palais pour régner... Le changement matrimonial et patronymique a plus de signification qu'on ne croit : «madame Pietranera» était une veuve se croyant laide et vieille; la «duchesse Sanseverina» éclipse, en beauté, toutes les femmes de Parme — même et surtout la très jeune Clélia Conti, qui «passait encore, il y a huit jours, pour la plus belle personne des Etats du prince». Dès lors, Gina va s'égaler, resplendissante, à sa légende. Elle embrasse pour toujours l'état brillant de la duchesse Sanseverina, reine de Parme. Le tout en quelques pages. Revoyons, au ralenti, ce qui s'est passé.

Je cite Stendhal : «Il faut savoir que, depuis quelques mois, le cœur de madame Pietranera était attaqué d'une façon sérieuse et par un singulier personnage. Peu après le départ de Fabrice pour la France, la comtesse qui, sans qu'elle se l'avouât tout à fait, commençait déjà à s'occuper beaucoup de lui, était tombée dans une profonde mélancolie.» Voici qu'elle en vient à déprécier cela qui a fait, depuis les jours du Prince Eugène, sa réputation : sa beauté. Elle s'éprouve tristement comme «une femme âgée». Et sans doute y a-t-il, dans cette dépréciation de soi, un reproche dissimulé à l'adresse de Fabrice. Ce n'est pas, d'ailleurs, le moindre tourment de celui-ci que cet amour qu'il sait avoir inspiré à une femme à qui il doit «le seul bonheur... éprouvé par les sentiments tendres», dont l'«amitié», enfin, est «(s)a vie». Aussi bien, hanté par ce savoir qui empoisonne sa vie et hypothèque ses rencontres amoureuses, Fabrice est-il le mieux placé pour reconnaître, avec une entière lucidité, et formuler, le préjudice qu'il cause à sa « tante » : « C'est elle qui sent pour moi les transports d'amitié que je devrais éprouver pour elle » (chap. 13). Or, la mélancolie de la « tante » et le tourment du « neveu » établissent entre eux une correspondance de tous les instants. Il n'est rien en Fabrice, c'est vrai, qui ne s'adresse à Gina; mais aussi : tout conspire, en Fabrice, à oublier Gina. Son amour enseigne : Tu dois m'aimer. Fabrice reçoit : Tu dois aimer (une autre). Gina, au fond, dis-paraît toujours dans la généralité de cette loi-d'amour qu'elle enseigne de tout son cœur à son « neveu ». D'être le signe d'amour, elle s'interdit en principe la place hasardée de l'aimée. Toujours présente au cœur de Fabrice, témoin et garante, elle n'y peut cependant retentir comme l'admirée Attendue dont elle a créé le désir.

De l'art d'aimer

Au lieu de s'enfoncer dans la mélancolie, de s'y abandonner, Gina se sert de cette brève éclipse de son activité comme d'un instrument de révélation. A peine elle a vu le risque couru par son amour, elle se sauve dans la démiurgie. Elle transforme, pour ne pas perdre, le vécu de sa perte. Faute de changer la réalité — et d'abord le cœur de Fabrice —, elle se change elle-même. Madame Pietranera a vécu. Vive la duchesse Sanseverina! Elle convertit la perte de l'amour (de Fabrice) en perte de Fabrice (aimé). Gina triche comme vaillamment triche la princesse de Clèves. Elle en appelle à l'art. Il faut voir comme, de ses seules forces, elle bâtit cette « Duchesse Sanseverina » pour, de la passion d'amour, faire, tout au long, un art passionné d'aimer. D'une certaine façon, Gina aura, selon le mot célèbre, fait de sa vie une œuvre d'art.

Henri Beyle crée Gina, qui nous étonne en sortant duchesse Sanseverina (et même la Sanseverina) de cette «madame Pietranera», veuve et tant attaquée d'amour. Comme le vif Fabrice, Gina la brillante rivalise de création avec le supposé auteur. Je ne sache pas qu'il soit un autre exemple, dans la littérature, de personnages aussi nourris d'eux-mêmes. On dirait que l'écrivain leur a donné âme pour s'en servir : et bon vent ! Il les suit des yeux ; il ne les gouverne pas. Il ramène le lecteur, en revanche, au génie musicien de cette «Chartreuse» à quatre voix et le rend témoin d'une gageure : créer la création, et non les créatures. Fidèle à ses apparences, à l'inverse des coquettes, Gina l'artiste trempe sa vaillance dans une source inépuisable d'espagnolisme(1). Elle sait feindre ou décliner habilement, comme il sied à une grande dame. Mais elle est incapable de mentir. Tout comme Fabrice, son «enfant» − l'élève −, qui ne redoute rien tant que de mentir à Gina.

Il n'y a pas de plus belle scène, dans «La Chartreuse», que le désespoir éclatant de la sublime bacchante blessée (chap. 16). Elle veut bien perdre Fabrice, mais non qu'on le lui prenne. Elle renvoit ses femmes et elle se livre aux transports qui la bouleversent : haine, rage, adoration, cris, attendrissement. On aurait tôt fait de dire, ce qui n'est pas rien, que l'art de Stendhal s'égale à celui de Racine. J'alléguais tout à l'heure Madame de La Fayette, pour cette façon de tricher de toute son âme qui vient d'une horreur de la fausseté. Mais Gina, moins «cultivée» que la princesse de Clèves, ne montre pas la monstruosité de Phèdre. Elle ne se retient pas, comme la première, à l'intérieur d'un code qui fait, qu'au plus fort de la passion, la Cour ne s'oublie jamais ; elle ne s'abîme pas non

(1) En écho, cette note de «Henry Brulard » au sujet de la grand-tante Elizabeth, sœur de Henri Gagnon : «Elle a, à cet égard, formé mon cœur, et c'est à ma tante Elizabeth que je dois les abominables duperies de noblesse à l'espagnole, dans lesquelles je suis tombé pendant les premiers trente ans de ma vie » (chap. 7).

plus, comme Phèdre, dans le désordre et la disgrâce d'un corps disloqué par le désir. Gina se garde dans ce qu'il faut bien appeler le maintien.

Comment? En ne cessant jamais de s'adresser à Fabrice, de lui offrir amour et souffrance. Toi est toujours là, l'«ange» proxime, le «pauvre» et «cher» Fabrice. Il parle en elle, il ne la laisse pas parler seule à seule et tenir le langage de l'insensée. Alors elle fait le vide autour d'elle, pour qu'ils demeurent face à face, elle et lui. Elle se dit qu'elle tuera le prince et renverra le comte. Avec quelle injustice elle supprime mentalement Mosca de sa vie et l'accable de son mépris! «Le pauvre homme! il n'est point méchant, au contraire; il n'est que faible. Cette âme vulgaire n'est point à la hauteur des nôtres. Pauvre Fabrice! que ne peux-tu être ici un instant avec moi, pour tenir conseil sur nos périls!» — L'art d'aimer postule, entre deux êtres, ce «conseil» ininterrompu, homologie «archaïque», plus originaire que la nature, plus instituante que toutes les règles, qui échappe à la vaine alternative de la nature et de la convention. Affinité? Connivence? C'est bien trop peu dire. Voici une langue qui ne se parle dans la caquetoire, ni ne s'entend du confident. Ce n'est pas une langue «assise». Ses signes sont des éclats; son mode est l'évidence. «Je l'aime d'instinct, pour parler ainsi», dit la duchesse à Mosca.

Tel est l'art d'aimer attesté par Gina : deux âmes de même race, deux tons de même hauteur, deux êtres de même timbre.

Il me semble même, à la limite, que le caractère hétérosexuel de la relation n'est pas discriminant. Il s'agit d'abord d'une passion «siamoise» : «Enfin, s'il n'est heureux, je ne puis être heureuse». Si l'un se tait, l'autre meurt; à cette différence près que le «mourir» de Gina s'éprouve comme vieillesse, celui de Fabrice en tant qu'impuissance (à aimer). Ce sont les deux entrées du «Phèdre» : Gina dit que la mania d'amour est le vrai, Fabrice que le vrai est amour. Cependant, c'est Gina qui souffre de cette croix, car son amour devra s'immoler à la vérité de l'amour, lorsque Fabrice l'aura découverte en Clélia.

Quant à l'«horreur de l'inceste» (chap. 8), il apparaît à l'occasion de la jalousie : «elle était dépitée du rôle ridicule à ses yeux que Fabrice jouait auprès de la petite Marietta». Plongée dans une «noire mélancolie», Gina a des «accès d'impatience» contre le comte − «et presque contre Fabrice». Elle s'interdit de l'aimer pour s'empêcher de le haïr. En d'autres termes, l'horreur de l'inceste est une arme défensive, ou mieux : préventive − dont joue Gina, à l'intérieur de sa stratégie de deuil. Au fond, elle se représente l'«horreur» de «faire l'amour avec ce Fabrice qu'elle avait vu naître», non pour barrer cet amour, mais au contraire afin de le sauvegarder. La phobie de l'inceste, en Gina, n'est pas psychologiquement plus sérieuse que n'est crédible, pour le lecteur, sa parenté avec Fabrice. Une fois encore : j'appelle ça «l'effet-Robert», qui met de la musique à la place d'un plat tableau clinique ou d'une scène de genre.

L'amour, enfin, est sans-âge. Balzac eût dit : Gina, c'est la femme de trente ans. Or, en elle, l'âge ne relève pas de l'être, mais du paraître − d'un paraître modifiable, j'allais dire : expérimental. Quand Mosca la voit, «elle n'a pas vingt-cinq ans». A trente ans, elle se trouve vieille : c'est que Fabrice fait défaut. Après l'emprisonnement de Fabrice, le comte est enfin admis auprès d'elle : «il fut atterré à la vue de la duchesse... Elle a quarante ans! se dit-il». Fabrice, dans sa prison, changé par l'amour de Clélia, «vint à penser un peu sérieusement à sa tante : il fut étonné, il eut peine à reconnaître son image; le souvenir qu'il conservait d'elle avait totalement changé; pour lui, à cette heure, elle avait cinquante ans» (chap. 18). Le sublime de Gina est dans cette résistance, ponctuée de défaites, mais au total esthétiquement victorieuse, de l'âme comme vie au corps comme mort. Sa beauté, aussi bien, son éclat ne relèvent pas de la chair, mais d'une impressionnante force intérieure (d'où la référence au Corrège). Toutes les fois que Gina exhibe et porte un âge, et Stendhal tient note, on l'a vu, des coups reçus par l'amoureuse en décades brutales, elle fait un pas, comme pour voir dans le vide et la mort, au bord du gouffre où l'amour peut sombrer : « J'éprouve le pire symptôme de la vieillesse : mon cœur est éteint par cet affreux malheur, je ne puis plus aimer » (chap. 16).

Bref, l'art d'aimer se détourne « a priori » de la plausibilité amoureuse, étayée du réel : séparation des sexes et des familles, similitude des âges. Il évacue de lui-même tout emprunt à l'atavique visibilité amoureuse, compromise avec la loi, la mort et la trahison. La passion de Gina est une action dans l'invisible. Quand Fabrice meurt réellement, c'est alors, curieusement, qu'elle ne peut plus porter son deuil ; il ne reste à la duchesse que de mourir aussi.

Sa position ne fut jamais celle de l'aveu coupable, mais celle du témoignage. C'est toujours une princesse qui parle, un peu parente, le fait est, de l'héroïne célèbre du grand siècle. Ecoutez : « Non, cher ami, je ne vous dirai pas que je vous ai aimé avec cette passion et ces transports que l'on n'éprouve plus, ce me semble, après trente ans, et je suis déjà bien loin de cet âge. On vous aura dit que j'aimais Fabrice, car je sais que le bruit en a couru dans cette cour méchante. (Ses yeux brillèrent pour la première fois dans cette conversation, en prononçant le mot méchante). Je vous jure devant Dieu, et sur la vie de Fabrice, que jamais il ne s'est passé entre lui et moi la plus petite chose que n'eût pas pu souffrir l'œil d'une tierce personne. Je ne vous dirai pas non plus que je l'aime exactement comme ferait une sœur ; je l'aime d'instinct, pour parler ainsi. » Extrême souffrance de Mosca : on ne pardonne pas à l'irrémédiable. Il ne peut rien — pas même comprendre — « tierce personne » — que c'est le trio de l'adieu : « Le comte ne comprenait pas ; elle fut obligée de répéter plusieurs fois. » Le pathétique d'une tendresse pareille à celle qui existe entre Mosca et la Sanseverina, c'est qu'elle se noue dans la vérité. Or, ici, la vérité revient toujours à ce qui la fonde : le défaut de la passion (de Gina pour Mosca). Tendresse donc, entre eux — à se devoir le vrai. A force de ce devoir, de ce grand devoir du vrai («De la vie, il n'avait dit un mensonge à la duchesse»), à force de se le devoir l'un à l'autre seulement — exclusivement. Tendresse, parfaitement, que cette générosité cruelle, qui ne parlera jamais que (de) Fabrice, signifiant de feu pour si peu de réalité avouable, qui parlera Fabrice entre deux êtres s'aimant assez, et croyez cet assez très fort, pour chacun, assister l'autre en son déclin.

VII / ANDANTE

«Si je meurs, ce sera en t'adorant quand même, ainsi que j'ai vécu!»

(Mosca à Gina)

Mosca aime Gina, qui aime Fabrice, qui aime Clélia... Ainsi vous enseignait-on, naguère, dans les collèges, la passion selon Racine ou selon Musset : comme une relation transitive, qui pourrait plus naïvement s'exprimer : le malheur des uns fait le bonheur des autres. On devait comprendre que l'amour qu'on inspire nous donne un pouvoir sur celui qui en souffre, tandis que celui qu'on éprouve nous met en situation de faiblesse ou d'infériorité; et conclure, naturellement, qu'il n'y a pas d'amour heureux. La passion est une école d'inégalité et le premier nommé de la chaîne l'esclave de tous.

Je ne suis pas sûr qu'on puisse répondre facilement à la question : «Qui est Mosca»? Deux perches, pourtant, nous sont immédiatement tendues — disons, pour aller vite, la cinquantaine et la politique. Rappelons-nous que c'est la rêverie de la cinquantaine, mélange d'étonnement

223

et de griserie, assortie d'une chanson de Grétry, qui déclenche en partie le «Brulard». Mosca? «Il était fort bon, fort digne d'être aimé, à ses sévérités près comme ministre. Mais, à ses yeux, ce mot cruel la cinquantaine jetait du noir sur toute sa vie et eût été capable de le faire cruel pour son propre compte» (chap. 7). Mosca serait-il Henri Beyle, grimé en Metternich de sous-préfecture?

La politique et le politique

«Je m'habille comme un personnage de comédie», confie Mosca à Gina. Ils se connaissent à peine; il trouve bon de lui expliquer sa poudre dans les cheveux. Stendhal eût pu faire du ministre amoureux un type comique. L'alcôve a, dans la littérature, détruit la gravité de plus d'un cabinet. Alors Mosca eût été pleinement ministre — c'est-à-dire serviteur; Gina l'eût regardé comme un instrument et traité comme un moyen. Or le faible de Mosca n'altère jamais la cuirasse; l'homme d'Etat est craint par les sots, que «cette montre» (comme dit Pascal) impressionne et par les gens d'esprit, qui savent combien redoutable est l'homme qui n'en pense pas moins. Son faible est intestin. Là est la véritable politique : le reste est appareil. «Comédie» selon le comte.

Aussi me paraît-il que la tradition a obnubilé Mosca en le chargeant d'une doctrine. Fût-ce celle de n'en avoir pas : où on reconnaîtra l'image vulgaire du machiavélisme, qui s'appelle autrement cynisme. Balzac, une fois de plus, n'est pas pour peu dans cette extorsion de sens. On ne gagne rien, pourtant, à chercher Metternich sous le comte Mosca della Rovere Sorezana. Une fois entendu que Mosca n'est pas comique, c'est-à-dire impuissant, il ne faut pas conclure qu'il représente le pouvoir dans un régime où les lois font une parade au caprice du monarque. Tout cela est bien su, depuis quelques bons auteurs; et le constant malheur des peuples ne garantit pas une bonne littérature. Stendhal aurait-il montré, dans cette supposée physiologie d'une petite dictature, des travers supplémentaires, quelque trait que nous ne connaissions? Non. Comme presque toujours chez lui, le politique ne se trouve pas où on croit qu'il est. Délivrons donc Mosca de l'extérieur un peu gourmé du «portrait politique». L'homme a trop d'ironie pour se prêter à la pose. On ne comprend ni Mosca ni la politique en les superposant d'entrée. On va voir que la politique de «La Chartreuse», celle qui compte, n'a pas lieu dans le spectacle qu'elle donne.

Si la politique est la comédie du pouvoir, l'art d'afficher des convictions de détail, Mosca est politiquement impeccable — imperturbable. Il s'est rendu indispensable au prince pour deux qualités qui vont rarement ensemble : l'habitude d'agir en fonction des sots et le mépris d'un rôle qui suppose tant d'esprit. Le prince, qu'on réputera par hypothèse le plus sensé, est incapable, de la position qu'il tient, d'imaginer la vérité du paradoxe qui le protège : — que le meilleur serviteur de l'Etat est, à tout prendre, l'ironiste. Socrate, entêté de cette démonstration, y laissa la vie. Par respect pour lui-même, Mosca est donc un homme divisé, car la politique est plus qu'un jeu et la passion moins qu'une politique. Le plus étrange, c'est qu'il appelle raison l'art de gouverner sans croire, et passion une vérité qui ne peut rien. La force politique de Mosca s'inscrit au défaut de l'âme. Mosca — c'est l'athéisme de la prière. «J'aime mieux cent absurdités atroces qu'un seul pendu», confie-t-il à sa maîtresse, attestant, dans la distorsion de son être, la vérité du politique : à savoir qu'il n'y a pas de vérités politiques. Croire le contraire, c'est se montrer un sot fieffé ou un fou dangereux.

Loin d'incarner un style de gouvernement, voire une «philosophie politique», Mosca, l'ironiste, fait apparaître le politique comme pondération de l'acte politique par toutes les bonnes raisons d'embrasser un parti contraire. Empiriquement, la moins mauvaise des politiques est à la fois résolue et sceptique. En ce sens, on ne trouvera pas d'«œuvre» politique du comte Mosca ; on ne le voit pas agir, ni former ni réaliser de «grands desseins». Stendhal nous le montre dans le négatif, dans la défensive : empêchant sa chute (bien que toujours prêt, sur un mot de Gina, à démissionner) et réparant les frasques de Fabrice. On dira que la politique de Parme ne peut pas être sérieuse, c'est-à-dire porter à conséquence ; que Ranuce et ses ministres ont l'air de fantoches manipulés par l'Autriche. Cette Cour-miniature permettrait ainsi d'exhiber les ridicules des petits tyrans... Je veux bien que la manière de regarder emprunte à Swift et à Montesquieu. Pourtant, l'essentiel ici est dans un autre régistre de la perspective. D'un mot : la politique (de Parme) est illusoire avant d'être dérisoire.

Et ceci est de conséquence : car le rire est une confiance rendue au sérieux. Si Ranuce et Rassi sont dérisoires, c'est que le premier n'est pas Louis XIV et que le second n'est pas Fouché. Or, je tiens que Stendhal n'a pas voulu ridiculiser une forme bâtarde et cruellement vaudevillesque de gouvernement, mais dévoiler l'essence du politique.

Ce qui apparaît, de la chose politique, ne relève pas de la volonté des «acteurs», mais de la représentation des «comédiens». La politique, en un mot, tient d'abord dans ses prestiges. Ce n'est pas Ranuce (avec ses ministres, dont Mosca) qui fait la politique de «La Chartreuse», c'est la logique de l'illusion. Le prince voit Mosca dans sa perruque, les sujets le voient dans «ses sévérités». Aucun projet politique n'animant cette Cour, sa volonté n'est que son vouloir-vivre. Qu'est-ce alors que la politique de Parme ? Le retentissement et la transposition des aventures de Fabrice. Tel est bien le paradoxe : l'argent, sinon l'acteur, de la politique de Parme, c'est Fabrice, qui n'a pas consacré une minute à la méditation de la politique !

Mettez du réel dans un milieu politique : il en sortira

des noms et des attitudes. Nommer et montrer (c'est-à-dire aussi : taire et cacher), voilà toute la (représentation) politique. La force de la Raversi, c'est le mot « criminel » collé à Fabrice et tout ce qu'on peut (faire) voir de la passion de Mosca : hors de ce « et » pas de politique, car l'adversaire est désarmé. La politique n'est pas dans son affiche, parce qu'elle n'est que cette affiche. Jeu ? Pas si simple. Le hochet peut (et sait) tuer. Gina, pourtant, à Fabrice. « Le comte, qui connaît bien l'Italie actuelle, m'a chargé d'une idée pour toi. Crois ou ne crois pas ce qu'on t'enseignera, mais ne fais jamais aucune objection. Figure-toi qu'on t'enseigne les règles du jeu de whist ; est-ce que tu ferais des objections aux règles du whist ? » (chap. 6). Oui, mais : il y a le « figure-toi », le comme si. On ne peut rien expliquer à un être vierge comme Fabrice, qui n'a pas souffert les effets constants de l'apparence politique, qui n'a pas été enseigné − c'est-à-dire préparé à tolérer le faux en excipant du vrai. Sans expérience ni doctrine, Fabrice est sans défense ; il ne sait que l'attaque. Croyez que c'est encore de la politique, et même un savoir politique, que ce savoir qu'a Mosca... de Fabrice !

Et c'est ici, étrangement, qu'on retrouve la cinquantaine... Qui est l'âge de la politique, c'est-à-dire l'âge du monde.

Et Gina, la tendre cruelle, qui justement a aimé en Mosca cette impossibilité de prendre son parti du monde où, il le sait, il mourra, ne le lui envoie pas dire, au comte, qu'il doit cesser ses folies de passion et retourner à sa cinquantaine, à la loi du monde ; le compliment est atroce, il énonce un déclin, au sens métaphysique : vous êtes, lui dit-elle (et je rappelle, pour qu'on entende bien ça, qu'on veut tuer son Fabrice), « l'homme le plus habile et le plus grand politique que l'Italie ait produit depuis des siècles » (chap. 16).

« La Chartreuse » trouve son ultime vérité politique à dire l'écart entre deux Figures de jeu : celui des « habiles », dans lequel Mosca est si bien passé maître que sa gaîté prend la forme d'une défense contre le dégoût (« Ma gaîté n'est-elle pas toujours voisine de l'ironie ?... ») et celui de Fabrice, « Spiel des Schaffens » (jeu du créer) comme dit Nietzsche, où « l'esprit, ayant perdu le monde, conquiert son propre monde ». Le politique se joue, dans l'esprit de Mosca, comme la fascination qu'exerce sur l'habileté, savante et conservatrice du monde, la création innocente. Le gai savoir de « La Chartreuse » n'appartient à personne qu'à « l'ensemble des rapports existant dans tout, la Musique » : il tient dans le rapport — éloignement et rapprochement — entre la gaîté de Mosca et l'ignorance de Fabrice. Il n'y a pas, de par la nature des choses, de discours direct de ce savoir, mais seulement une transposition, médiée par la Sanseverina : le « Figure-toi » énonce bien la pensée de Mosca, qui n'est, toutefois, sensible à Fabrice qu'à se dire par la bouche de Gina. C'est elle en effet, affectivité pure, qui dispense l'intelligible, d'instruire une parole moyenne entre une passion qui ignore les règles et une autre qui en est encombrée. Aimée de Mosca et amoureuse de Fabrice, objet et maître d'amour, elle « schématise » la relation entre eux, ouvrant le véritable espace de « La Chartreuse » par le rapprochement d'un monde qui sombre et du pari d'un monde.

Le politique s'articule ainsi dans le jeu des âges et des amours ; il n'est pas jusqu'à la jalousie de Mosca, qui ne témoigne de cette ubiquité du politique. En tant que le politique ne se rabat pas sur un espace délimité, ne s'enferme pas dans ce qu'on appelle « la vie politique » (dont, bien plutôt, le côté spectaculaire atteste l'hémorragie), la pudeur de Mosca vis-à-vis du nominalisme amoureux ressaisit son retrait ironique de/dans la politique. La caractéristique empirique d'une telle « position », en vérité atopique, se désigne dans un paradoxe apparent : Mosca ne se rend le maître, à la Cour comme dans la vie de Gina, que dans le temps qu'il risque sa place. Il offre continuellement sa démission à Gina en échange de leur vie commune. Inversement, leur liaison, cimentée par Fabrice, exige que le comte demeure à la tête du gouvernement. Plus profondément, Mosca a trop de sagesse pour ne pas constituer sa cinquantaine comme un poison, dont la réflexion accroît la virulence : monument du malheur politique et fardeau des siècles, engluement dans un monde sans alternative. En comprenant le scandale de sa lourdeur, Mosca comprend Fabrice, de tout ça l'autre. Sa jalousie est l'hommage d'une passion blessée au monde de la passion, de la pesanteur du temps au charme de l'instant. La torture de Mosca vient de ce qu'il sympathise avec Fabrice par les ramifications intelligentes de sa passion; il ne le pose pas en rival. Comme Fabrice aime Clélia de par la loi-d'amour de Gina, Mosca comprend Fabrice en aimant la duchesse. La pudeur seule lui permet de vivre son amour, qui en indique aussi, hélas, la limite politique — comme prudence, la pudeur dis-je, qui empêche la méchante magie du mot de le clouer sur son malheur («D'ailleurs, une fois que j'ai prononcé le mot fatal jalousie, mon rôle est tracé à tout jamais») ou de l'exclure par forclusion des tropes sentimentaux («le hasard peut amener un mot qui donnera un nom à ce qu'ils sentent l'un pour l'autre; et après, en un instant, toutes les conséquences»). Toute la sagesse de Mosca, raisonnement d'une passion brimée, consiste à éviter la superposition fatale des mots et des choses, le renforcement de l'apparence par le mirage des noms. Ce courage, qui s'arc-boute pour tenir toutes choses ouvertes, qui fait de la politique en amour et, par amour, de la politique, qui est allé jusqu'au bout de la réalité fastidieuse et n'aime passionnément que le pur possible, rassemble l'émouvante et sobre grandeur de Mosca. Le dire résigné ou indolemment sceptique est une sottise. Mosca est un résistant.

229

Aucun poncif plus mal venu, au sujet de Mosca, que celui de «portrait politique». L'homme ne se laisse pas encadrer. Pourquoi? D'abord, parce qu'au lieu d'incarner un «homme politique» imbu de son rôle, prévisible, il manifeste ironiquement l'insuffisance de la politique, suggère l'ordre disséminé du politique, non comme le fondement des apparences, latent derrière le rideau d'illusion, mais comme ce que Pascal appelle la «raison des effets» : le politique, loin de désigner l'essence cachée de la politique, qu'un savant perspicace pourrait découvrir et symboliser, pointe en toute chose une ligne de fuite. Le politique n'enseigne que ceci — qu'on ne peut pas ramasser la politique sur elle-même, parce qu'elle se trouve dans la différence, ouverte partout et nulle part : d'où son affinité avec l'écriture. Dans toute son œuvre, Stendhal reconnaît le politique comme le Partout-et-nulle-part de la politique : «raison des effets» et non principe de raison(1).

Corrélativement, l'homme Mosca, par qui le scandale arrive d'une rationalité (politique) frayant avec la passion, dépourvue de l'honorabilité des principes, échappe à une objectivation achevée. L'auteur ne le surplombe pas. L'énigme de Mosca vient de ce que cet homme droit témoigne, en toute occurence, de la «pensée de derrière» (Pascal encore) — qui est le contraire d'une arrière-pensée. Nous le voyons toujours comme celui qui s'en va : «andare, andante»! Curieusement, cette distance de Mosca, son indéfinissable intériorité, est présente dans le texte à la façon d'un monologue qui déjoue la convention du récit

(1) «Raison des effets — Il faut avoir une pensée de derrière et juger de tout par là, en parlant cependant comme le peuple» (Br. 336). Et encore : «Il est donc vrai de dire que tout le monde est dans l'illusion, car encore que les opinions du peuple soient saines, elles ne le sont pas dans sa tête, car il pense que la vérité est où elle n'est pas. La vérité est bien dans leurs opinions, mais non pas au point où ils se figurent» (Br. 335). Mosca à Fabrice : «Ce n'est pas à nous à détruire le prestige du pouvoir» (chap. 7).

en permutant «Je» et «Il». Stendhal aurait quelque raison de s'écrier : «Mosca, c'est moi!». Quant au physique, j'avoue que je m'empêche difficilement de me figurer le comte Mosca à travers le portrait de Stendhal, fait à Rome en 1835-1836 par Silvestro Valéri. Mais là n'est pas l'essentiel : simplement, à tout prendre, l'auteur est encore la meilleure image d'un être si rétif à la détermination.

A défaut d'être un caractère, Mosca apparaît comme le plus petit commun multiple d'un certain nombre de sentences irisées par l'humour ou l'ironie. Exemple : «J'aime mieux, dit-il à la femme qu'il va marier au duc Sanseverina-Taxis, vivre dans un quatrième étage avec vous que de continuer seul cette grande existence.» Jamais un vouloir tonnant; jamais un désir insensé. J'aime mieux... Mosca est un prisme de préférences. Le réel n'est jamais loin : devoir à quoi l'esprit s'oblige. A cinquante ans, la vertu pure se change en défaut, l'enthousiasme devient duperie. Poser la réalité, voilà la première des obligations, faute de quoi le spectacle des vertus relève de la piperie. Il y a comme une sublimité non-spectaculaire de Mosca, qui tient d'abord dans le refus de l'emphase, dans une résistance à l'enflure. Car l'eudémonisme de Mosca repose sur l'honneur et la fidélité. Il ne s'épargne pas, il se voit comme le «terzo incomodo», il souffre. Le charme de Fabrice est sa croix. Mais l'intelligence, naturellement généreuse, n'imagine pas de vie sans Fabrice. La jalousie qui tourmente Mosca se nuance d'une sorte d'intérêt méditatif, qui tue dans l'œuf la bassesse et commue la haine en assistance à compagnon. Songeant à l'éventualité de sa disgrâce et à l'état de sa fortune, le comte se dit : «Fabrice et moi nous aurons un cheval de selle à nous deux» (chap. 17). Stendhal note, sur l'exemplaire Chaper, d'ôter cette ligne, car il «voit, indique Henri Martineau, que sa phrase prête à «plaisanterie basse»; c'eût été dommage. Telle est, justement, la singularité de Mosca – qu'il frise constamment, en amour comme en politique, le lieu commun et la dénomination dépréciative ; on essaie si ça lui va et on finit immanquablement par se dire : Impossible !

Quel est donc, à la fin, cet « esprit qui toujours nie » ? Se résignera-t-on à ce que notre homme échappe ? On se trouve dans la position d'Alcibiade qui, prononçant l'éloge de Socrate, appelle les silènes à la rescousse, faute de lui découvrir des pairs parmi les sages de la Grèce. Impossible, vous dis-je, de classer Mosca, de le mettre dans une espèce. Alors imaginons ! Jouons avec les mots et les règnes ! Amenons-le tout près des êtres incongrus ! Il ne tient pas debout, le grave « portrait politique » !

Mosca... Mais, voyons, c'est... la mouche.

Mouche du coche, même, maline et malheureuse : « terzo incomodo ». Et de mouche en incommodité, vous pensez, bien sûr, à Socrate, le taon du lourd cheval athénien. Voilà Mosca : l'ironie et l'amour. En un mot de Stendhal : l'esprit, destructeur des vanités et démolisseurs des importances.

« Où ai-je déjà vu ça ? », me demandais-je, tandis que, cherchant malgré moi des comparaisons, je passais en revue les quinquagénaires de connaissance. Je m'arrêtai un court moment sur François Leuwen. Mais non ! Fausse piste. Je me fis, de nouveau, devoir d'incongruité. J'étais sûr que le dernier mot de ces tâtonnements serait inattendu et paradoxal.

Un mot de Mosca à Fabrice (chap. 10) fit étincelle ; et ce n'était plus l'homme mûr, appliqué à la litote et voyant tout d'un œil neutre : « C'est par une folie d'imagination que Napoléon s'est rendu au prudent « John Bull », au lieu de chercher à gagner l'Amérique. John Bull, dans son comptoir, a bien ri de sa lettre où il cite Thémistocle. De tous temps, les vils Sancho Pança l'emporteront à la longue sur les sublimes don Quichotte. » Ce ministre-là fut jeune : que faisait-il alors ?

« De la poudre (sur les cheveux) ! s'écrie madame Pietranera. Un homme comme vous, aimable, encore jeune

et qui a fait la guerre en Espagne avec nous!» Mosca :
«C'est que je n'ai rien volé dans cette Espagne, et qu'il
faut vivre. J'étais fou de la gloire ; une parole flatteuse du
général français, Gouvion-Saint-Cyr, qui nous comman-
dait, était alors tout pour moi» (chap. 6). En voilà un qui
«tomba avec Napoléon» («Brulard»); lui aussi. Le frère
de Mosca? — Monsieur Sorel de la Vernaye, s'il eût sur-
vécu à Julien Sorel ; oui, Julien, s'il eût vieilli...

VIII / ADAGIO

« Mais ceci est-il une prison ? »

(Fabrice)

Tant qu'il erre avec pour bagage le poids de l'énigme :
«Qu'est-ce que l'amour?», Fabrice reste abstrait. On
aime sa vivacité, sans se départir du soupçon, à peine qui
s'ébauche, et d'avoir lu naguère ne sert de rien, qu'il
n'est peut-être, après tout, qu'un jeune et bel animal
suivant par jeu la course de son ombre. Fabrice, promesse d'homme, ne tient pas en place. Il veut sa part
de guerre et d'amour, il est tour à tour chasseur et
chassé. Bref, le cheval l'emporte sur la méditation. Un
enfant-chevalier dans le monde du «picaro» : tel apparaît Fabrice del Dongo, Quichotte à la jolie figure, cherchant de par le monde les héros du Tasse et de l'Arioste.
On lit, à quinze ans, «La Chartreuse de Parme» comme
un roman d'aventures héroï-comiques, sans s'accommoder tout à fait de ce rien de parodie qui empêche de dévo-
rer le livre comme un Paul Féval. Stendhal ne manque pas
de ce savoir-faire, aussi ancien que le roman, qui consiste
à tendre, selon une fréquence calculée, des pièges à la
beauté. Jusqu'au 3 Août 1822, les aventures de Fabrice
nous tiennent en haleine plus qu'elles ne nous émeuvent ;
encore que l'écrivain, qui sait mieux qu'aucun autre que
son lecteur a tous les âges, ait écrit, à même le cœur de

Gina, une version alentie et pathétique des événements qui entraînent Fabrice.

Tout change : il est arrêté. On le conduit à la tour Farnèse. N'anticipons pas : ne le voyons ni évadé, ni même emprisonné! Je dis bien : il est arrêté. Qu'on entende ce que cela veut dire!... Il était temps. Quelque chose murmurait, en lui, en nous, dans l'auteur sans doute : Halte enfin!

Balzac a raison, mais pas au lieu où il se figure : c'est la fin des aventures. Commence l'Aventure; le cavalier est fait chevalier, au sens chrétien. Le temps du bonheur fou est révolu et le prisonnier dépouille, dans sa cellule, l'enfance sauvage. La jeunesse, qui nous charmait de ses grâces faciles se métamorphose pour, à la faveur de «cette solitude aérienne», règne de Clélia et des oiseaux, atteindre à la pure image du naissant «Ioulos». Tous les miroirs se sont brisés, le monde s'abolit, Fabrice rentre en lui-même. On dirait qu'il ne peut plus rien lui arriver. A peine se soucie-t-il de cette menace de poison, qui affole Clélia et la duchesse. Le roman, c'est-à-dire les intrigues, bourdonne autour de lui sans le toucher. Sait-il même qu'à une lieue de sa tour Parme est secouée par un grand remuement, qu'il est l'enjeu de cette effervescence? Accueillant l'enfermement comme une bénédiction, Fabrice, naguère en proie aux chemins et aux courses éperdues, accède d'un seul coup à l'intériorité.

L'équivoque prison

Dans «Le Rouge» comme dans «La Chartreuse», la prison marque la fin des aventures et en livre le sens; le roman se réfléchit lui-même, avant l'épilogue narratif (très court). Certes, il y aura encore l'évasion de Fabrice, seul exploit réussi du héros; sans parler, bien sûr, de la vengeance de Gina et de ce qui en découle : mais c'est, précisément, une autre histoire. Pourtant, nous n'arrivons pas à prendre au sérieux cette rocam-

234

bolesque évasion. Non que nous n'en mesurions le risque ; l'angoisse de Clélia ajoute encore au terrible dilemme : mourir empoisonné ou se rompre le cou. Tout est fait, donc, pour tenir le lecteur pantelant pendant que Fabrice descend le long de la muraille, enveloppé des brouillards de la nuit, au milieu des soldats ivres postés à chaque degré. En vain. Il n'y a pas de héros sans volonté de l'être. Or l'Arioste et le Tasse ne sont plus de saison, à moins que nous ne soyons dans les jardins d'Armide. La guerre et la chasse, en tout cas, sont bien finies.

Fabrice détruit le ressort accoutumé de l'identification. Il triche. Comment prendrait-on fait et cause pour lui ? Il s'évade à contre-cœur, et parce qu'il a promis. Bien plus, il reviendra de son plein gré dans cette prison chérie. L'exploit est un anti-exploit, un jeu casse-cou, pour la galerie : pour Gina, et puisque Clélia le veut. J'y vois une preuve d'amour, non un brevet d'héroïsme. Et c'est bien ainsi que l'entend Fabrice qui, arrivé en bas, « s'évanouit profondément » en humant le parfum de la duchesse ! On serait exténué à moins, glosera le lecteur compatissant. Fabrice est à peine sorti d'enfance : quoi de plus normal si, à une grande dépense physique, succède l'anéantissement ? Déjà à Waterloo, tenez : il n'en peut plus de marcher, de marcher. Par chance, il rencontra la bonne cantinière : « elle le conduisait vers sa voiture, où elle le fit monter, en le soutenant par-dessous les bras. A peine dans la voiture, notre héros, excédé de fatigue, s'endormit profondément » (chap. 3). Fatigues vraiment ? Sans doute. Mais surtout désintérêt ! Marchait-il sus à l'ennemi, à Waterloo ? Non pas. La bataille, la vraie, lui échappant, il faisait justement cette amère réflexion, tout près de « tomber de fatigue » : « La guerre n'était donc plus ce noble et commun élan d'âmes amantes de la gloire qu'il s'était figuré d'après les proclamations de Napoléon ! » Voilà Fabrice, héros avorté, que l'héroïsme déçoit, et qui, contre l'ennui de continuer à feindre dans le bruit et la fureur, trouve refuge dans le sommeil ou l'évanouissement; affaire de signifier, en somme : cela ne me regarde pas, ce n'est pas là ma vie, il y a méprise!

Evasion? Non. Diversion. C'est une fausse sortie. Le retour ne tardera guère. Aller s'évanouir alors que la duchesse l'attend pour le presser sur son cœur! La vérité, c'est qu'il ne peut plus vivre un instant loin de Clélia, qu'il est mort-au-monde; et «au désespoir d'être hors de prison». C'est un absent. Sa vie a lieu ailleurs; à peine revenu parmi les hommes, il se transporte dans cet «ailleurs» que, par bonheur, il abrite désormais en lui-même. Il ruse, il se dérobe, il se tait. Et c'est tout un «ars moriendi» qu'il lui faut déployer, pour dissimuler son apostasie permanente : évanouissement, sommeil, silence, ascétisme. «On peut se faire quelque idée maintenant de l'agrément des entretiens de Fabrice avec la duchesse : un silence morne régnait presque toujours entre eux» (chap. 23).

Lieu d'amour («locus amoenus»), la prison conjugue des valeurs symboliques «croisées» : elle est à la fois, en effet, image de réclusion et d'entrave et Figure de l'Ouverture.

La hauteur de la tour Farnèse, marque du pouvoir absolu et de l'arbitraire des tyrans (on ne «revient» pas de là, on ne s'évade pas d'une geôle si reculée) dessine contradictoirement dans le ciel l'image du cachot, de la cave, de l'oubliette : représentation phallique du droit de vie et de mort du souverain, qui peut, s'il le veut, ôter au détenu la jouissance du monde et faire montre, en cachant le rebelle et en le plongeant dans l'Indifférencié, de sa mainmise territoriale sur ceux qu'il laisse vivre, ses sujets. La tour, qui domine la ville, affiche à tout bon entendeur les attributs du pouvoir souverain : marquer, recenser, prélever. La menace de castration joue moins comme ablation de la vie que comme puissance infernale du prince de «désidentifier», d'effacer mieux

236

qu'en le tuant la mémoire du prisonnier, de lui ravir son nom.

Mais, par un autre côté, la prison « ouvre » l'espace, elle opère justement la scission du lieu et de l'espace. Tel est le charme du « locus amoenus », dont les « pays » traversés, au temps des aventures, n'étaient que la simulation — que de désubstantialiser le lieu en lui enlevant son objectivité intuitive, sa dimension mondaine. Désormais, le lieu cesse d'être représenté comme contenu dans un espace, il perd ses déterminations géo-physiques. C'est au contraire Fabrice, jusqu'ici indéterminé et abstrait, qui se détermine, tandis que le lieu où il se trouve s'affecte d'illimitation. La prison n'est pas une place dans(de) l'espace, un lieu parmi les autres. Elle est, au contraire, le théâtre d'un avènement et d'une métamorphose : la transmutation, par la puissance amoureuse, du lieu clos par excellence en pur espace. A la fois, le lieu s'évade de l'espace physique, dont il détruit les repères, et accède lui-même à une dignité métaphysique : il se pose comme espace intérieur, comme rapport des rapports.

Aussi bien suffit-il du regard distant de Clélia (« elle salua le prisonnier avec le mouvement le plus grave et le plus distant, mais elle ne put imposer silence à ses yeux ») pour faire de Fabrice un homme nouveau (« il était un autre homme »/« Ce regard a effacé toute ma vie passée »), et du cachot le pur espace du transport et de l'élévation. C'est pourquoi la prison, lieu chthonien, supposé sinistre et sombre, est immédiatement investie par une symbolique ouranienne : pics enneigés des Alpes, étoiles, oiseaux, chant.

Or, le regard de Clélia n'opère d'abord que comme antidote de l'ordre souverain d'enfermer Fabrice. Bien plus, le regard a besoin de cet ordre pour agir.

En envoyant le jeune prisonnier à la citadelle, Ranuce en effet, tout en manifestant son pouvoir en général, affranchit Fabrice de sa marque politique, c'est-à-dire de sa surveillance vive. L'oubliette est irréversible et la décision d'exclure équivaut ainsi paradoxalement à une manumission. Le prince ne peut désormais contredire ou surdéterminer son geste. Tout au plus peut-il ignorer que ses subalternes essaient d'empoisonner Fabrice. Le corps enfermé, enfoui, oublié est un corps «déterritorialisé». La politique ne l'atteint plus, ne le marque plus, puisque c'est un arrêt politique qui l'a voué une fois pour toutes à un ordre de choses où s'inscrit la limite de tout pouvoir : désormais le prisonnier appartient à la pourriture, aux rats, à la poussière, peut-être aux empoisonneurs sans visages, vie qui entre progressivement dans le jeu de la mort et des pierres.

Le regard de Clélia, associé au chant des oiseaux, annonce dès lors l'inversion des ordres et la transvaluation des valeurs; la substitution de la vérité à l'apparence, de l'intelligible à l'obscur. Son intervention se place dans la crise de l'être, ouverte par la main levée qui voue le corps à l'indifférence des choses. Dans un premier temps, elle corrobore la division de l'âme et du corps et soutient l'arrêt du prince : elle indique bien que le corps n'est plus rien, qu'il est fait pour disparaître. Elle ne cherche pas à recouvrir d'un leurre la réalité de la mort charnelle. Fabrice sent «ce regard de douce pitié» qui l'enveloppe. Et c'est dans l'abîme de la détresse, justement, que le salut est promis. Clélia annonce que la vie est mort et que la mort est vie.

Les signes et l'oiseau

Toute la fin de «La Chartreuse» est une merveilleuse transposition littéraire du «Phédon». L'équivocité de la prison reproduit le paradoxe de l'âme : la vie est ce qui meurt. L'âme choisit, pour s'évader de la prison du corps, le moment où celui-ci à son tour est incarcéré. La question de Fabrice, tant qu'il allait en proie aux aventures et au monde, était : qu'est-ce que l'amour? En prison, il trouve l'amour, il en éprouve la force réalisante. Mais l'amour ne sait pas vivre, il fait mourir. La fille du geôlier, retenue dans sa distance d'ange, tout à coup est le livre ouvert de l'impossible. Fabrice, le questionneur, aime en Clélia l'absence de solution : l'absolu. Dans le regard de Clélia s'abîme le social ; s'abolit le corps sujet du désir. Clélia n'est personne. Son « caractère » (son « personnage ») s'efface dans une « physionomie céleste », qui « transporte » Fabrice. Ils ne s'aiment d'abord qu'à se voir. L'amour est cette folie contemplative qui s'entretient d'elle-même : une ad-miration infinie. Fabrice vit dans une « image ». Il est ravi. Il ne sent plus en lui la discorde, mais le repos et la paix. Il apprend de Clélia que la mort n'est pas accidentelle, qu'elle accomplit la démesure de l'amour. La mort est la continuation de l'amour par d'autres moyens. Il entend les oiseaux de Clélia qui saluent le jour. Tous les présages de naguère se sont fondus dans ce gazouillis apollinien. Nul oiseau ne chante de faim ou de froid : « ni le rossignol ni l'hirondelle ni la huppe... » (« Phéd. » 85 ab).

Désormais, toute la vie de Fabrice se passe à guetter les apparitions de Clélia dans la volière. « Si je parviens seulement à la voir, je suis heureux... Non pas, se dit-il ; il faut aussi qu'elle voie que je la vois » (chap. 18). Et voici : la passion engendre le langage, établit entre les amants une correspondance. Mais celle-ci, qui atteste la possible-impossibilité de l'amour dans le monde des phénomènes, se produit immédiatement comme contradiction, comme double langage. L'absolu manque-à-se-dire : l'amour qui « absout » veut des preuves d'attachement. Jusqu'à la mort, l'amour n'est que cette « contrariété », qui consiste à traduire l'absolu, à le parler, à le contre-dire en le signifiant.

Certes, le regard de Clélia dit tout ; il est le commencement et la fin. Mais Fabrice ne sait pas voir cette pure lumière, qui pourtant l'a touché ; qu'il pressent dans l'unique Clélia. Il a besoin d'un peu d'ombre ; il lui faut, avec des signes, donner des gages au malendu, c'est-à-dire à l'affectivité. Le cœur est intermittent. Son ordre est dramatique : il n'arrive jamais à en croire les yeux. Fabrice a besoin de savoir, de se représenter, de se raconter. La contrariété de l'amour de Fabrice et de Clélia ne vient pas de leurs positions spatio-mondaines opposées ; elle est métaphysique. L'échange, entre eux, a lieu dans l'écart des deux langages contraires, jeu toujours recommencé : différence de ce qui est vu et de ce qui est dit. D'un côté les yeux et le chant ; de l'autre les signes, l'alphabet, l'encre, les lettres. Il semble que, parfois, les signes démentent les yeux ; lesquels, à leur tour corrigent les signes. La passion d'aimer rachète le besoin de dire. Et l'une croît à proportion de l'autre. Fabrice, après avoir pratiqué une ouverture dans l'abat-jour de sa fenêtre, se met à écrire sur sa main, à l'aide d'un morceau de charbon, une suite de lettres «dont l'apparition successive formait ces mots : Je vous aime, et la vie ne m'est précieuse que parce que je vous vois ; surtout, envoyez-moi du papier et un crayon». Mention est faite de l'originaire, de l'indicible : le voir. Mais aussi, cette chaîne signifiante bricolée appelle son propre développement — et, pour ainsi dire : son amélioration technique. Clélia répond contradictoirement sur les deux plans : elle témoigne «beaucoup d'humeur», mais elle fait, un peu plus tard, parvenir à Fabrice, en même temps qu'une provision de chocolat, un rouleau de papier et un crayon. Bientôt, la «petite ruse» de Fabrice a gagné Clélia au «langage si imparfait des signes» : elle reçoit du prisonnier «une lettre infinie», et «bien loin de faire des objections contre l'usage des alphabets», en «prépare un magnifique avec de l'encre».

C'est que Clélia a aussi ses raisons pour recourir à la traduction signifiante, par quoi le besoin se loge dans la passion, le relatif dans l'absolu, l'érotique dans l'angélique : elle est jalouse (de Gina) et torturée par la réputation, faite à Fabrice dans le monde — d'être un jeune

240

homme léger et inconstant. Cependant, elle résisterait mieux que Fabrice à la tentation dramatique (affective), parce qu'elle est femme et que sa « douce pitié » — cet amour de l'homme — la soustrait d'abord à l'emprise d'Eros. Mais voilà : la vie de Fabrice est exposée, se dit-elle, à la menace constante du poison. Il lui faut donc communiquer avec le prisonnier ; elle lui envoie des vivres et aide à son évasion. Le besoin s'insinue dans l'amour contemplatif par le truchement du devoir de protection. Fabrice, d'ailleurs, sait tout le profit qu'il peut tirer de cette menace de mort pour forcer Clélia aux signes et lui en faire prendre l'habitude. Pour le dire d'une image : l'oiseau se laisse attraper à la glu des signes. « Les larmes inondèrent ses yeux : Cher ami, que ne ferais-je pas pour toi ! Tu me perdras, je le sais, tel est mon destin ; je me perds moi-même d'une manière atroce en assistant ce soir à cette affreuse sérénade (donnée par le marquis Crescenzi à Clélia, en guise d'« annonce officielle » de leur mariage) ; mais demain, à midi, je reverrai tes yeux ! » Dès lors, l'amour assume la dualité fatale de sa double expression : Fabrice est à la fois l'amant de Clélia et l'« ami de (s)on cœur » ; l'amour est ensemble possessif et oblatif, selon les signes et selon les yeux. La mort, Clélia le pressent, pourra seule supprimer la contrariété. On sait qu'elle aura « la douceur de mourir dans les bras de son ami ».

Bientôt ce n'est plus assez que les lettres. Fabrice écrit à Clélia et sollicite « le bonheur de lui parler dans la chapelle de marbre noir ». La réponse tarde. Une fois encore, Fabrice ruse : Pourquoi ne m'avoir pas dit que vous aimiez le marquis Crescenzi ? Clélia, « qui voyait sa bonne foi mise en doute », accorde l'entrevue. C'est la nuit, elle paraît dans la chapelle. Fabrice, « ébloui », montre une colère jalouse, qui provoque — car « la logique de la passion est pressante » ! — l'aveu tant attendu ; les larmes aux yeux, et luttant contre elle-même, Clélia se met à raconter à Fabrice son amour pour lui : « J'éprouvai, d'abord sans m'en rendre compte, tous les tourments de la jalousie etc...» A dater de cet instant, les deux amants vont vivre leur passion de façon opposée. Fabrice, qui a obtenu l'aveu, point culminant des signes, se livre à «des transports de joie». Clélia, au contraire, quitta la chapelle, emplie d'un «mortel regret». Elle sait maintenant la mort certaine. Fabrice est aveugle. Toute la sapience de leur amour est portée par Clélia. «Ne nous faisons point illusion, cher ami; comme il y a du péché dans notre amitié, je ne doute pas qu'il ne nous arrive malheur» (chap. 20). Et Clélia traduit le sentiment insupportable d'une perversion métaphysique dans l'ordre psychologique : elle se persuade qu'elle a trahi son père. Elle vêt ainsi le «mortel regret» en remords — et accepte d'épouser le marquis. C'est alors que Fabrice s'évade, la mort dans l'âme...

Clélia a fait un vœu : elle a promis à la Madone que ses yeux ne verraient plus Fabrice. Tout ce qu'elle a fait, c'était pour le sauver. Il appartient à la duchesse, et elle va se marier; tout doit rentrer dans l'ordre. Désormais, leur amour aspire à la nuit; en voyant Clélia de trop près, Fabrice a été «ébloui»; l'amour passe dans «le soleil noir de la mélancolie». Ils vont, jusqu'à la mort, vivre de se chercher, d'autant mieux qu'ils ne se verront plus par les yeux de la chair. Nous entrons ici dans une tonalité novalisienne, dans «le courant rajeunissant de la Mort» («des Todes verjüngende Flut» 4e Hymne à la Nuit).

Mais Fabrice revient se constituer prisonnier à la citadelle, au lieu de se rendre, comme l'y invite Mosca, à la prison de la ville — le temps qu'on lui fasse un bon procès, qui rendra définitivement caduque la condamnation dont il a fait l'objet. Le voici de nouveau en butte au poison; la menace est plus urgente encore que la première fois. Déjà, Clélia vient «de le regarder par oubli». Des rumeurs se répandent parmi les employés de cuisine du palais : Fabrice «ne sortira que les pieds les premiers de la citadelle». Clélia est atterrée. A la fenêtre du prisonnier, l'abat-jour a été remplacé par un mur de planches. Alors, bravant soldats et guichetiers, Clélia, hors d'elle-même, se précipite à la tour et parvient à la chambre de Fabrice. «Je vais sauver mon mari, se dit-elle».

La merveilleuse scène qui suit, où l'on voit un Fabrice amoureusement duplice et une Clélia prête à mourir des embrassements de son «ami», où l'érotique se confond avec l'angélique, parce que la Mort, pour ainsi dire, offre ici son blanc-seing (la mort à laquelle il échappe et celle vers laquelle leur étreinte les conduit), mérite d'être citée tout entière :

«Elle se précipita sur la table, la renversa, et, saisissant le bras de Fabrice, lui dit :

— As-tu mangé?

Ce tutoiement ravit Fabrice. Dans son trouble, Clélia oubliait pour la première fois la retenue féminine, et laissait voir son amour.

Fabrice allait commencer ce fatal repas : il la prit dans ses bras et la couvrit de baisers. Ce dîner était empoisonné, pensa-t-il : si je lui dis que je n'y ai pas touché, la religion reprend ses droits et Clélia s'enfuit. Si elle me regarde au contraire comme un mourant, j'obtiendrai d'elle qu'elle ne me quitte point. Elle désire trouver un moyen de rompre son exécrable mariage, le hasard nous le présente : les geôliers vont s'assembler, ils enfonceront la porte, et voici un esclandre tel que peut-être le marquis Crescenzi en sera effrayé, et le mariage rompu.

Pendant l'instant de silence occupé par ces réflexions, Fabrice sentit que déjà Clélia cherchait à se dégager de ses embrassements.

— Je ne sens point encore de douleurs, lui dit-il, mais bientôt elles me renverseront à tes pieds : aide-moi à mourir.

— O mon unique ami! lui dit-elle, je mourrai avec toi. Elle le serrait dans ses bras, comme par un mouvement convulsif.

Elle était si belle, à demi vêtue, et dans cet état d'extrême passion, que Fabrice ne put résister à un mouvement presque involontaire. Aucune résistance ne fut opposée» (chap. 25).

Comme c'est dit!

«Depuis sa faute», Clélia a vieilli «de dix ans». Fabrice, à qui on a fait un nouveau procès, est acquitté. Clélia demande à son «mari» (et «ami») la permission d'épouser le marquis Crescenzi; Fabrice la donne. Il cherche pourtant à revoir cette épouse de la Nuit, qui n'a payé au monde qu'un tribut d'apparence, qui, le jour même de son riche mariage, est vraiment morte au monde. Fabrice, lui aussi, a renoncé au monde; non, cependant, sans une ostentation paradoxale; on ne le voit plus qu'avec un «petit habit noir râpé»; sa «figure d'anachorète» intrigue ou émeut. Lors d'une soirée à la Cour, il est désigné pour «faire le whist» du prince. Impossible de décliner une faveur aussi insigne, bien au-dessus de son rang. Voici qu'on annonce le marquis et la marquise Crescenzi. Malgré l'habit noir, le Fabrice de naguère n'est pas tout à fait mort, celui qui songe d'abord à «poignarder ce lourd marquis» pour lui apprendre «s'il doit avoir l'insolence de se présenter avec cette marquise» dans un lieu où il est! Mais Fabrice est bouleversé par des accès de larmes irrépressibles, déclenchés par un air de Cimarosa, puis de Pergolèse. Alors les yeux de Clélia, «remplis de larmes, rencontrèrent en plein ceux de Fabrice, qui n'étaient guère en meilleur état».

Tout se passe comme si les deux langages contraires de l'amour, celui des signes et celui des yeux, celui de l'affect et celui de l'Idée «ravissante» («Elle a un regard qui me ravit en extase») venaient un moment à se mêler, à la faveur de la musique. Les larmes, substitut des signes, marquent le terme indicible du phénoménal et le commencement de l'Idée-image. La musique, en sa mélancolie, porte si haut le sentiment des choses finies qu'elle semble enfermer le savoir de l'Infini. A l'intersection de la chair et de l'âme, elle symbolise une réalité contradictoire : un idiome d'ange. Les larmes, qui vêtent, pour ainsi dire l'affectivité humaine d'une interprétation religieuse, râle d'Eros et annonce de l'amour divin, constituent, aussi longtemps qu'il vivra, la dernière petite ruse sincère de Fabrice.

Et il en saura user. Il se met à prêcher dans une église, toujours sur le même thème : la miséricorde qu'on doit à un malheureux. Le succès qu'il remporte est «sans exemple». Les théâtres se vident ; les femmes choisissent la Visitation contre l'Opéra. La passion s'exprime dans une sorte de méta-théâtre, où la règle est de ne pas «jouer le jeu». «Une fois on lui vit les larmes aux yeux : à l'instant il s'éleva dans l'auditoire un sanglot général et si bruyant, que le sermon en fut tout à fait interrompu.» L'imitation narrative le cède à la contagion émotive ; l'artifice du théâtre est ruiné dans un mode théâtral — les signes se trouvent subvertis par les larmes, le calcul par le cœur — et c'est cela le spectacle : la victoire du cœur sur la «mise en scène» linguistique. Le théâtre retourne à la source religieuse ; Fabrice mime à la fois le héros et le chœur. Il donne à voir l'immensité de son malheur et exhale des plaintes consolatrices.

Le double langage de l'amour accède ainsi à l'expression dans l'espace et le décor de la religion ; la contrariété du pathétique et du métaphysique se manifeste cette fois en tant que telle ; elle se dote d'un statut par provision. Celui qui parle à tous du malheur et de la miséricorde parle en son nom et pour l'Homme. Le malheureux dit le malheur. L'objet du discours disparaît dans le sujet de la parole ; et ce sont les larmes.

Il s'agit toujours de communiquer avec Clélia. Mais les signes alphabétiques, auxquels, dans la solitude de la prison, Clélia avait répondu, n'atteignent plus la marquise Crescenzi dans le monde. Elle y oppose en effet la double défense de son vœu et de son état. Les signes avaient été bricolés pour forcer Clélia à une communication régulière ;

ils procédaient d'une initiative de Fabrice. Il en va bien autrement des larmes : pour la première fois, Fabrice rencontre Clélia mariée dans le monde, alors qu'il n'a pas cherché à la voir. Bien plus : quand même il voudrait l'éviter, il ne le pourrait pas, car il a été désigné pour « faire le whist » du prince. Toutes les données sont donc renversées : on ne cherche plus à se joindre, on se demande comment on fera bonne figure en se voyant. Sans compter que, cette fois, il y a cent témoins. La musique procure une miraculeuse intercession ; elle offre aux amants un langage neuf et permet de justifier devant tous l'accès de larmes. Quand Fabrice décide de prêcher, il songe d'abord à répéter dans un milieu approprié cette heureuse inspiration.

Il ne tentera plus d'aller surprendre Clélia dans sa retraite, de la forcer. Il espère que c'est elle qui viendra à lui, au milieu de tous. Fabrice produit alors une représentation métaphysique de son malheur, dont il fait témoin la terre entière. Clélia restera-t-elle sourde à ce chant ?

Une fois encore, le drame reprend ses droits et fournit à ces amants d'outre-tombe l'occasion de se saisir ici-bas ; le hasard supplée les calculs de Fabrice. Il y a que, dans l'assistance, une jeune et jolie bourgeoise s'est violemment éprise du prêcheur ; que cette passion forme l'entretien de toute la ville...

Il ne faut qu'un courtisan bavard — et, Clélia, instruite de la rumeur, éprouve de nouveau le tourment de la jalousie. Déjà, de toutes ses forces de femme jalouse, Clélia « reprend » Fabrice à sa rivale ; cela se passe d'abord en elle. Alors, par degrés pathétiques, l'amante marche au-devant de l'aimé. Elle s'arrange pour apercevoir cette Anetta Marini, qui, dit-on, a rompu ses fiançailles et fait peindre un magnifique portrait de Fabrice. Elle entre bientôt dans cette église, où on l'attend depuis si longtemps.

Elle voit un Fabrice pâle et « consumé « ; les larmes la bouleversent — tant, qu'elle « regarda comme un crime

246

atroce d'avoir pu passer quatorze mois sans le voir ».

Et ce sont trois années de « bonheur divin ». Rien ne transpire de cette peu commune « amicizia ». Chaque soir, Clélia reçoit Fabrice et le garde auprès d'elle — « et jamais il n'y avait de lumière dans l'appartement ». Miraculeux équilibre entre le jour et la nuit, la terre et le ciel, l'amour humain et le divin.

Ils ont un fils, « Sandrino », que le marquis tient pour sien. Fabrice se plaint qu'il ne le voit jamais. Ultime protestation de l'amour possessif : Fabrice veut son fils. Ce « caprice de tendresse » aura raison du fragile équilibre (compromis entre l'ordre du vœu et l'exigence de la jalousie) d'un amour qui n'a pas son lieu naturel dans le temps. Ce sera l'ultime stratagème de Fabrice : il ne faut pas tenter Dieu. Profitant d'un voyage du marquis, on feindra que l'enfant est mort. Clélia consent au « sacrifice »; elle sait bien pourtant que ce moyen est « de sinistre augure ». A la vérité, ils sont déjà saisis, tous deux avec leur enfant, par la main de la Nuit. Le monde a trop longtemps « contrarié » leur amour divin; ils ont goûté toute la douleur et toute la joie, ils ont été séparés et réunis, ils se sont embrassés sans se voir et se sont vus de loin. L'ivresse d'un tel amour se vit ici-bas comme une torture : déchirement de l'Idée et de la jouissance, du regard rédempteur et de l'étreinte captatrice, aveugle. La mort seule donnera l'« absolution » à ces amants de l'Absolu, en supprimant la « contrariété » d'un désir que le fini transforme en souffrance. Les derniers embrassements dans la mort répètent et transfigurent l'étreinte érotique de la prison : Fabrice ne devait pas mourir du poison, mais de l'amour de Clélia.

Et voici, l'enfant « retenu au lit plus qu'il ne fallait pour sa santé, devint réellement malade » et mourut. Ainsi s'achève l'histoire d'un amour qui est, au fond, un itinéraire spirituel. Dans le fruit de leur union, ils reconnaissent nettement, dans l'Enfant mort, la figuration du divin — la tant attendue preuve nuptiale, ingé-

nument sacrifiée, le «poème éternel» (Novalis) tramé dans la chair étourdie; et ce poème tout le long cherché, formé à leur insu dans une étreinte, Fabrice en avait, pour Clélia, annoncé le thème — «mourir près de ce qu'on aime» — dans la marge d'un saint Jérôme.

Sapience

Comme dans la symphonie n° 45 «les Adieux», de Joseph Haydn, l'œuvre prend congé dans le pianissimo des deux violons soli. Les autres voix se sont tues, les unes après les autres. Personnages et lieux ont été absorbés, on dirait, par le poème affirmateur qui ne tolère plus le multiple. J'observe qu'on n'est jamais préparé à l'établissement progressif du silence; on veut finir. Et voici qu'affaiblies les lumières obliques de la lecture et de l'interprétation, le texte monte comme une grande ombre bruissante dans le miroir éteint — et l'occupe. Il vous a fait le don d'une promenade, vous a fait croire que vous dirigiez la route, vous a laissé prendre le rôle grave de celui qui accompagne; rempli de confiance, vous défrichez l'épais taillis des signes, vous vous enfoncez dans la forêt, certain d'enclore un domaine; peu à peu, vous entendez des voix plus basses, dont la justesse à la fin décourage : le texte parle seul. Il vous met à la porte. Mais cette porte, où est-elle? Sur quoi donne-t-elle? Sur rien. Vous ne trouvez pas la sortie : il n'y en a pas. C'est comme si vous aviez fait un rêve; vous vous étiez endormi et le plein jour du texte vous réveille : c'était ça, cette ombre dévorant, dans la tête, les bords fragiles de vos «éclaircissements». Le texte règne, inaccessible en son désistement.

«La Chartreuse» commence dans le roman et s'efface dans le poème. Tout est grâce et charme; vous ne savez comment faire pardonner votre pas pesant et vos paroles instantes. Le dernier mot de cette grande sapience narrative est dans le geste de s'esquiver. Quand on questionne

l'énigme, répond l'évidence aveuglante de l'Individu — ineffable. La sapience stendhalienne, à l'image de ses personnages les plus allègres, est une Imitation de la vie : méta-philosophie des contraires, elle n'a pas grossi, de sentence en énoncé, enrobant un germe unique ou variant sur cent modes le stable leitmotiv; ni discursive ni latente, elle affleure au contraire dans toutes les saillies de l'écriture. La «philosophie» de Stendhal consiste, au total, dans une éthique de la forme : une forme sans surcharge, qui réfléchit le plus vivant. L'œuvre de Stendhal illustre et corrobore ces mots de Nietzsche, dans le «Nachlass» : «On est à ce prix artiste, que, ce que tous les non-artistes appellent «forme» — on le ressent comme contenu, comme «la chose même»(1).» Les deux Parties de «La Chartreuse» symbolisent à la fois deux modes de «composition» — romancer et poétiser — et deux dimensions de la vie, les aventures et la promesse. Fabrice, tour à tour, s'énonce dans la Figure de la Marche, puis dans celle du Songe. D'abord l'affabulation qui «fait marcher» (et il faut entendre, ici, la délibérée confusion du noble et du trivial, de l'épique et du parodique); ensuite la fiction qui sertit l'homme dans la finitude. A la limite, toutes les interprétations sont bonnes, qui font apparaître cette respiration du vivre («erleben») et du composer («dichten»).

Et quand je dis, de la Seconde Partie, poème — je parle métaphoriquement; je ne désigne pas le mètre et la rime, une forme littéraire empiriquement et rhétoriquement définie. Il n'empêche : tout se passe comme si Stendhal avait incanté sa forme «transcendantale» en multipliant les occasions de «dire des poèmes». Quel personnage ne s'exprime pas dans un poème? Tous les genres et toutes

(1) «Man ist um den Preis Künstler, dass man das, was alle Nicht-künstler «Form» nennen, als «Inhalt», als «die Sache selbst» empfindet.» (Dans le rangement des Papiers posthumes proposé par Friedrich Würzbach, en 1969 sous le titre «Renversement de toutes les valeurs» : 2e livre, 6e chap. «Pour une physiologie de l'art», no 450, Dtv, München, t. I, p. 387).

les muses sont représentés. Ludovic, un des cochers de la casa Sanseverina, dévoué à la duchesse et à Fabrice, révèle à ce dernier qu'il compose des sonnets, car il est, dit-il, «poète en langue vulgaire». Il récite à Fabrice plusieurs de ses sonnets : Fabrice remarque que des passions vives sont gâtées par l'écriture; Ludovic «devenait froid et commun dès qu'il écrivait». On reconnaît, au passage, un des thèmes des «Chroniques»... Fabrice lui-même, qui veut dire à Clélia ses «extases d'amour divin» écrit, dans les marges du saint Jérôme prêté par don Cesare, un sonnet où l'on voyait l'âme «plus heureuse après la mort qu'elle n'avait été durant la vie» aller «à quelques pas de la prison, où si longtemps elle avait gémi, se réunir à tout ce qu'elle avait aimé au monde». Poème mystique donc. Poète encore, et même, à en croire la renommée, «l'un des plus grands poètes du siècle», le «fameux Ferrante Palla, conspirateur inspiré, «brigand» amoureux d'une duchesse, qui n'est pas sans rappeler le Jules Branciforte de l'«Abbesse de Castro». Il écrit des vers vengeurs et satiriques contre le tyran, qu'on lit partout sous le manteau. C'est enfin par une fable de La Fontaine que Gina «répond» à Ernest V, qui la somme de donner un avis. Comble d'insolence : la duchesse demande au prince de lire tout haut cet apologue, en présence de la princesse-mère. La fable «Le jardinier et son seigneur» l'emporte dans l'esprit de la princesse sur le désir de venger la mort de son époux; et Gina obtient qu'on brûle immédiatement dans la cheminée «tous les papiers réunis par cette vipère de Rassi». Personne, ainsi, ne soupçonnera, dans l'empoisonnement de Ranuce, la main de Ferrante Palla et l'ordre de la duchesse...

En dépit des rebondissements politiques de l'évasion de Fabrice et de la vengeance de Gina, la tonalité de la Seconde Partie est mystique. Comment interpréter ce songe? J'ai allégué le «Phédon» comme modèle par excellence de l'itinéraire spirituel, — modèle «poétique»

et non cohérence doctrinale. A la vérité, la spiritualité ir-religieuse, indéterminée de Fabrice ne s'identifie ni à celle de Socrate ni au christianisme ni à «la religion de l'éternel retour». La sapience est une philosophie plurielle ou, si l'on préfère une inter-philosophie. Celle-ci, qui habite l'écriture, répugne par nature à l'achèvement systématique. Etrangère au concept, à l'abstraction, elle ne se laisse pas saisir dans des philosophèmes et n'a de cesse qu'elle ne retourne à l'élément narratif. Stendhal fait entrer la spiritualité dans le roman, une intériorité non-psychologique. «Ma philosophie, note-t-il dans ses «Souvenirs d'Egotisme», est du jour où j'écris.» Philosophie au jour le jour, peut-être... Mais aussi philosophie de la journée d'écriture! Philosophie tissée dans le canevas de l'écrit... La vie renaît au rythme où l'écriture retourne, et réciproquement. L'axiome de Stendhal : il y a de l'âme. La vie excède le bio-politique ; sa transcendance la mène à se retrouver au-delà de l'existence historique. L'âme désigne la vie comme renaissance. C'est ici une expérience éthique et politique d'un grand artiste ; elle traverse et informe son art. Rien ne nous autorise à conclure à des «croyances» de Stendhal.

Au moment où l'œuvre achevée s'arrondit dans son silence vivant, on entend avec force le «da capo» de la musique. Tout reviendra. Voici que les incompatibles consonent, que les Différents se ressemblent, comme si, à la fin, l'unité de la vie, du souffle poétique, régnait absolument, après avoir chassé devant elle, tel un grand vent, des créatures contrastées... Alors Gina et Clélia, qui, durant le trajet romanesque, nous paraissaient si dissemblables, ont l'air bientôt de deux jumelles. Les rivales se fondent dans la même femme, celle qui, anxieuse, interroge Fabrice : «As-tu mangé ?» ; celle encore qui, dans la nuit veillant, émet et reçoit des signes. Ne dirait-on pas que le vœu de Clélia et le sacrifice de Gina (qui a promis de se livrer au jeune prince éperdument amoureux, si Fabrice lui est rendu sain et sauf) signifient la même promesse? Voici encore Ferrante Palla, «homme sublime», que la duchesse, égarée, presse sur son cœur; et ce jeune fou lui rappelle Fabrice, est un Fabrice qui l'aimerait d'amour. Voici le comte Mosca, redevenu le héros d'Espagne, qui, seul, tient tête à l'émeute après la mort de Ranuce, arrache les épaulettes à un général disposé à négocier avec les insurgés, et, par son courage, sauve la dynastie; Mosca, l'homme «contraire», écartelé entre le réel et la folie, condamné au paradoxe, montrant la vertu d'un sage républicain pour arrêter la république enthousiaste de Ferrante Palla («Sans moi, Parme eût été république pendant deux mois, avec le poète Ferrante Palla pour dictateur»), et prolonger les jours d'une petite Cour anachronique, à tout prendre moins onéreuse aux... républicains: «car il faut cent ans à ce pays pour que la république n'y soit pas une absurdité»... Le temps, pense le sage Mosca, suppléera le défaut de raison des hommes: la République reste l'horizon, même s'il faut l'aimer en combattant ses simulacres éphémères et violents. Toujours en Mosca la «pensée de derrière»... Il y a enfin l'énigmatique arpège Robert = Fabrice = Sandrino, ce même homme de l'amour, qui n'insiste ni ne s'attarde, qui toujours recommence. Le roman de Fabrice débute avant le commencement (Robert) et s'achève avant la fin (Sandrino). Eternel retour? Sans doute. Mais ce n'est pas une doctrine, ce n'est pas une religion. C'est, itération et silence, le devenir-musique de la vie.

Note

Ecriture et romantisme

La démystification de l'histoire et de ses pompes ne peut pas ne pas bousculer, au passage, les idoles romantiques. Le romantisme, en tant que mode de sentir et rhétorique forte est en effet foncièrement «historien». Ainsi Stendhal égratigne malicieusement George Sand dans «Vittoria Accoramboni» : «O lecteur bénévole! ne cherchez point ici un style piquant, rapide, brillant, de fraîches allusions aux façons de sentir à la mode, ne vous attendez point surtout aux émotions entraînantes d'un roman de George Sand; ce grand écrivain eût fait un chef-d'œuvre avec la vie et les malheurs de Vittoria Accoramboni». Bien peu d'années plus tard — peut-être en 1845 —, le jeune Flaubert se livrait dans un des derniers chapitres (chap. 27) de la Première «Education sentimentale», à un véritable jeu de massacre des clichés et poncifs romantiques. Je ne résiste pas au plaisir de citer un morceau de cette veine icônoclaste :

«La fureur de Venise se passa également, ainsi que la rage des lagunes et l'enthousiasme des toques de velours à plumes blanches; il commença à comprendre que l'on pourrait tout aussi bien placer le sujet d'un drame à Astrakan ou à Pékin, pays dont on use peu en littérature.

La tempête aussi perdit considérablement dans son estime; le lac, avec son éternelle barque et son perpétuel clair de lune, lui parurent tellement inhérents aux keepsakes qu'il s'interdit d'en parler, même dans la conversation familière.

Quant aux ruines, il finit presque par les prendre en haine, depuis qu'un jour, dans une vieille forteresse, rêvant tout couché sur les ravenelles sauvages et regardant une magnifique clématite qui entourait un fût de colonne brisée, il avait été dérangé par un marchand de suif de sa connaissance, lequel déclara qu'on aimait à se promener en ces lieux parce que ça rappelait des souvenirs, déclama aussitôt une douzaine de vers de Mme Desbordes-Valmore, écrivit ensuite son nom sur la muraille, et s'en alla enfin, l'âme pleine de poésie, disait-il.

Il dit un adieu sans retour à la jeune fille chargée de son innocence et au vieillard accablé de son air vénérable, l'expérience lui ayant vite appris qu'il ne faut pas toujours reconnaître quelque chose d'angélique dans les premières ou de patriarcal dans les seconds.

Naturellement peu bucolique, la bergère des Alpes, dans son chalet, lui sembla la chose du monde la plus commune; n'y fait-elle pas ses fromages tout comme une Basse-Normande? etc......»

«Il», c'est Jules : autant dire le sosie de Gustave qui, à vingt-deux ans a fini sa vie sur un échec d'amour et de vanité (et naturellement Elle s'appelait Lucinde et était actrice !) : «fiat opus, pereat vita»! Jules n'est plus occupé que de l'œuvre à faire. S'il a des comptes à régler avec le romantisme, c'est que celui-ci, après avoir été l'illusion de la vie (manquée), risque maintenant d'hypothéquer la création, d'étouffer l'invention en lui bouchant l'horizon. Jules-Flaubert s'emploie donc à défaire le charme du « matériel » romantique ; il suffit de grouper les images émotionnelles en une sorte de « recette » pour qu'apparaisse le « truc », l'artifice. Jules met d'autant plus d'acharnement à rompre le charme qu'il y a cru, qu'il a été, ô combien, partie prenante dans cette sorcellerie. Sa cruauté lucide lui est d'autant plus chère qu'elle lui fait encore mal. C'est sa propre banalité qu'il méprise et moque. Mettez un épicier dans le décor de « Tristesse d'Olympio », et vous obtenez l'effet attendu : la banalisation et la dérision. Le rappel des « souvenirs », cessant de valoir comme expérience soi-disant singulière tombe à la généralité, au lieu commun : une déclaration de savoir bien-entendu (« lequel déclara qu'on aimait à se prononcer en ces lieux parce que ça rappelait des souvenirs »).

Du coup, l'auteur fait apparaître le romantisme comme rhétorique du lieu commun, bientôt absorbée en doses de plus en plus fortes par le vulgaire. Je n'ai pas besoin de dire que Flaubert n'est pas « républicain » : son désespoir enjoué le conduit, politiquement, aux antipodes de Stendhal, pessimiste gai.

Je voudrais brièvement montrer le bout de chemin qu'ils font ensemble, à moins de dix ans d'intervalle ; et surtout où leurs deux voies s'écartent. Donc l'un et l'autre font la guerre au lieu commun, cherchant le lieu de l'art (du style pour Flaubert, du vrai pour Stendhal) dans la variété et la singularité. Comme Stendhal en appelle, contre l'ennuyeux mensonge des historiens, à la multiplicité des passions, des accents, des usages, de la même façon Flaubert entrevoit déjà la nature du style comme disponibilité aux différences (« Particulariser nettement ! » dira-t-il plus tard à Maupassant). Jules,

255

pour se «guérir» de la «manie» romantique, «s'adonna
à l'étude d'ouvrages offrant des caractères différents
du sien, une manière de sentir écartée de la sienne... et
il rechercha aussitôt la variété des tons, la multiplicité
des lignes et d'ensemble». Le style, tout comme le vrai
stendhalien, suppose une «imitation» inspirée du Modèle,
un commerce avec l'Authentique. Le style, c'est la Différence même.

Toutefois, le style représente chez Flaubert un voyage
au bout de soi, qui conduit à une forme d'autisme déses-
péré. Le style, c'est ce qui reste au Soi quand on a déses-
péré du Moi et des autres : une façon d'auto-objectivité
à laquelle on est plus attaché qu'à la vie. Au demeurant
l'autisme imprègne toute la «Première Education», école
de littérature par le désespoir : impossibilité de l'amour et
de l'amitié, monadisme comique (par exemple dans le
pseudo-dialogue des deux étudiants portugais de la pen-
sion Renaud) – chacun cherche en l'autre un illusoire
salut... «Ceux qui s'endorment dans la même couche y
font des rêves différents... le père ne connaît pas son
fils.» Le paradoxe du style, c'est qu'il doit dire la différence depuis le solipsisme. On est ici très loin de la
communauté élective de Stendhal, fût-elle virtuelle et
«promise» (la république passionnée), de laquelle l'écrivain, au fort de sa solitude intempestive, ne se coupe
jamais et qui vit en lui comme la confiance dans le
concert des passions.

Précisons : la distance souvent ironique gardée par
l'écrivain Stendhal par rapport au romantisme s'accom-
plissant comme école ne diminue ni ne contredit l'enga-
gement du polémiste de «Racine et Shakespeare»
(1823) en faveur du «romanticisme» exécré par l'Aca-
démie. Outre que Stendhal appelle classicisme ce que
nous appellerions plutôt aujourd'hui académisme (ou
entêtement à maintenir des formes esthétiques faites
pour une époque révolue), on remarquera qu'il emprunte
implicitement aux grands classiques l'argument central

de sa défense (la première règle est de plaire et de toucher) et qu'il définit le romanticisme, extérieurement à toute doctrine ou à tout goût prédéterminés — comme l'obligation faite à toute création d'être « de son temps ». En ce sens, « tous les grands écrivains ont été romantiques de leur temps » et le romanticisme « est l'art de présenter aux peuples les œuvres littéraires qui, dans l'état actuel de leurs habitudes et de leurs croyances, sont susceptibles de leur donner le plus de plaisir possible ». Finalement, pour le Stendhal de 1822-1825, le romanticisme désigne d'abord le fait d'une nouvelle génération littéraire. Quant à la bataille d'« Hernani » et ce qui suit — c'est une autre histoire...

Table

Imprimé en France
Imprimerie des Presses Universitaires de France
73, avenue Ronsard, 41100 Vendôme
Mars 1982 — Nº 27 961

DU MÊME AUTEUR

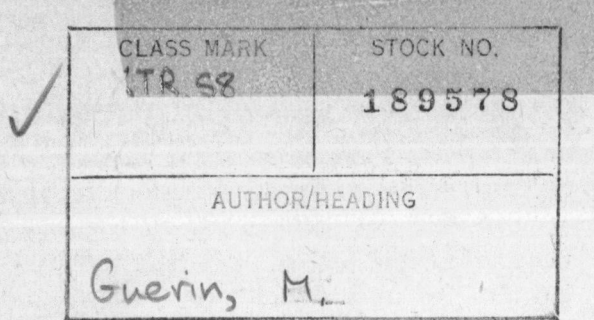

«Nietzsche, Socrate héroïque», Ed. Grasset
    Théoriciens»), 1975.

    s à Wolf ou la Répétition», Ed. Grasset
    «Figures»), 1976.

    Compagnons d'Hélène», roman, Ed.
    r, 1976.

    iomme Déo», roman, Ed. Grasset 1978.

    e Génie du Philosophe», Ed. du Seuil
    oll. «L'ordre philosophique»), 1979.